Unterwegs in

Ostbelgien & Umgebung

*Bruni Mahlberg-Gräper*

Unterwegs in

# OSTBELGIEN & UMGEBUNG

GEV

1. Auflage Mai 2001


Gestaltung: Cito Communication GmbH, Bilstain
Druck: Druckerei Grenz-Echo, Eupen

ISBN: 90-5433-147-X



Printed in Belgium.

Dieses Buch wurde hergestellt mit freundlicher Unterstützung von:
KBC BANK & VERSICHERUNG
INTEROST
BELGISCHE GRENZMÄRKTE SCHAUS
SUPER PARTNER GB
JACQUES CHOCOLATERIE
BELGISCHER RUNDFUNK (BRF)
VERKEHRSAMT DER OSTKANTONE (VAO)
AACHENER NACHRICHTEN
COCA-COLA

# INHALT

# DIE OSTKANTONE ÜBERSICHTSKARTE

0 1 2 3 4 5 6 7 8 9 10 km

1 : 100.000

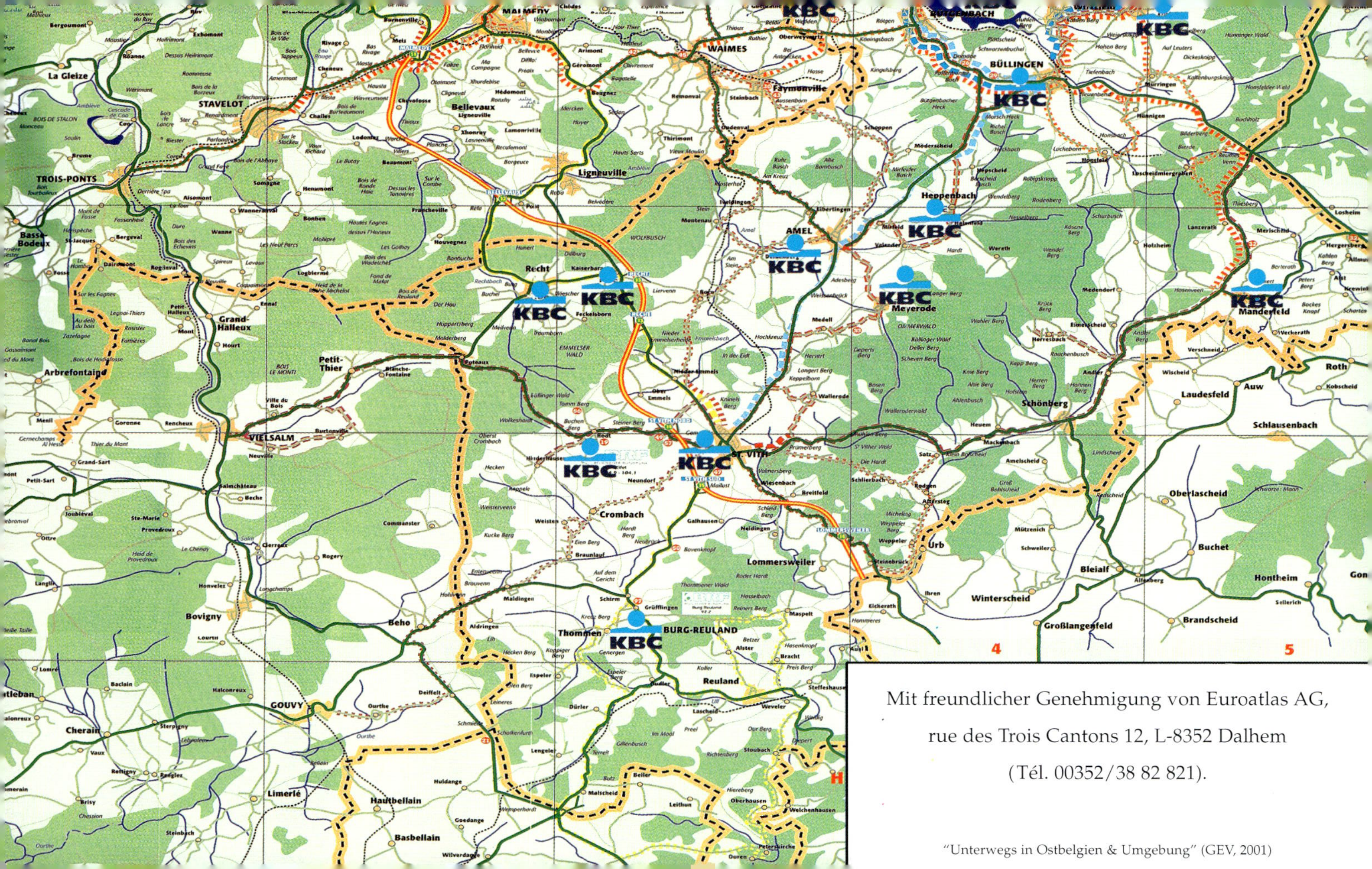


Mit freundlicher Genehmigung von Euroatlas AG,
rue des Trois Cantons 12, L-8352 Dalhem
(Tél. 00352/38 82 821).

"Unterwegs in Ostbelgien & Umgebung" (GEV, 2001)

*Das Hohe Venn ist so typisch für Ostbelgien wie keine andere Landschaft.*

# EINLEITUNG

*Als der belgische Kronprinz Philippe im Dezember 1999 Mathilde d'Udekem d'Acoz heiratete, da gab sich das Paar im Rathaus von Brüssel nicht nur in Französisch und Flämisch das Ja-Wort, sondern auch in deutscher Sprache. Es war eine kleine Geste mit großer Bedeutung, denn sie zeigte Belgien und der Welt, dass die Deutschsprachige Gemeinschaft, die im Osten des Landes zu Hause ist, auch vom Königshaus ernst genommen wird.*

*Zwischen Kelmis und Ouren wurde das mit großer Genugtuung festgestellt. Selbstverständlich war die Reverenz keineswegs. Sie ist vielmehr das Ergebnis eines langjährigen zähen Ringens der deutschsprachigen Minderheit um Anerkennung ihrer kulturellen Selbständigkeit. Fast könnte man das Bemühen mit dem Widerstand des kleinen gallischen Dorfes vergleichen, das sich der Vereinnahmung durch die übermächtigen Römer mit aller Kraft widersetzt. Ebenso wie die Gallier mit Asterix und Obelix an der Spitze erscheinen auch die Ostbelgier in ihren Eigenarten voller Charme und Schlauheit. Man könnte die Parallelen noch weiter ziehen: Ostbelgier verstehen es, ihr Land ins beste Licht zu setzen, und sie kultivieren seine Lebensqualität. Voll Fleiß und Ehrgeiz bauen sie es aus. Und noch eine Vorliebe teilen sie mit den streitbaren Galliern: Sie feiern gern, und wenn sich ein Anlass bietet, dann wird Wunderbares aus Küche und Keller aufgetischt.*

*Man könnte auch sagen, dass die Geschichte die Ostbelgier zu wahren Kosmopoliten gemacht hat. Von einer Sekunde zur anderen, notfalls auch mitten im Satz, die Sprache zu wechseln, scheint hier kaum jemandem ein Problem zu bereiten. Deutsch, Französisch, Niederländisch zu sprechen, gehört dazu. Offizielle Reden werden in drei Sprachabschnitte eingeteilt, man beginnt charmanterweise in der bevorzugten des Gastgebers. Nur einen Nachteil hat die Polyphonie: Alle Broschüren und Veröffentlichungen müssen in drei Sprachen angefertigt werden und*

Foto: F.V.D. - S.F.I.

*Als Kronprinz Philippe und Prinzessin Mathilde heirateten, gaben Sie sich das Ja-Wort auch in deutscher Sprache und erfreuten damit alle Ostbelgier.*

*fallen entsprechend dicker und teurer aus. Für Ausländer sind offizielle Schriften oder Prospekte dagegen sehr reizvoll, sie können wie Sprachführer gelesen werden.*

*Die Harmonie von Natur und Umwelt stellt das wertvollste Kapital der Region dar. Naturgemäß ist Ostbelgien deshalb ein Zielgebiet für Gäste, die den sanften Tourismus lieben. Sich in idyllische Dörfer zurückziehen, möchten viele aber nicht nur in den Ferien. Manche Großstädter haben eine Zweitwohnung oder sogar ihren ersten Wohnsitz in Ostbelgien eingerichtet. Das ist nicht für jeden möglich, aber ein paar Tage Urlaub lassen sich leicht unterbringen im Terminplan.*

*Ostbelgien arbeitet kräftig daran, eine der touristisch hochkarätigen Regionen mitten in Europa zu werden. Das ist um so leichter geworden, seit die Grenzen keine trennenden Schranken zu den Nachbarn mehr bilden. Im Gegenteil: Grenzüberschreitende touristische Maßnahmen im Bereich Eifel werden zum Nutzen aller Partner derzeit mit einer Million Euro gefördert. Unter anderem werden damit Projekte wie Ferien auf dem Bauernhof oder die Präsentation regionaltypischer Erzeugnisse unterstützt. Tourismus-Experten haben erkannt, dass ein gemeinsames Auftreten am Reisemarkt hilft, die Region als Ziel für Kurzurlauber noch attraktiver zu machen.*

*Die tieferen Werte Ostbelgiens schätzen schon viele Prominente und auch gekrönte Häupter. So kommen nicht nur Mitglieder des belgischen Königshauses zum Skilaufen. Auch der schwedische Hof unterhält ein Feriendomizil nahe Eupen, wo der Bruder von Königin Silvia wohnt. Und der 1993 verstorbene König Baudouin soll 1967 bei einem Besuch in Schönberg sogar gesagt haben: „Wissen Sie auch, in welchem Paradies Sie wohnen?"*

*Es ist sehr schwer, die Menschen einer Region zu charakterisieren, ohne ihre Vielfalt zu missachten. Auf alle Ostbelgier dürfte aber zutreffen, dass sie sinnliche Menschen sind, die gern feiern - nicht nur das ausgiebige Brauchtum zu Karneval beweist das. Sie essen gern und gut, und sie bewirten ihre Gäste großzügig. Das sind Merkmale, die eine Ferienregion mindestens ebenso wertvoll machen wie eine intakte Landschaft.*

*Wenn das Tourist Info der Stadt St. Vith Informationsmaterial verschickt, dann steht im Anschreiben ein bemerkenswerter Satz, der für andere Orte stellvertretend zitiert werden kann: „Unsere Broschüren können Ihnen leider nicht die Gastfreundschaft und die Herzlichkeit unserer Bevölkerung vermitteln, aber wir laden Sie gern ein, diese bei einem Besuch in unserer Region kennen zu lernen."*

*Steckbrief*

# Die Gemeinden Ostbelgiens (=Ostkantone)

**Deutschsprachige Gemeinschaft**
- Amel (Amblève)
- Büllingen (Bullange)
- Bütgenbach (Butgenbach)
- Burg-Reuland
- Eupen
- Kelmis (La Calamine)
- Lontzen
- Raeren
- Sankt Vith (Saint Vith)

**Wallonie**
- Malmedy
- Weismes (Waimes)

## Die Ostkantone in Zahlen und Fakten

(Stand: 1998)

Kanton Eupen: Eupen, Lontzen, Kelmis, Raeren
Kanton St. Vith: Amel, Burg-Reuland, Büllingen, Bütgenbach, St. Vith
Kanton Malmedy: Malmedy, Weismes

| | |
|---|---|
| • **Einwohner** | 87 470 |
| Einwohner pro km²: | 83,3 |

| | |
|---|---|
| • **Gesamtfläche** | 1 050, 5 km² |
| Kanton Eupen: | 224,8 km² |
| (Einwohner pro km²: 185,4) | |
| Kanton St. Vith: | 628,8 km² |
| (Einwohner pro km²: 45,2) | |
| Kanton Malmedy: | 196,9 km² |
| (Einwohner pro km²: 88,1) | |

| | |
|---|---|
| • **Flächennutzung** | |
| Landwirtschaft: | 42,7 % |
| Wald: | 40,4 % |
| Wasser: | 0,4 % |
| Bebaute Fläche: | 3,1 % |

**• Ausdehnung**
von Norden nach Süden: knapp 100 Kilometer
von Osten nach Westen: bis zu 30 Kilometer

**• Höchster Punkt**
Das Signal de Botrange, 694 Meter hoch, ist der höchste Punkt von ganz Belgien.

## Anschluss unter dieser Vorwahl

Der nördliche Teil Ostbelgiens gehört zu Verviers und hat die Vorwahl 087: Kelmis, Lontzen, Eupen, Raeren.

Der südliche Bereich ist Stavelot angeschlossen und hat die Vorwahl 080: Amel, Büllingen, Bütgenbach, Burg-Reuland, Malmedy, St. Vith, Weismes.

i *Belgacom*
*Bleichstr. 7*
*4780 St. Vith*
*Tel.: 0800 / 44 800*

## Auf Zuwachs angelegt: Die Bevölkerung

Am 1. Januar 1998 lebten laut Angaben des Nationalen Statistischen Instituts 35 356 Frauen und 34 763 Männer (=70 119 Einwohner) im Gebiet der Deutschsprachigen Gemeinschaft. Davon sind über 40 000 im Bezirk Eupen angesiedelt, knapp 30 000 im Bezirk St. Vith. In den Kommunen

Malmedy und Weismes leben rund 17 200 Einwohner. Die Region ist relativ dünn besiedelt: Nur 83 Einwohner müssen sich statistisch einen Quadratkilometer teilen. Bedenkt man, dass in den Städten Eupen, St. Vith und Malmedy mehr Menschen wohnen, so bleibt für die ländlichen Gebiete und die kleineren Gemeinden noch weniger übrig – mit einer Ausnahme: In Kelmis müssen die Bewohner etwas dichter zusammenrücken. Im Einzugsgebiet der Großstadt Aachen leben 548 Einwohner pro Quadratkilometer. Büllingen liegt mit seinen 34,8 Einwohnern dagegen am unteren Ende der Skala. Langfristig betrachtet, steigt die Bevölkerungszahl in Ostbelgien langsam an. Seit 1990 wurde ein Zuwachs von 4,6 Prozent registriert.

## Wie aus einer Grenzlage ein Standortfaktor wurde

Die meisten der 70 000 Einwohner Ostbelgiens sprechen deutsch. Aber auch flämische und wallonische Belgier sowie Bürger anderer Nationen leben dort. Amts-, Schul- und Gerichtssprache ist Deutsch.

Dass in Ostbelgien Deutsch gesprochen wird, hat historische und geographische Gründe (siehe auch S. 29). Das Eupener Land gehörte früher zum Herzogtum Limburg, die belgische Eifel größtenteils zum Herzogtum Luxemburg. Manderfeld und Schönberg zählten zum Kurfürstentum Trier. Die Bewohner sprachen deutsche Dialekte, die angelehnt sind an Niederfränkisch, Rheinfränkisch und Moselfränkisch.

Als in der Rheinprovinz zur Zeit Bismarcks der Kulturkampf gegen den Katholizismus tobte, wichen Orden in das heutige Ostbelgien aus und gründeten dort Klöster und Schulen. Auch in diesen geistigen Zentren wurde die deutsche Sprache gepflegt und gefördert.

Bis 1920 gehörten die Kantone Eupen, Malmedy und St. Vith zu Preußen. Der Völkerbund teilte die am Ende des 1. Weltkriegs annektierten Gebiete dann endgültig Belgien zu. Malmedy wurde später der Französischen Gemeinschaft zugewiesen und spricht heute überwiegend französisch.

Die anderen Gemeinden bildeten die Deutschsprachige Gemeinschaft. Unter dem Begriff „Ostkantone“ zählt man Malmedy gelegentlich noch zu den ostbelgischen Kommunen, beispielsweise führt das „Verkehrsamt der Ostkantone“ diesen Begriff noch offiziell im Titel, weil es auch die Interessen Malmedys vertritt.

*Malmedy pflegt seinen wallonischen Dialekt und zeigt das auch auf einigen Schildern im Straßenbild.*

Weil es ein wesentliches kulturelles Merkmal der Gemeinschaft darstellt, wird die Respektierung des Deutschen als Amtssprache sorgfältig beachtet. So können die Bürger beispielsweise Formulare oder Unterlagen bei den Behörden umtauschen, wenn sie irrtümlich in Französisch oder Flämisch ins Haus kommen.

In den Schulen werden Mehrsprachigkeit und deutsche Muttersprache gleichzeitig gepflegt. Der Rat der Deutschsprachigen Gemeinschaft (DG) hat einen Sonderausschuss für den Sprachgebrauch im Unterrichtswesen eingesetzt. Der Muttersprache wird dabei eine hohe Bedeutung beigemessen, gleichzeitig wird die Mehrsprachigkeit

*Zahlreiche Straßenschilder weisen noch Spuren des Sprachenstreits auf. Französische Namen wurden übersprüht.*

gefördert. Bereits im Kindergarten wird mit dem Lernen von Französisch begonnen. Die DG zeichnet außerdem die besten Schüler im Fach Deutsch aus.

Auf der politischen Ebene zielen die Bemühungen um eine weitere Verbreitung der deutschen Sprache in Richtung Lüttich. Nachdem festgestellt wurde, dass nur etwa drei Prozent der Wallonen Deutsch sprechen, die Kundschaft am Wochenende in der Provinzhauptstadt aber fast zur Hälfte aus deutschsprachigen Regionen kommt, wird Deutsch als Fremdsprache auch dort gefördert.

Nicht zu übersehen sind in Ostbelgien trotz allem noch die Spuren des Sprachenstreits: Auf manchen Ortsschildern sind die französischen Ortsnamen übersprüht.

## Zweimal am Dreiländereck: Lage und Gliederung

Ostbelgien ist zwar nicht groß, besitzt aber viele Nachbarn. Es gibt gleich zwei Dreiländerecke: Im Norden grenzt Belgien an die Niederlande und an Deutschland, im Süden an Luxemburg und Deutschland. Die beiden Dreiländerpunkte sind knapp 100 Kilometer voneinander entfernt.

*Im Norden* bildet der **Baudouin-Turm** (Boudewijntoren), benannt nach dem ehemaligen belgischen König Baudouin, einen markanten Punkt. Hier hat man die Wahl: Entweder man nimmt den Aufzug oder erarbeitet sich die 50 Meter Höhe bis zur verglasten Aussichtsplattform Schritt für Schritt über 223 Stufen. Eindrucksvoll ist der Panoramablick nach Belgien, Holland und Deutschland hinein. Wer sich diesen Überblick gönnt, kann dies gleichzeitig im Bewusstsein tun, hier auch den Gipfel der Niederlande erklommen zu haben. Mit 322,5 Metern über NN ist der Vaalserberg die höchste Erhebung Hollands.

Der eigentliche **Drielandenpunt**, wo Deutschland, Belgien und Holland sich treffen, liegt unmittelbar neben dem Baudouin-Turm auf niederländischem Gebiet. Er stellt eine beliebte Bühne für Foto- und Videoaufnahmen dar: Steinobelisken und eine Marmortafel markieren die Stelle. Eine Million Tagestouristen besucht jährlich diese Stelle, und man hat den Eindruck, die meisten Besucher schießen dort ein Erinnerungsfoto.

*Der Park am Europa-Denkmal lädt zu einem Ausflug nach Ouren ein.*

i *Der Baudouin-Turm ist das ganze Jahr über geöffnet.*
*Tel.: 0031 / 43 306 10 19*

*Im Süden* treffen sich am Südzipfel der Gemeinde Burg-Reuland Belgien, Luxemburg und Deutschland. Dort gibt es am **Europa-Denkmal** in Ouren ebenfalls ein Dreiländereck, der als Nabel Europas verstanden werden kann. Es liegt 336 Meter hoch.

Die **Ourtalroute** bis zum Europa-Denkmal ist eine kleine Traumstraße, nicht nur für Romantiker. Malerisch schlängelt sie sich von Burg-Reuland aus am Hang entlang durch Wald und Feld. Der Weg wurde teilweise in den Felsen gehauen, was den Eindruck von schroffen Berghängen erzeugt. Radler kämpfen sich bergauf und rollen bergab, Wanderer genießen den Blick ins Tal, und Autofahrer freuen sich im Frühling, wenn der Ginster gelb aufleuchtet und Blütenblätter sanft auf die Windschutzscheibe rieseln.

Auch für Motorradfahrer ist der Park am **Europa-Denkmal** ein guter Tipp, um eine Rast einzulegen. Zwischen Büschen und Bäumen wurden vier Monolithe in Wiesen gebettet. Jeder Stein stammt aus einem anderen Land, und jeder trägt den Namen des Politikers, der bei der Einweihung das Land repräsentierte. So stehen auf den Findlingen die Namen Paul Henri Spaak (Belgien), Joseph Beck (Luxemburg), Konrad Adenauer (Deutschland) und Robert Schumann (Frankreich). Auf dem fünften Stein, der in der Mitte steht, sind die zwölf Unterzeichner des Vertrags von Rom aufgeführt, mit dem die Gründung Europas am 25. März 1957 zunächst als Gemeinschaft von sechs Ländern besiegelt wurde. Das Mahnmal wurde am 22. Oktober 1977 von der Vereinigung für Eifel und Ardennen eingeweiht. Seine Bedeutung wurde mit den folgenden Worten festgehalten: „Am Schnittpunkt dreier Landesgrenzen will es die Bürger zu friedlicher Begegnung und Zusammenarbeit mahnen.“

## Ostbelgien im Überblick

Das auf der Landkarte schlank wirkende Gebilde Ostbelgien überteilt sich in drei Landschaften:

Das Hohe Venn mit den Gemeinden Malmedy und Weismes unterteilt die Deutschsprachige Gemeinschaft. Nördlich davon liegen im Eupener Land die Gemeinden Eupen, Kelmis, Lontzen und Raeren. Südlich des Venns dehnt sich die belgische Eifel aus mit den Gemeinden Amel, Büllingen, Burg-Reuland, Bütgenbach und St. Vith.

Im Norden liegt Mergelland mit sanften Hügeln und saftigen Weiden. Hier findet sich altes Kulturland. In den Dörfern dominiert noch die ländliche Bauweise, sie haben noch nicht ihren Charakter an städtische Bebauung verloren. Dazu trägt auch bei, dass ein Großteil der Bauernhöfe noch landwirtschaftlich genutzt wird. Hecken, Sträucher und Wäldchen geben der Natur ein parkartiges Aussehen. Zu den stattlichen Höfen gesellen sich Burgen und Schlösser, ebenfalls Anzeichen alter Besiedlung. In einigen Orten hat jedoch ein kräftiger Anteil an Industrie Einzug gehalten.

Das Hohe Venn bildet die stille Mitte Ostbelgiens. Moor und Sümpfe machten die Hochebene abweisend und weitgehend unbewohnbar. Und doch kann man sich kaum der Faszination dieser Landschaft entziehen, in der Klima, Fauna und Flora eine eigenwillige Schönheit entstehen lassen. Die Kraft der Naturgewalten, die schon früher Maler und Schriftsteller inspirierte und Einsiedler anzog, begeistert auch heute noch Naturliebhaber, seien sie Künstler oder ganz einfach nur Wanderer. Damit das empfindliche ökologische Gleichgewicht nicht von zuviel Liebe und Zuspruch gestört wird, müssen bestimmte Bereiche im Hohen Venn zeitweise gesperrt werden.

*Das Hohe Venn wirkt zu jeder Jahreszeit anziehend.*

Der Süden Ostbelgiens ist Teil der Eifel. Auch hier herrscht ein ländlicher Charakter vor. Wiesen, Wälder und malerische Flusstäler bestimmen das Bild. Das Leben spielt sich in einer Vielzahl kleiner Dörfer ab, die stark touristisch ausgerichtet sind.

## Ein Klima mit Reizen

Ostbelgiens Wetterlage kann sehr launisch sein. Der Reiz liegt im Wechsel von heftigen Güssen, strahlender Sonne und kräftigen Winden. Die Regenwolken, die mit dem Wind vom Atlantik heranziehen, kühlen sich beim Anstieg auf die Höhen des Venns ab und regnen sich über den Nordwestseiten der Berghänge aus. Das Venn ist eine besonders regen- und schneereiche Gegend. Der Wasserreichtum Ostbelgiens wird in einem dichten Netz von Bächen, Seen und Talsperren sichtbar. Vom ausgiebigen Niederschlag im Venn profitieren auch Gewässer in der benachbarten deutschen Eifel.

*Unterwegs*

# IN OSTBELGIEN

## WIE KOMMT MAN NACH OSTBELGIEN?

Trotz seiner Randlage ist Ostbelgien verkehrsmäßig gut erschlossen. Es besitzt gute regionale und internationale Anbindungen. Nach Ostbelgien kommt man

über die **Straße:**
- von Brüssel, Köln und Aachen über die Autobahn E 42 (Verviers-St. Vith-Trier)
- von Brüssel, Lüttich, Eupen, Aachen, Köln über die E 40 (Brüssel-Eupen-Aachen)

mit der **Bahn:**
- Eupen besitzt einen Bahnhof mit Intercity-Anschluss. Von hier aus ermöglichen stündlich IC-Züge eine Anbindung an die Strecke Köln-Brüssel-Ostende. (Info Bahnhof Eupen: 087 / 89 82 68 oder 89 82 95, Fax: 087 / 89 82 33)

per **Flugzeug:**
- Der Flughafen Lüttich-Bierset gehört zu den leistungsstärksten Airports in Europa. Fast 50 Länder mit mehr als 170 Flugplätzen werden von dort aus angeflogen. (Tel.: 04 / 2 34 84 11)
- Der Maastricht-Aachen Airport liegt wenige Kilometer nördlich von Eupen in den Niederlanden. (Tel.: 0031 / 46 / 443 80 00 )

In etwa einer Stunde können die weiter entfernten Airports erreicht werden:
- Flughafen Brüssel (Tel.: 02 / 7 53 21 11)
- Flughafen Köln (Tel.: 0 22 03 / 40 40 01 oder 0221 / 40-0)
- Flughafen Düsseldorf (Tel.: 02 11 / 4 21-22 23 oder 0211 / 421-0)
- Flughafen Luxemburg (Tel.: 0352 / 4 79 81)

*Im modernen Bahnhof von Eupen halten auch Intercity-Züge.*

*Sechseckige Schilder weisen die Richtung auf die Themen-Routen.*

## MIT DEM AUTO ÜBER THEMENROUTEN

Ostbelgien ist zu schön zum Rasen. Die Landschaft verdient ein gemächliches Tempo. Insbesondere wer den kleinen Routen folgt, geht auf Entdeckerpfade. Die Verkehrsämter haben aber auch Themenrouten ausgearbeitet, denen man mit dem Auto oder dem Motorrad folgen kann. Orientierung bieten dabei drei mit sechseckigen Schildern bezeichnete Routen:

- die Burgen-Route im Dreiländereck
- die Ourtal-Route durch den Süden
- die Venn- und Seen-Route

16 Kulturrouten in Eifel und Ardennen bieten zusätzlich die Möglichkeit, verborgene Schätze im Grenzland von Belgien, den Niederlanden, Luxemburg und Deutschland zu finden.

i *Verkehrsamt der Ostkantone*
*Postfach 66*
*4780 St. Vith*
*Tel.: 080 / 22 76 64*
*Fax: 080 / 22 65 39*

**TIPP** ***Luftsprünge mit dem Heli***
***Die schnellste Möglichkeit, sich einen Überblick über Ostbelgien zu verschaffen, bieten die Helikopter der J.L.Organisation. Inhaber Jacques Langohr hat nicht nur touristische Rundflüge im Programm, sondern beispielsweise auch Golfreisen, Fotoflüge oder „Feinschmeckerflüge“ zu Nobelrestaurants. Geschäftsleute nutzen die schnellen Transporter, um Ziele im Umkreis von 500 Kilometern zu erreichen. Der Start- und Landeplatz liegt nahe Eupen an der Autobahnauffahrt und an der Straße nach Baelen.***

i *J.L. Organisation*
*Tel.: 0476 / 22 35 84*

## Die Vennbahn: Ein Reiseerlebnis mit Pfiff

Wer Zeit hat und Nostalgie mag, kann die Landschaft auch bei einer Fahrt mit der historischen Vennbahn genießen. 1885 rollte zum ersten Mal ein Zug über die Strecke von Aachen nach Malmedy und St. Vith, an Weywertz vorüber (siehe S. 124)

*Die Vennbahn vermittelt Eisenbahn-Nostalgie.*

i *Vennbahn V.o.E.*
*Bahnhofstraße 70*
*4730 Raeren*
*Tel.: 087 / 85 24 87 und 85 82 85*
*Fax: 087 / 85 82 89*
*www.info@vennbahn.com*
*www.vennbahn.de*

## Im NaTourBus über die Grenze

Die Venn-Landschaft zwischen Eupen, Monschau (D) und Bütgenbach lässt sich samstags, sonntags und an Feiertagen preisgünstig im Zwei-Stunden-Takt per Bus, dem *NaTourBus*, genießen.

Anschlüsse an andere Buslinien sind vorhanden, so dass unterwegs auch Wanderungen und Besichtigungen unternommen werden können.

Auf der Linie gilt natürlich auch das *Euregio-Ticket*, mit dem samstags und sonntags zwei Erwachsene und drei Kinder unter 12 Jahren zum Preis von 450 BEF/ 22 DM (ca. 12 Euro) in der gesamten Euregio Maas-Rhein unterwegs sein können. Dazu wird ein dreisprachiger Euregio-Fahrplan herausgegeben.

i *TEC Societé de Transport en Commun de Liège-Verviers*
*Herbesthaler Str. 85*
*4700 Eupen*
*Tel.: 087 / 74 25 92*
*www.liegeonline.be/tec*
*e-Mail: tec@liegeonline.be*
*oder: Verkehrsvereine und Fahrkartenverkaufsstellen*

*Aachener Verkehrsverbund*
*Neuköllner Str. 1*
*D-52068 Aachen*
*Tel.: 0049 / 241 / 9 68 97-0*
*www.avv.de*
*e-Mail: avv-aachen@t-online.de*

*Politischer Steckbrief*

# Ein kompliziertes System

## Der belgische Staat

Mit der vierten großen Staatsreform und der neuen Bundesverfassung vom 17. Februar 1994 wurde die Umformung Belgiens zu einem Föderalstaat abgeschlossen. Um den unterschiedlichen Interessen gerecht zu werden, entstand dabei ein kompliziertes System: Belgien ist eingeteilt in vier „Sprachgebiete" (französisch-, niederländisch- und deutschsprachig sowie die Brüsseler Region, die niederländisch und französisch spricht), drei „Regionen" (Flandern, Wallonie und Hauptstadtregion Brüssel) und drei „Gemeinschaften" (Flämische, Wallonische und Deutschsprachige).

## Die Deutschsprachige Gemeinschaft

Die Deutschsprachige Gemeinschaft (DG) unterhält - wie die übrigen Gemeinschaften - einen eigenen Rat und eine eigene Regierung. Sie sind in Eupen angesiedelt, ebenso wie die drei Ministerien, die zuständig sind für

- Beschäftigung, Behindertenpolitik, Medien und Sport
- Unterricht und Ausbildung, Kultur und Tourismus
- Jugend und Familie, Denkmalschutz, Gesundheit und Soziales

In St. Vith unterhält die DG das „Haus der Gemeinschaft" schräg gegenüber dem Rathaus. Hier werden unter anderem Aufgaben der Wirtschaftsförderung, des Mittelstandes, der Berufsberatung sowie des Ostbelgien-Festivals verwaltet.

Partnerschaftliche Beziehungen pflegt die DG zur ebenfalls mehrsprachigen Region Quebec in Kanada. Die Beziehungen entstanden durch die Thona-Werke in Eupen und Kanada. Auch die Geschichte der belgischen und kanadischen „Ostkantone" findet in der Entwicklung von Holz- und Textilindustrie Berührungspunkte.

i

*Rat der Deutschsprachigen Gemeinschaft*
*Kaperberg 8*
*4700 Eupen*
*Tel.: 087 / 55 59 74*
*Fax: 087 / 55 59 70*

*Ministerium der Deutschsprachigen Gemeinschaft*
*Gospert 1-5*
*4700 Eupen*
*Tel.: 087 / 59 63 00*
*Fax: 087 / 55 28 91*

*Regierung der Deutschsprachigen Gemeinschaft*
*Klötzerbahn 32*
*4700 Eupen*
*Tel.: 087 / 59 64 00*
*Fax: 087 / 74 02 58*
*www.dglive.be*

Im April 2000 begannen die Bauarbeiten zur Errichtung eines neuen Ministeriums für rund 130 DG-Mitarbeiter an der Gospertstraße.

Auch das alte Gerichtsgebäude wird in den Komplex integriert, sobald die Justiz in einen Neubau zwischen Vervierser Straße und Herbesthaler Straße umgezogen ist.

*Regierungsgebäude der Deutschsprachigen Gemeinschaft in Eupen*

Beim Patriotismus der Ostbelgier ist es kein Wunder, dass der Nationalfeiertag am 21. Juli (dem Tag, an dem Belgiens erster König Leopold I. 1831 seinen Amtseid ablegte) gebührend gefeiert wird. Es gibt Volksfeste z.B. in Eupen, Malmedy und Kelmis mit Floh- und Handwerkermärkten, Live Musik, Tanz und Feuerwerk an vielen Orten.

## Die Euregio Maas-Rhein

Die DG ist Mitglied der Euregio Maas-Rhein, die im Grenzland Brücken bauen soll. Die Euregio wurde 1974 als Arbeitsgemeinschaft gegründet und umfasst fünf Teilregionen: die Deutschsprachige Gemeinschaft, die Provinz Lüttich, die Provinz Limburg (B), die Provinz Limburg (NL) sowie die Regio Aachen (D). Sie ist als Stiftung nach niederländischem Recht organisiert, und ihre Zentrale, die „Stichting Euregio Maas-Rhein“, sitzt in Maastricht. Dort werden die grenzüberschreitenden Projekte der fünf Partner aus drei Ländern koordiniert. Das Gebiet der Euregio Maas-Rhein dehnt sich über 10 745 Quadratkilometer aus. Knapp vier Millionen Menschen leben in diesem Bereich, davon sind rund 1,5 Millionen Arbeitnehmer. Innerhalb der Euregio sind die Ostkantone das Gebiet mit der geringsten Bevölkerungsdichte.

Politiker bezeichnen die Euregio gern als ein „Labor der europäischen Integration“. Immerhin arbeiten hier deutsch-, französisch- und niederländischsprachige Belgier, Deutsche und Niederländer zusammen. Ihr gemeinsames Anliegen ist die Verbesserung der Infrastruktur über die Grenzen hinweg. Auch Unterrichtswesen, Tourismus, Kultur, Sport, Umwelt, Raumordnung und Gesundheitsfürsorge sind Themen. Die Städte Maastricht, Aachen, Hasselt, Heerlen und Lüttich arbeiten unter dem Kürzel „MAHL“ eng im Bereich Marketing zusammen. Wirtschaftlich lohnt sich die Kooperation auch deshalb, weil die Europäische Union grenzüberschreitende Projekte mit Interreg-Mitteln belohnt.

Die Zusammenarbeit hat historisch betrachtet eine lange Tradition. Schon die Römer bauten die ersten verbindenden Verkehrswege. Im Reich Karls des Großen genoss die Region ohnehin eine zentrale Stellung. Grenzen wurden erst trennend nach dem Wiener Kongress von 1815, der die Bildung von Nationalstaaten und die Ausgrenzung von Nachbarn zur Folge hatte. Wirtschaftliche und private Beziehungen wurden später erschwert durch die Weltkriege, die eine verstärkte Abschottung an den Grenzen bewirkten. Dadurch gerieten alle Teile der heutigen Euregio in eine Randlage in ihren Staaten. Die Notwendigkeit zur Zusammenarbeit stellte sich folglich dort noch eher als sinnvoll heraus als in anderen Teilen Europas. So spröde und bürokratisch die Institution „Euregio" auf den ersten Blick wirkt: Sie stellt doch eine Station auf dem Weg nach vorne zu mehr Lebensqualität im Dreiländereck dar und einen Weg zurück zum gemeinsamen Kunst- und Kulturerbe.

Dabei werden nicht nur Worte gemacht, sondern handfeste Hilfen geleistet. Finanzielle Mittel der Europäischen Union werden über „Interreg-Programme" für grenzüberschreitende Projekte in die Euregio geleitet. Umweltaktionen, Freizeit und Tourismus, Schule und Arbeitsmarkt, Forschung und Lehre, Innovation und Technologietransfer profitieren ebenso davon wie die gesamte wirtschaftliche Infrastruktur.

i *Euregio Maas-Rhein*
*Bureau Maastricht*
*Limburglaan 10*
*Postbus 5700*
*NL-6202 MA Maastricht*
*Tel.: 0031 / 43 / 389 74 92*
*Fax: 0031 / 43 389 72 87*
*www.euregio-mr.org*

**TIPP**

***Im unmittelbar am Grenzübergang gelegenen Informationsbüro Lichtenbusch gibt es Informationen zu den Bereichen „Reisen und Erleben", „Wirtschaft und Forschung" sowie über Großveranstaltungen und Großprojekte im Grenzland.***

## Die Provinz Lüttich

Die Deutschsprachige Gemeinschaft nimmt 20 Prozent der Fläche der Provinz Lüttich ein. Betrachtet man das Verhältnis der Einwohner, sieht die Relation anders aus: Nur neun Prozent der Bevölkerung der Provinz Lüttich leben hier. Weil nicht alle Bürger die komplizierte politische Struktur des belgischen Staates jederzeit präsent haben, hat die Provinz Lüttich Informationsbüros in verschiedenen Städten eingerichtet. Auch in Eupen eröffnete ein solches Büro. Bürgerfreundlich wird hier in der Muttersprache vermittelt, welche Einrichtung für was zuständig ist. Angeschlossen ist eine Informationsstelle der Universität Lüttich.

In erster Linie ist die Informationsstelle behilflich bei der wirtschaftlichen und finanziellen Förderung. Vereine und Organisationen können hier Rat suchen. Jugend und Soziales, Ausbildung und Medien, Tourismus und Kultur sind Schwerpunkte der Arbeit. Umgekehrt erwartet die Provinz von der Deutschsprachigen Gemeinschaft eine kompetente Vertretung ihrer Interessen, beispielsweise in der Euregio Maas-Rhein.

i *Büro der Provinz Lüttich*
*Bergstraße 16*
*4700 Eupen*
*Tel.: 087 / 76 64 70*
*Fax: 087 / 74 01 22*
*www.prov-liege.be*
*Geöffnet Mo – Fr 10 Uhr bis 17.30 Uhr, Sa 10 Uhr bis 12 Uhr*
*Info für die Uni Lüttich: Di und Do, 14-17 Uhr*

## Die Wallonische Region

Auch die Wallonische Region unterhält in Eupen ein Informationszentrum. Unter anderem werden Fragen zu den Bereichen

Wohnungswesen, Natur und Umwelt sowie Beihilfen für Unternehmen beantwortet. Unter anderem nimmt ein Ombudsmann Beschwerden der Bürger entgegen.

Außerdem fährt ein Info-Mobil, in dem Sprechstunden abgehalten werden, regelmäßig durch die Dörfer.

i *Centre d'information et d'accueil de la Région wallonne*
*Informations- und Empfangszentrum der Wallonischen Region*
*Gospertstraße 2 (Postgässchen)*
*4700 Eupen*
*Tel.: 087 / 59 65 20*
*Fax: 087 / 59 65 30*
*e-Mail: cia.eupen@mrw.wallonie.be*
*www.wallonischeregion.be*

## Die Regierung und die Deutschsprachigen in Brüssel

Über aktuelle Fragen der belgischen Innen- und Außenpolitik, aber auch beispielsweise über das Image der Belgier in der übrigen Welt können sich die Bürger der Deutschsprachigen Gemeinschaft auch in ihrer Muttersprache informieren. Am schnellsten geht das im Internet über die Seite des Premierministers: *www.premier.fgov.be*

In der Europahauptstadt verlieren nationale Zugehörigkeiten ein wenig an Bedeutung. Die deutsche Schule ist deshalb schon lange eines der kulturellen Zentren der rund 15.000 Deutschsprachigen verschiedener Nationen in Brüssel. In ihrer Nähe hat sich das „Deutschsprachige Zentrum" als Dienstleistungsangebot und neue kulturelle Institution etabliert. Das Zentrum richtete unter dem Namen „Kultur- und Bildungswerkstatt" die erste deutschsprachige Volkshochschule in Brüssel ein.

Ein Café mit Internetanschluss gehört ebenfalls dazu. Das Zentrum gibt einige Publikationen heraus und bietet Hilfe an bei finanziellen, juristischen und organisatorischen Fragen.

i *Deutschsprachiges Zentrum Brüssel*
*Lange Eikstraat 82*
*1970 Wezembeek-Oppem*
*Tel.: 02 / 766 16 10*
*Fax: 02 / 766 16 19*

*Das Denkmal am Kreisel in Büllingen hält die Erinnerung an die jüngere Geschichte wach.*

*Geschichte*

# HIN- UND HERGERISSEN: OSTBELGIENS BEWEGTE VERGANGENHEIT

Die Geschichte Ostbelgiens ist die Geschichte eines Landes zwischen den Fronten. Über Jahrhunderte hinweg verlief sie äußerst turbulent:

Bis **1794:** Das Eupener Land gehört zum Herzogtum Limburg, die belgische Eifel größtenteils zum Herzogtum Luxemburg. Manderfeld und Schönberg zählen zum Kurfürstentum Trier. Die Bewohner sprechen deutsche Dialekte: Niederfränkisch, Rheinfränkisch und Moselfränkisch.

**1794-1795:** Das Gebiet fällt unter französische Besatzung. Eupener Land und Eifel gehören zum Departement Ourthe, Manderfeld-Schönberg zählt zum Saardepartement.

**1815:** Napoleon ist besiegt, und der Wiener Kongress entscheidet: Eupener Land, Eifel und ein Teil der ehemaligen Abtei Stavelot-Malmedy zählen ab sofort als Kreise Eupen und Malmedy zum Deutschen Reich und damit ab 1830 zur preußischen Rheinprovinz. Wegen der wertvollen Galmeivorkommen wird für Neutral-Moresnet eine staatsrechtlich kuriose Ausnahme gemacht: Es wird zunächst unter preußisch-niederländische und ab 1830 unter preußisch-belgische Doppelverwaltung gestellt.

**1831:** Am 17. Juli legt Leopold I. als erster König von Belgien seinen Amtseid ab. Belgien wird parlamentarische Demokratie.

**1914-1918:** Die jungen Männer der Kreise Eupen und Malmedy kämpfen im 1. Weltkrieg als deutsche Soldaten im Heer Kaiser Wilhelms II.. Im Kreis Eupen werden 766 Männer als vermisst oder gefallen gemeldet, im Kreis Malmedy 1082.

**1919:** Nach dem 1. Weltkrieg wird das Terrain in Europa neu verteilt. Der Vertrag von Versailles bestimmt, dass Neutral-Moresnet an Belgien fällt. Auch die Kreise Eupen-Malmedy werden dem Königreich Belgien zugeteilt nach einer Volksbefragung, die als umstritten gilt. Die Bevölkerung ist gespalten: Ein Teil begrüßt die Zugehörigkeit zu Belgien, der andere Teil – „Revisionisten“ genannt – wehrt sich dagegen, das „Diktat von Versailles“ anzuerkennen.

**1920-1925:** Das Gebiet wird in die drei Gerichtskantone Eupen, Malmedy und St. Vith aufgeteilt und unter eine Übergangsverwaltung gestellt.

**1925:** In den Verträgen von Locarno erkennt Deutschland im Oktober die neue Grenzlinie an.

**1925-1926:** Hinter den Kulissen werden auf diplomatischem Parkett geheime Verhandlungen geführt. Für einen Preis von 200 Millionen Goldmark soll Eupen-Malmedy Deutschland zurück gegeben werden. Frankreich interveniert, und das Gebiet bleibt belgisch.

**1926:** In den jetzt offiziell belgischen Gebieten tritt ab 1. Januar die belgische Gesetzgebung in Kraft.

**1927:** Als pro-belgisches Sprachrohr der deutschsprachigen Belgier wird die Zeitung „Grenz-Echo” gegründet.

**1933:** Die Polarisierung in der Bevölkerung verschärft sich. Revisionistische Kreise in Eupen und Malmedy sympathisieren mit den deutschen Nationalsozialisten. 1936 organisieren sie sich in der „Heimattreuen Front". Die Bevölkerung wird immer tiefer gespalten in „pro-belgische" und „pro-deutsche" Anhänger. Unter dem Eindruck der faschistischen Propaganda geben die belgischen Sozialisten um Marc Somerhausen ihre Revisionsforderungen jedoch auf.

**1940:** Am 10. Mai marschieren deutsche Truppen in das neutrale Belgien ein und annektieren die Gebiete um Eupen und Malmedy. Ein Teil der Bevölkerung geht in den Widerstand, andere gestalten „Befreiungsfeiern". Junge Ostbelgier, teils Deserteure der belgischen Armee, sind in den Monaten vor dem 10. Mai unter dem Einfluss der Nazi-Propaganda freiwillig nach Deutschland gegangen. Im „Regiment zbV Brandenburg" hat man sie dazu ausgebildet, Sabotageakte zu verüben. In der Nacht zum 10. Mai überschreiten sie als Vorhut der deutschen Truppe die belgische Grenze. Ihre Aufgabe, von der belgischen Armee vorbereitete Sprengungen strategisch bedeutender Bauwerke zu verhindern, erfüllen sie unter anderem in Bütgenbach. Nach dem Krieg werden sich die Überlebenden vor belgischen Kriegsgerichten verantworten müssen.

**1941** und in den darauffolgenden Jahren werden 8700 junge Ostbelgier zwangsweise zum deutschen Wehrdienst eingezogen – darunter viele, die im Mai 1940 als belgische Soldaten gegen die eindringende Wehrmacht gekämpft haben. Einige tauchen unter. 3200 dieser „Zwangssoldaten", wie sie später genannt werden, kehren nicht zurück.

**1944:** Die Anfang Dezember 1944 ausgelöste Ardennenoffensive bringt unermessliches Leid über den Süden Ostbelgiens. Malmedy, St. Vith und viele Eifeldörfer werden weitgehend zerstört. Die Zivilbevölkerung erleidet große Verluste: 153 Tote werden allein in St. Vith gezählt. 142 Menschen sterben in Malmedy, das an den Weihnachtstagen irrtümlich von der US Air Force bombardiert wird, obwohl es in amerikanischer Hand ist.

**1945:** Mit dem Waffenstillstand am 8. Mai beginnt für das deutschsprachige Ostbelgien eine neue Zeit der Zerrissenheit. Unter dem Eindruck harter politischer „Säuberung" wird in Ostbelgien auch Kritik an der Regierung laut: Der Staat habe nicht deutlich genug gegen die deutsche Besetzung protestiert. Diskussionen um die Regelung der Kriegsschäden dauern noch Jahrzehnte. Die Frage der „Zwangssoldaten", die nach der Annektierung in die deutsche Wehrmacht eingezogen wurden und gegen ihr eigenes Land kämpfen mussten, wird erst 1989 gelöst.

**1956:** Die Aussöhnung zwischen Deutschland und Belgien nimmt konkrete Formen an. In den belgisch-deutschen „Septemberverträgen" erklärt die Bundesrepublik Deutschland noch einmal, dass die Annexion Eupen-Malmedys völkerrechtlich ungültig war.

**1958:** Ein Kulturabkommen leitet die belgisch-deutsche Zusammenarbeit ein. Für die deutschsprachigen Belgier bedeutet das auch eine Entspannung im eigenen Land: Ihr Anspruch auf eigene Sprache und Kultur erhält mehr Anerkennung.

**1962-1963**: Deutsch wird offizielle Verwaltungssprache, später auch Schul- und Gerichtssprache.

**1966:** Ein Königlicher Erlass vom 18. Juli teilt Belgien in vier Sprachgebiete. Dies bildet den Kern der späteren Föderalisierung.

Artikel 5 des Gesetzes zählt die 25 Gemeinden (seit 1976 neun Großgemeinden) auf, die das deutsche Sprachgebiet bilden. Damit beginnt ein langwieriger Prozess der Föderalisierung, der den deutschsprachigen Belgiern Schritt für Schritt mehr Souveränität bringt.

## 1968-1994: Vier grosse Schritte nach vorn für die deutschsprachigen Belgier

### 1.

**1968-1971:** Im Zuge der ersten großen Staatsreform wird die Aufteilung Belgiens in vier Sprachgebiete in der Verfassung festgeschrieben. Gleichzeitig werden drei Regionen geschaffen: die Wallonische, die Flämische und die Brüsseler Region. Zusätzlich werden drei Kulturgemeinschaften (die deutsche, die französische und die niederländische) geschaffen. Jede Kulturgemeinschaft erhält einen eigenen Kulturrat. Die Rechte des Rates der deutschen Kulturgemeinschaft sind jedoch gegenüber denen der anderen Gemeinschaften zunächst beschränkt.

**1973: 23. Oktober** - In der ersten Sitzung des Rates der deutschen Kulturgemeinschaft legt Johann Weynand als erster Präsident den Amtseid ab.

**1974: 10. März** – Erste Direktwahl zum Rat der deutschen Kulturgemeinschaft.

### 2.

**1980-1983:** In der zweiten großen Staatsreform ersetzen die „Gemeinschaften" die „Kulturgemeinschaften". Die Bezeichnung „Deutschsprachige Gemeinschaft" (DG) wird amtlich. Die DG kann über kulturelle und personelle Angelegenheiten entscheiden. Außerdem kann sie zwischengemeinschaftliche und internationale Beziehungen selbständig regeln. Zusätzlich zum Rat wird eine Regierung als Exekutive eingesetzt. Das Gesetz über die Institutionellen Reformen für die Deutschsprachige Gemeinschaft wird am 31. Dezember 1983 vom König unterzeichnet. Am 23. September 1985 tritt das Gesetz über den deutschsprachigen Gerichtsbezirk Eupen in Kraft, der das deutsche Sprachgebiet Belgiens umfasst.

### 3.

**1988-1990:** In der dritten großen Staatsreform wird der DG die Zuständigkeit für das Unterrichtswesen übertragen. Am 18. Juli 1990 tritt das Gesetz in Kraft. Die praktische Auswirkung für die DG: Sie erhält dreimal so viele Finanzzuweisungen vom Föderalstaat.

**1991:** Der 23. Oktober ist ein Datum mit hoher Symbolkraft, denn der Verfassungstext in deutscher Sprache erhält denselben rechtsverbindlichen Charakter wie der französische und der niederländische Text.

### 4.

**1993-1994:** Die Umformung Belgiens zu einem Föderalstaat aus Gemeinschaften und Regionen wird in der vierten großen Staatsreform abgeschlossen. Am 17. Februar 1994 tritt die neue Bundesverfassung in Kraft. Die „konstitutive Autonomie" wird den Gemeinschafts- und Regionalräten zugebilligt – allerdings noch nicht dem Rat der DG und dem Brüsseler Regionalrat. Die DG erhält jedoch 1993 Befugnisse hinsichtlich der Gesetzgebung über Öffentliche Sozialhilfezentren. Auch das Finanzierungssystem der Deutschsprachigen Gemeinschaft wird auf die neuen Aufgaben ausgerichtet. Ab 1994 entsendet die DG direkt gewählte Vertreter ins Europäische Parlament. 1995 delegiert der Rat der Deutschsprachigen Gemeinschaft ein Mitglied in den Brüsseler Senat. Die DG erweitert seitdem ihre Zuständigkeiten und verwaltet sich zunehmend selbst.

**TIPP**

***Der Rundfunkjournalist Hubert Jenniges hat das turbulente Ringen um kulturelle Selbstbestimmung verfolgt und in einem Buch beschrieben: Hinter ostbelgischen Kulissen. Stationen auf dem Weg zur Autonomie des deutschen Sprachgebietes in Belgien (1968-1972), GEV, Eupen 2001, 207 S., ISBN 90-5433-148-8.***

## In der Gegenwart bleibt Vergangenes unvergessen

Das Geschichtsbewusstsein der Ostbelgier ist aufgrund der wechselhaften Vergangenheit besonders sensibel ausgeprägt. Es verwundert daher wenig, dass der St. Vither Geschichtsverein „Zwischen Venn und Schneifel" mit seinen rund 2300 Mitgliedern zu den größten seiner Art in ganz Belgien zählt. Er pflegt zudem auch eine produktive Zusammenarbeit mit benachbarten Vereinen, beispielsweise dem Geschichtsverein Prümer Land.

Die deutschsprachigen Belgier haben in der Nachkriegsgeschichte erfahren, wie wertvoll staatlicher Beistand und staatliche Anerkennung sind. Ihre Treue zu Nation und Königshaus erscheint so ausgeprägt, dass politische Beobachter sie mit etwas Ironie gern als die „wahren Belgier" bezeichnen – im Gegensatz zu den Angehörigen der beiden anderen Gemeinschaften, die sich zunächst als Wallonen bzw. Flamen und dann erst als Belgier betrachten.

Besonders lebendig erhalten wird die Erinnerung an den Zweiten Weltkrieg, der im Grenzgebiet verheerende Schäden hinterließ und Opfer in fast allen Familien forderte. Eine Reihe von großen Ehrenmalen wurden in den Orten für die Gefallenen errichtet. Auch die Gedenkstätte Hasselpath (siehe S. 78) oder zum Beispiel ein Gedenkstein im Militärlager Elsenborn sind ein Zeichen für ein wachsames Geschichtsbewusstsein. Der Begriff „Elsenborn rodge" – Höhenzug von Elsenborn – wurde um die Jahreswende 1944/45 auch in den Ländern der alliierten Streitkräfte zum Begriff, weil dort heftige Kämpfe tobten. Zwischen St. Vith und Neundorf erinnert ein Stein mit Plakette an den Absturz einer amerikanischen Militär-Maschine im Oktober 1943.

*Wirtschaft und Beschäftigung*

# BLAUSTEIN PRÄGT DIE DÖRFER

## VON TÖPFERN, TUCHMACHERN UND BERGARBEITERN

Die Wirtschaftsgeschichte Ostbelgiens ist unmittelbar verbunden mit den Schätzen der Erde. Trotz seines ländlichen Anscheins hat Ostbelgien deshalb auch eine lange industrielle Tradition.

Im Norden, bei Kelmis, entwickelten sich schon früh Bergbau und Zinkindustrie (Zeche Vieille Montagne). Die schönen alten Häuser verraten, was in den Steinbrüchen des Vennvorlandes abgebaut wurde: Blaustein schmückt die Fassaden der Schlösser und verleiht den Herrenhäusern ihre typischen Merkmale.

Lehm- und tonhaltige Böden bildeten die Grundlage für das Aufblühen des Töpferhandwerks. Es entfaltete im 17. Jahrhundert insbesondere rund um Raeren eine hohe künstlerische und handwerkliche Qualität (siehe S. 122)

Internationalen Ruhm konnte im 18. und 19. Jahrhundert die Tuchindustrie Eupens erwerben. Die Tatsache, dass es in Eupen keine Zünfte gab, die den Markt ordneten und regulierten, wird manchmal als Grund für den enormen Aufschwung der Tuchindustrie gesehen, der schon im 16. und 17. Jahrhundert begann. Die Quelle des Wohlstands war das weiche Wasser, das aus dem Hohen Venn in Richtung Eupen strömt. Es eignete sich hervorragend zur Reinigung und Verarbeitung der Wolle, die zunächst die Schafe aus Eifel und Venn lieferten. Später wurde auch Wolle importiert.

*Mit dem Weberbrunnen setzte man in Eupen der Tuchindustrie ein Denkmal.*

Mehr als 40 Fabriken gab es im 17. und 18. Jahrhundert in und um Eupen. Über 5000 Arbeiter waren dort tätig. Die prachtvollen Häuser, die die Fabrikanten bauten, werden heute als städtebauliche Schätze gehütet.

Die vergangene Größe der Textilindustrie wird heute auch touristisch genutzt. In Verviers, einem der Zentren belgischer Wollverarbeitung, entstand in der ehemaligen Fabrik Bettonville, die noch bis 1970 in Betrieb war, das Touristische Zentrum für

Wolle und Mode (TZWM). Ein Konfektionsgeschäft und eine Schneiderwerkstatt sind ihm angegliedert.

In Eupen dominierte das Kabelwerk die wirtschaftliche Entwicklung der vergangenen Jahrzehnte. Die Kabelwerk Eupen AG ragt als Großunternehmen noch immer aus der Landschaft der kleineren und mittleren Betriebe heraus.

Leder- und Papierindustrie konzentrieren sich bis in die Gegenwart auf den Raum um Malmedy. In der ersten Hälfte des 18. Jahrhunderts begründete sich die Entstehung der Papierindustrie auf das Holz der umliegenden Wälder und den Wasserreichtum der Warche.

*Die Herbesthaler Straße in Eupen bietet ein Paradebeispiel für florierendes Gewerbe in Ostbelgien.*

## Die Euregio: Das goldene Dreieck

Küche, Natur und Kultur sind heute die wichtigsten weichen Standortfaktoren, die eine Region vorzeigen kann – und Ostbelgien hat ausreichend davon vorzuweisen, um eine hohe Lebensqualität zu garantieren.

Rund 500 000 Menschen leben im „goldenen Dreieck“ im Herzen der Euregio. Fachleute haben ausgerechnet, dass hier insgesamt eine Kaufkraft von rund 200 Millionen Euro steckt. Weil ein kleines Land wie Ostbelgien nicht existieren kann, ohne Geschäfte mit seinen Nachbarn zu machen, arbeiten die Industrie- und Handelskammern von Eupen, Aachen, Lüttich, Hasselt und Maastricht zusammen. Ihr Ziel ist es, den „Binnenmarkt Euregio“ zu beleben und Hürden – beispielsweise auf verwaltungsrechtlicher Ebene – abzubauen.

Verstecken muss sich Ostbelgien neben seinen Nachbarn keineswegs. Nach einer 1999 vorgelegten Untersuchung der Gemeindekreditbank besitzt Ostbelgien nicht nur finanzielle Vorteile in der Wallonie, sondern in ganz Belgien. Zurückzuführen ist das auf enorme Anstrengungen im Prozess des wirtschaftlichen Strukturwandels. Obwohl die Einwohnerzahl seit 1990 um 4,6 Prozent gestiegen ist, sank die Zahl der Arbeitslosen bis 1998 um 12,6 Prozent - weil mehr Arbeitsplätze entstanden sind. Rund 38 Prozent der in der Deutschsprachigen Gemeinschaft lebenden Personen gehören heute zur beschäftigten aktiven Bevölkerung. Nach der Erhebung der Industrie- und Handelskammer lag die Arbeitslosenzahl zur Jahrtausendwende in Ostbelgien nur noch bei 5 Prozent – und damit weit unter dem Landesdurchschnitt (11,5%), dem Schnitt der Wallonie (17,5%), Flanderns (7,2%) sowie Brüssels (18,1%).

Das Pro-Kopf-Einkommen lag 1995 in den Ostkantonen bei 344.500 Franken (= ca. 8612,5 Euro).

## Konjunkturdaten

Eine Umfrage der Industrie- und Handelskammer Eupen bei 150 Unternehmen ergab eine überwiegend optimistische Stimmung: 82 Prozent der Befragten beurteilten den Geschäftsverlauf als gut bis zufriedenstellend. Auf dem Bausektor ging die Hälfte der Unternehmen von einer Verbesserung der Lage aus. Der Dienstleistungssektor (Banken, Transportwesen, Steuerberater etc.) setzte auf weiteres Wachstum. Zurückhaltung zeigte nur der Einzelhandel; ein Highlight bildete im Jahr 2000 in Eupen aber die Eröffnung des August Tonnar Centers (ATC), das als mitten in der Stadt gelegenes größtes Einkaufscenter der Euregio auch die übrige Geschäftswelt in Schwung bringen sollte. Wenig später begann an Eupens Stadtrand nahe der Auffahrt zur E 40 die Erschließung des „Eupen Trade Center“ (ETC). Dort siedelte sich unter anderem ein Call Center an, in dem 250 Beschäftigte im Verkauf per Telefon arbeiten. Verkehrsmäßig günstig wurde in dem Komplex auch ein Drei-Sterne-Hotel errichtet. Weitere Unternehmen haben Interesse an dem Standort bekundet. Als ausgesprochen kunden- und gastfreundlich erwies sich die Bereitschaft der Ostbelgier, auch niederländische und deutsche Zahlungsmittel zu akzeptieren. Mit dieser Flexibilität hatten sie sich schon vor der Einführung des Euro wirtschaftliche Vorteile verschafft.

Die meisten Arbeitsplätze bietet das verarbeitende Gewerbe (ca. 6000), gefolgt vom Sektor Handel und Reparaturen (ca. 3500). Im sekundären Sektor (Steine und Erde, Herstellende Industrie, Energie und Wasser, Bau etc.) finden mehr als 500 Betriebe

*Auch wenn Eupen nur gut 17 500 Einwohner hat, bietet die Metropole Ostbelgiens doch viele Arbeitsplätze und eine hohe Lebensqualität.*

ihre Existenzgrundlage. Sie bieten einem knappen Viertel aller in der DG Beschäftigten Arbeitsplätze. Der weitaus größte Teil findet jedoch im tertiären Bereich (Handel, Dienstleistungen, Transport, Kommunikation, Banken und Versicherungen, Verwaltung, Schulwesen, etc.) sein Auskommen. Hier sind rund drei Viertel aller Arbeitnehmer untergebracht. Jede Gemeinde Ostbelgiens hat Gewerbegebiete ausgewiesen. Industriezonen konzentrieren sich auf die Städte Eupen, Malmedy und St. Vith.

## GUTE STANDORTFAKTOREN

Bedingt durch die geringe Fläche, sind ostbelgische Unternehmen automatisch exportorientiert. Der europäische Binnenmarkt bringt der Region entscheidende Vorteile, denn sie rückt aus einer Grenzlage in den Mittelpunkt. Ostbelgien bietet gute Standortfaktoren, nicht nur für Transportunternehmen. Die Autobahnen E 42 (Verviers-St. Vith-Trier) und E 40 (Brüssel, Lüttich, Eupen, Aachen, Köln) bilden die schnellen Achsen im Wirtschaftsraum zwischen Maas und Rhein. Sie stellen auch die Verbindung her zu den Häfen von Antwerpen, Zeebrugge und Rotterdam (NL) sowie zum Binnenhafen von Lüttich, der zu den größten in Europa zählt.

Unter dem Eindruck zunehmender Technisierung profitiert Ostbelgien von der Nähe zur Universität von Lüttich und zur Rheinisch-Westfälischen Technischen Hochschule (RWTH) Aachen, die als Polytechnikum auf die Ausbildung von Ingenieuren spezialisiert ist.

Ziehen die Wirtschaftsexperten Bilanz, so rangiert auf der Seite der positiven Faktoren die zentrale Lage Ostbelgiens in Europa ziemlich weit oben. Sie wird aber noch übertroffen durch eine spezielle Fähigkeit, die alle Ostbelgier ganz nebenbei erwerben: ihre Vielsprachigkeit. Die Tatsache, dass ein großes Call-Center nach genauer Marktanalyse den Standort Eupen wählte, macht das deutlich. Hinzu kommt die Flexibilität der Bewohner, gegebenenfalls jenseits der Grenzen arbeiten zu wollen und dafür auch lange Wege in Kauf zu nehmen.

## MÖBEL

Der Tipp, dass man in Ostbelgien eine große Auswahl an hochwertigen Möbeln findet, ist längst nicht mehr geheim. Die Kunden reisen aus einem Radius bis zu 250 Kilometern an. Auf mehr als 30.000 Quadratmetern Ausstellungsfläche finden sie Objekte jeder Stil- und Geschmacksrichtung präsentiert. Renommiert sind besonders klassische Möbel aus massiver Eiche. Aber auch modernes Design wird angeboten. Kundenfreundlich sind die meisten Möbelgeschäfte auch sonntags geöffnet.

*Auch im Ausland sind Möbel aus Ostbelgien begehrt.*

## Energiewirtschaft

Im Rahmen der Energiewirtschaft gewinnt die sanfte Technologie der Windenergie zunehmend an Bedeutung. Mit seinen Höhenzügen eignet sich Ostbelgien ausgesprochen gut für diese Nutzung natürlicher Ressourcen. Windräder prägen stellenweise die Landschaft. In der Nähe von Elsenborn sind fünf Windräder mit einer Gesamtleistung von 7,5 MW geplant. In St. Vith ließen die rund 550 Mitglieder der Genossenschaft „Energie 2030“ eine Anlage errichten, deren Flügel eine Leistung von 500 Kilowatt aufbringen.

*Originell und selbstbewusst werben die Landwirte für ihre Produkte.*

## Selbstständige

Rund 6500 Personen sind in Ostbelgien selbstständig. Die Gründung junger Unternehmen unterstützt seit 1990 die Ostbelgien Invest AG. Die Kapitalbeteiligungsgesellschaft für mittelständische Unternehmen gibt Tipps zu den Themen Kapital und Know how. Von St. Vith zog die Gesellschaft 1999 nach Eupen ins Quartum Center, Hütte 79.

## Landwirtschaft

Vom Wandel in der Arbeitswelt ist auch der Agrarbereich stark betroffen. Noch immer stellen Forstwirtschaft sowie Viehzucht und Milchwirtschaft einen beachtlichen Wirtschaftsfaktor dar. Außer den zahlreichen Nebenerwerbsbetrieben gibt es in der Deutschsprachigen Gemeinschaft jedoch nur noch circa 40 land- und forstwirtschaftliche Betriebe mit insgesamt rund 140 Beschäftigten. Obwohl die Landwirtschaft die Kulturlandschaft wesentlich prägt, stellt sie nur noch knapp zwei Prozent der Arbeitsplätze. Einen Einblick in den modernen bäuerlichen Alltag bietet der jährliche „Tag des offenen Hofes“, der vom Regionalamt für die Förderung der Landwirtschaft und des Gartenbaus (ORPAH) unterstützt wird. Dabei zeigen Betriebe Scheunen und Ställe, führen aber auch ihre Maschinenparks vor. Die Initiative soll dazu dienen, das Image der Landwirtschaft zu heben und einen Dialog zwischen Erzeugern und Verbrauchern in Gang zu setzen.

*Ein geruhsames Leben auf der Weide führen diese Kühe bei Andler.*

Die Wohngemeinschaft von Mensch und Tier kann man an den übrigen Tagen des Jahres bei verschiedenen Betrieben erleben. Der Ammenhof in Elsenborn, der Bisonhof in Maldingen oder der Biohof Theissen in Manderfeld sind Beispiele (siehe S. 184).

Verschiedene Höfe in Ostbelgien haben die Bio-Landwirtschaft als Marktnische entdeckt. Einige Grünlandbetriebe liefern ihre Milch mittlerweile an die SA „Biomilk" in Vielsalm, die ihre Erzeugnisse aus der biologischen Käserei vorwiegend im Ausland vermarktet.

## Tourismus als wirtschaftlicher Motor

Ostbelgien hat den Tourismus schon lange als strammes wirtschaftliches Standbein entdeckt. Wie die Juniorenkammer der Wirtschaft Malmedy Hautes Fagnes feststellte, standen schon 1990 in den Ostkantonen rund 2000 Arbeitsplätze im Bereich Tourismus zur Verfügung, für das Jahr 1993 wurde die Zahl mit 2500 angegeben, und mittlerweile dürften es noch deutlich mehr sein.

Dabei wird nicht nur die schöne Landschaft vermarktet. Insbesondere dem Kulturtourismus werden für die Zukunft gute Chancen vorhergesagt. Gleichzeitig versucht man, die historische Entwicklung der Region zu thematisieren.

Wichtigstes Kapital für den Tourismus ist die noch weitgehend intakte Natur. Ebenso bedeutend sind aber auch die touristischen Infrastrukturen. Und da hat Ostbelgien eine erstaunlich reichhaltige Palette zu bieten. Sie reicht von der Pension über das kleine Hotel mit Familienanschluss und großzügige Freizeitanlagen bis hin zum luxuriösen Hotel. Charme-Hotels und Relax-Hotels sind bestimmten Standards verpflichtet. Vor Ort sind die Büros der Tourist Information Ansprechpartner für Gäste. Das Herz des touristischen Lebens schlägt mitten in St. Vith. Das Verkehrsamt der Ostkantone (VAO) ist zuständig für die neun Kommunen der Deutschsprachigen Gemeinschaft sowie die Stadt Malmedy und die Gemeinde Weismes.

i *Verkehrsamt der Ostkantone*
*Mühlenbachstraße 2*
*Postfach 66*
*4780 St. Vith*
*Tel.: 080 / 22 76 64*
*Fax: 080 / 22 65 39*
*www.eastbelgium.com*
*e-mail: info@eastbelgium.com*

## Anschub für die Wirtschaft

Verschiedene Einrichtungen arbeiten daran, die Wirtschaft in Schwung zu halten. Auf politischer Ebene beobachtet der Wirtschafts- und Sozialrat (WSR) mit Sitz in Eupen, Quartum Center, die Entwicklung. Er gibt Handlungsempfehlungen zur sozialen Lage sowie zur Ausbildung. Aufgabe des WSR ist es auch darüber zu wachen, dass der Süden der Gemeinschaft nicht hinter dem Norden zurück steht, was die Ansiedlung von Arbeitsplätzen angeht.

i *Wirtschafts- und Sozialrat*
*Quartum Center*
*An der Hütte 79*
*4700 Eupen*

Die Wirtschaftsförderungsgesellschaft (WFG) zog ebenfalls ins Eupener Quartum Center, das – sinnfällig für den Strukturwandel – in einer ehemaligen Nadelfabrik eingerichtet wurde. Aufgabe der WFG ist es unter anderem, grenzüberschreitende Förderungsmöglichkeiten zu prüfen. Mitglieder der Gesellschaft können auch die Gemeinden werden. Zuständig für alle Zweige des Handels und der Produktion ist die Industrie- und Handelskammer (IHK), die auch mit gleichartigen Organisationen im Ausland kooperiert.

i *Industrie- und Handelskammer*
*Eupen-Malmedy-St.Vith G.o.E.*
*Herbesthaler Straße 1 A*
*4700 Eupen*
*Tel.: 087 / 55 59 63*
*Fax: 087 / 55 79 04*

## Auf Weiterbildung ausgerichtet

350 Kurse und Ausbildungen sind im Weiterbildungshandbuch der Deutschsprachigen Gemeinschaft verzeichnet. Auch die Adressen der entsprechenden Institutionen findet man dort. Eine elektronische Version des Handbuchs ist über www.dglive.be abrufbar.

i *Deutschsprachige Gemeinschaft oder:*
*WIB*
*Quartum Center*
*Hütte 79, Bk. 12*
*4700 Eupen*
*Tel.: 087 / 56 82 22*
*Fax: 087 / 56 82 23 oder:*
*Weiterbildungshotline 0800 / 92 187*

## Arbeitslose ins Hotel gebeten

Etwa ein Zehntel aller Erwerbstätigen pendelt täglich zu Arbeitsstätten außerhalb der Deutschsprachigen Gemeinschaft. Nach Norden zieht die Großstadt Aachen, nach Süden das Großherzogtum Luxemburg. Weil dort teilweise höhere Löhne und Gehälter locken, ergab sich in Ostbelgien in den vergangenen Jahren ein empfindlicher Mangel an qualifizierten Facharbeitern. Eine kuriose Situation entstand: Während im belgischen Landesdurchschnitt die Arbeitslosenquote über 12 Prozent lag und auch im benachbarten deutschen Bundesland Nordrhein-Westfalen 1999 stellenweise bis zu 20 Prozent der Erwerbsfähigen keine Arbeit hatten, sank die Zahl der Arbeitslosen in Ostbelgien unter fünf Prozent.

Und während der nordrhein-westfälische Ministerpräsident Clement im Jahr 2000 durch das Land tourte, um Lehrstellen für arbeitslose Jugendliche aufzutun, hatte der ostbelgische Ministerpräsident Karl-Heinz Lambertz andere Sorgen: Er warb um Facharbeiter. Insbesondere das metallverarbeitende Gewerbe benötigte dringend Arbeitskräfte. Um sie warb die Deutschsprachige Gemeinschaft auch bei ihren deutschen Nachbarn in der Eifel, erzielte dort aber nur wenig Resonanz. Genauso erging es ihr in den französischsprachigen Nachbarregionen der Wallonie, wo Sprachprobleme vorgegeben wurden. Ganz anders verhielt es sich aber im ostdeutschen Bundesland Brandenburg: Dort fand die Werbung offene Ohren. Es kam sogar so weit, dass Arbeitslose aus Ostdeutschland die Deutschsprachige Gemeinschaft in Eupen besuchten. Sie waren von den Arbeitsämtern in Frankfurt/Oder und Eisenhüttenstadt ausgewählt worden für eine „Schnuppertour" über die Grenze. Das Arbeitsamt St. Vith bezahlte die Hotelkosten.

Die Initiative hatte eine Vorgeschichte. Schon seit 1995 bestanden Kontakte zwischen Eupen und Eisenhüttenstadt. Als die brandenburgischen Medien dann erneut über den Mangel an Fachkräften im belgischen Grenzland berichteten, lösten sie damit ein riesiges Echo aus: Der krisengeschüttelten deutschen Region erschien Ostbelgien wie ein Schlaraffenland, und prompt gingen ein paar hundert Bewerbungen im Arbeitsamt St. Vith ein. Einige Arbeitsverträge wurden tatsächlich geschlossen.

# Nur rein mit echter Kakaobutter – Ein Interview zum Thema Schokolade

*Der Name zergeht auf der Zunge: Chocolaterie Jacques. Das Gründungsdatum der traditionsreichen Eupener Schokoladenfabrik geht auf das Jahr 1896 zurück. Besonders bemerkenswert in der Firmengeschichte ist das Jahr 1936, als in Eupen die Riegelschokolade erfunden wurde. Das Patent für die Neuerung, die später überall in der Welt kopiert wurde, hängt in der ersten Etage des Schokoladenmuseums, das auf dem Firmengelände an der Industriestraße (Nebenstraße der Herbesthaler Straße) eingerichtet wurde. Dorthin zog das Unternehmen aus der Ortsmitte von Eupen um. Im Museum, das auch das „Königreich der Schokolade" genannt wird, ist unter anderem Angèle Jacques abgebildet, die Tochter des Fabrikgründers Antoine Jacques, die 1997 mit 101 Jahren starb. Ein altes Foto zeigt sie auf den Armen ihrer Mutter, umgeben von Familie und Beschäftigten.*

**Frage:** Auf europäischer Ebene ist heftig um eine Schokoladen-Verordnung gestritten worden. Um was ging es dabei genau?

**Petitjean:** In der Europäischen Union haben einige Länder der Schokolade schon früher Fremdfette auf pflanzlicher Basis zugesetzt. In Belgien war das nicht erlaubt. Es durfte nur reine Kakaobutter verwendet werden. Bei der Vereinheitlichung der Verordnungen wurde im Jahr 2000 beschlossen, dass ab sofort alle Länder Fremdfette zusetzen dürfen.

**Frage:** Was hat Belgien daran auszusetzen?

**Petitjean:** Für uns in Belgien ist Schokolade ein hochwertiges Produkt. Es gab einen landesweiten Konsens, dass belgische Scho-

*Paul Petitjean, langjähriger Geschäftsführer der Chocolaterie Jacques, setzte sich engagiert für die Reinheit der Schokolade aus Belgien ein, nachdem das Europäische Parlament im Jahr 2000 beschlossen hatte, dass andere Stoffe wie zum Beispiel Palmöl, Illipe, Sal, Kokumgurgi, Mangokern und Karité einen Teil der Kakaobutter in der Schokolade ersetzen dürfen.*

kolade keine anderen Stoffe enthalten sollte als nur die reine Kakaobutter. Daran wollten wir festhalten.

**Frage**: Wie wollen Sie denn in Zukunft die hochwertige Schokolade von anderer unterscheiden?

**Petitjean:** Wir sind uns jetzt mit dem Wirtschaftsministerium einig geworden, dass ein Label die Schokolade mit reiner Kakaobutter hervorheben soll. Ein Fabrikant, der dieses Label erwerben will, muss unterschreiben, dass seine Rezeptur kein Fremdfett enthält. Es ist eine offizielle Übereinkunft, die in Belgien entwickelt wird.

**Frage:** Und wie soll das umgesetzt werden?

**Petitjean:** Gegenstand der Vereinbarung zwischen dem Ministerium und den Produzenten ist es, die Reinheit der Schokolade zu wahren und gleichzeitig dafür zu werben, indem auf eine gemeinsame oder mehrere Marken hingewiesen wird.

**Frage:** Was ist für Sie so wichtig an der Reinheit der Schokolade?

**Petitjean:** Wir haben festgestellt, dass die Verbraucher großen Wert auf reine Schokolade legen. Und der Kunde ist für uns König. Es hat keinen Sinn gegen seine Wünsche zu handeln.

**Frage:** Schmeckt man denn den feinen Unterschied?

**Petitjean:** Bei den fünf Prozent, die jetzt erlaubt sind, eigentlich nicht. Wenn Sie eine gefüllte Schokolade nehmen oder eine Nussschokolade, dann bemerkt man nichts. Die Fremdfette sind schließlich kein Gift, denn es sind ja nur pflanzliche Zusatzstoffe erlaubt.

**Frage:** Trotzdem wollen Sie an der reinen Schokolade festhalten?

**Petitjean:** Oh ja! Die echten Schokoladengenießer sagen: Wir wollen nur Kakaobutter. Wenn Sie auf dem Etikett vermerken „Mit Fremdfett“, dann sagt der Verbraucher: „Ah – das ist keine echte Schokolade!“

**Frage:** Das Bewusstsein ist also auch wichtig?

**Petitjean:** Unbedingt. Das ist wie beim Wein oder beim Bier. Bier ohne Alkohol ist auch kein Erfolg. Es kann ohne Risiko getrunken werden, aber es verkauft sich schlecht.

**Frage:** Ist die Herstellung von Schokolade mit Fremdfett denn nicht billiger?

**Petitjean:** Es macht keinen großen Unterschied aus. Das Fremdfett ist ja nicht minderwertig. Es sind nur ganz spezielle Pflanzenfette erlaubt, die auch nicht so billig sind. Außerdem muss man bedenken, dass nur fünf Prozent des Fettanteils ersetzt werden dürfen.

Ein gefüllter Riegel zum Beispiel besteht zur Hälfte aus Füllung und zur Hälfte aus Schokolade. Also macht das Fremdfett nur fünf Prozent von 50 Prozent aus. Und eine Praline enthält noch weniger Schokolade.

**Frage:** Wie kann denn die belgische Schokolade ihren guten Ruf wahren?

**Petitjean:** Es ist bekannt, dass Belgien seit vielen Jahren nach strengen Regeln Schokolade herstellt. Sie gilt als etwas Besonderes. Es ist eine Frage der alten Tradition und des neuen Images.

**Frage:** Sie produzieren in Eupen ja nicht nur für Belgien, sondern auch für das Ausland. Wie verhalten Sie sich da?

**Petitjean:** Wenn ein Kunde Schokolade mit Fremdfett bestellt, erhält er die. Wir produzieren ganz nach Kundenwunsch. Er bekommt dann allerdings nicht das besondere Label.

**Frage:** Belgien und auch Eupen sind bekannt für eine große Tradition der Schokoladenherstellung ...

**Petitjean:** Die wollen wir beibehalten. In diesem Gebiet machen wir eine Schokolade nach gutem alten Rezept mit Kakaobutter. Das ist auch eine gute Werbung für Belgien im Ausland. So rief mich beispielsweise ganz glücklich einer unserer Minister an, der in Dubai in den Arabischen Emiraten war und dort unsere Schokolade entdeckt hatte.

**Frage:** Wie viel Schokolade stellen Sie im Jahr in Eupen her?

**Petitjean:** Wir produzieren 14 000 Tonnen an Fertigprodukten. Davon werden rund 80 Prozent exportiert. Dazu kommt noch die flüssige Schokolade, die in Tankwagen zu den Keksfabriken und Pralinenherstellern transportiert wird. Insgesamt stellen wir 22000 Tonnen Schokolade im Jahr her.

**Frage:** Welches ist Ihr bestes Produkt?

**Petitjean:** Das ist die Tafel mit 72 Prozent Kakaoanteil.

**Frage:** Und welche Schokolade essen Sie selbst am liebsten?

**Petitjean:** Ich esse gern Milchschokolade mit ganzen Nüssen, aber noch lieber mag ich Zartbitter.

## DER TRAUM VOM REICHTUM: GOLDRAUSCH IN DER EIFEL

**Sie träumten vom schnellen Lohn für harte Arbeit. Doch die Goldsucher in der Eifel erlebten nicht den großen Rausch wie manche Kollegen in Alaska: Ihre Funde waren eher spärlich.**

**Aber schon die Vorfahren der Ostbelgier und die Kelten sollen vor rund 2500 Jahren in der Eifel edles Metall aus den Flüssen Amel und Warchenne gewaschen haben. Ende des 19. Jahrhunderts flammte noch einmal die Vorstellung davon auf, dass die Eifel reiche Schätze in ihrem kargen Boden berge – nicht nur in Form von Erz: Einem Mann namens Julius Jung waren 1875 an den Flussläufen kleine Hügel aufgefallen, wie sie Goldwäscher zurück gelassen haben könnten. 1895 kehrte er zurück und entdeckte tatsächlich Spuren des edlen Metalls. Seine Funde lösten einen Mini-Goldrausch aus. Insbesondere im Bereich Amel/Montenau plagten sich die Hoffnungsvollen. Weil die Ausbeute aber spärlich war, entwickelte sich daraus kein neuer Wirtschaftszweig, und diese Episode der Wirtschaftsgeschichte war schnell beendet.**

**In Vergessenheit geriet der kleine Goldrausch jedoch nicht. Ein wenig Romantik schwingt bei den Goldwäschern von heute mit, die an den Wasserläufen ihrem Hobby nachgehen. In Faymonville fanden im Jahr 2000 immerhin die ersten Belgischen Meisterschaften der Goldwäscher statt. Der Ort wurde mit Bedacht gewählt: Joseph Paquet, Bürgermeister aus Faymonville, wird als letzter Goldwäscher Ostbelgiens genannt.**

## Öfter mal die Seiten wechseln: Grenzgänger nutzen Vorteile

Aus wirtschaftlicher Sicht wirkt sich die Nähe zur Grenze für Berufstätige auf beiden Seiten vorteilhaft aus. Die einen locken höhere Gehälter, die anderen günstige Immobilien und Mietkonditionen ins Nachbarland. Im Süden der Gemeinschaft fallen verstärkt luxemburgische Kennzeichen an den Autos auf: Aus steuerlichen Gründen leasen Belgier ein Fahrzeug im Nachbarland, wo die Mehrwertsteuer geringer ist und keine jährliche Verkehrssteuer anfällt.

In Raeren sind die Preise für Häuser und Grundstücke im Verhältnis zu anderen ostbelgischen Kommunen besonders hoch. Grund dafür ist die günstige Lage nahe der Metropole Aachen. Das zieht nicht nur Belgier an, sondern auch Deutsche, für die es billiger ist in Belgien zu wohnen als in Deutschland. So waren laut Statistik im Jahr 2000 ganze 45,5 Prozent der 9500 Bürger der Großgemeinde Raeren-Eynatten-Hauset Deutsche. Auch in Kelmis und Lontzen ist der Anteil der Zuwanderer hoch. In Burg-Reuland dagegen bilden die Luxemburger einen starken Anteil.

Verhältnismäßig gering war dagegen das Interesse der ausländischen EU-Mitbürger an der ersten Kommunalwahl, bei der sie mitentscheiden konnten. Im Oktober 2000 durften sie zum ersten Mal in ihrem Wohnort an die Urnen gehen, doch nur etwa 16 Prozent von ihnen ließen sich in der DG in die Wählerlisten eintragen. Dabei war die Verteilung ziemlich unterschiedlich: In Burg-Reuland wählten 38 Prozent der EU-Bürger, in Amel nur 9 Prozent.

Auf das engere Zusammenleben stellen sich allmählich auch die Behörden ein. Deutsche, die in Belgien oder den Niederlanden ihren Wohnsitz nehmen, können z.B. mittlerweile leichter Reisepässe beantragen. Während sie früher bis zur deutschen Vertretung in Amsterdam oder Brüssel reisen mussten, können sie ihre Anträge jetzt in deutschen Grenzgemeinden oder per Post stellen. Krankenkassen arbeiten zusammen, damit im Grenzgebiet freie Arztwahl bestehen kann.

Wenn's ums Geld geht, schlummern in der Nachbarschaft aber auch Konflikte. Was beispielsweise die Steuern betrifft, leistet das Grenzland eine mühsame Pionierarbeit. Um ausgleichende Gerechtigkeit bemüht, verbrachten Vertreter von hüben und drüben unzählige Stunden in Diskussionsrunden. Da aber auf europäischer Ebene kein Gesetz formuliert werden konnte, liefen die Debatten oft ins Leere.

Noch im Jahr 2000, rechneten Verwaltungsfachleute aus, hinterließen rund 10000 Deutsche an ihren Wohnorten Eupen, Raeren, Kelmis und Lontzen ein Finanzloch von rund zwei Millionen Mark (= ca. eine Million Euro), weil sie entweder Steuern und Sozialabgaben in Deutschland leisteten oder aber Steuern in Deutschland und nur die Sozialabgaben in Belgien. Um Ausgleichszahlungen stritt man zunächst vergebens. Erst im März 2001 wurde ein Zusatzprotokoll zum Doppelbesteuerungsabkommen paraphiert. Zukünftig sollen Arbeitnehmer Steuer entrichten, wo sie arbeiten, und Gemeindesteuer zahlen, wo sie wohnen.

## Auf dem Friedhof wird es eng

Dabei ist das Wohnen jenseits der Grenzen mittlerweile so beliebt geworden, dass es schon auf den Friedhöfen eng wird. Die Gemeinderäte von Raeren und Eynatten sahen sich zum Handeln gezwungen, und in Raeren forderte der Bürgermeister einen höheren „Ortsfremdenzuschlag". Auch von einer Beschränkung auf den ersten Verwandtschaftsgrad war die Rede.

Die Forderung erschien berechtigt, denn viele Auswärtige ließen sich in Raeren begraben, weil die Preise günstiger waren als beispielsweise in Deutschland.

Letzte Ruhestätten suchten dort sogar Bürger, die nicht einmal in der Gemeinde gemeldet waren. Kein Wunder: „Vor allem im Vergleich zu deutschen Gemeinden kostet eine Beerdigung in Raeren praktisch nichts“, klagten die Raerener. Tatsächlich betrug die Gebühr im Jahr 2000 nur 2000 Franken (= ca. 50 Euro).

## Evangelischer Doppelpass

Für die in Belgien lebenden evangelischen Christen bedeutete der Umzug von Deutschland in der Vergangenheit den Verlust der Mitgliedschaft in ihrer Kirche.

Um eine Lösung für diesen oft ungewollten Austritt zu finden, richtete die Evangelische Kirche im Rheinland eine Art „Doppelpass“ ein. Allein in der Nähe des Dreiländerecks sollen nach Angaben der Evangelischen Kirche einige hundert Christen davon profitieren.

i *Euregio Pfarrstelle in Aachen*
*Tel.: 0049 / 241 / 70 62 47*

## Grenzlage lässt Pkw rollen

Von den Vorteilen der Grenznähe profitiert unter anderem der Autohandel. Denn längst kommen Reisende aus dem nahen Ausland nicht mehr nur, um günstig Kaffee einzukaufen. Der Autohandel bietet handfeste Profite. Die zahlreichen Autohändler, die sich beispielsweise an der Herbesthaler Straße in Eupen ansiedelten, sind auf Kunden aus den Nachbarländern eingerichtet. Über die Abwicklung des „Autokaufs ohne Grenzen“ informiert die Grenzüberschreitende Verbraucherberatung mit einer eigenen Broschüre.

i *Grenzüberschreitende*
*Verbraucherberatung*
*Bendelstraße 37*
*52062 Aachen*
*Tel.: 0049 / 241 / 40 45 26*
*Fax: 0049 / 241 / 40 47 59*

## Grenzgänger von Beruf

Weil in einigen Berufszweigen die Verdienstmöglichkeiten im benachbarten Ausland besser sind, wurden viele Ostbelgier „Grenzgänger von Beruf“, ohne dass sie deshalb größere Entfernungen zurücklegen müssen als viele andere Pendler.

Damit die Berufstätigen über Chancen und Rechte auf dem Laufenden bleiben, bieten verschiedene Organisationen regelmäßig Informationsveranstaltungen an. Wer als Banker oder Bauarbeiter täglich nach Luxemburg fährt, wird dabei ebenso beraten wie Angestellte, die in Aachen einen Arbeitsplatz suchen.

Es geht dabei nicht nur um Tarifangelegenheiten, sondern auch um Steuerfragen, Versicherungen, Rente, Krankenkassen und um rechtliche Regelungen, die im Ausland anders sind als in Belgien.

Die Arbeitsmarktbeobachtungsstelle Ostbelgien (ABEO) mit Sitz im Quartum Center Eupen wertete Statistiken über Pendlerströme aus. Demnach fuhren 1999 noch 1486 Arbeiter und Angestellte aus der DG nach Luxemburg zur Arbeit. Ihren Arbeitsplatz in Deutschland fanden 1998 insgesamt 5563 Belgier, davon rund 85 Prozent aus der DG (= 4728).

i *Arbeitsamt der Deutschsprachigen*
*Gemeinschaft*
*Quartum Center*
*Hütte 79*
*4700 Eupen*
*Tel.: 087 / 63 89 00*

*Arbeitsamt der Deutschsprachigen Gemeinschaft*
*Aachener Straße 73*
*4780 St. Vith*
*Tel.: 080 / 28 00 60*

*IGR Maas-Rhein*
*Neustraße 52*
*4700 Eupen*
*Tel.: 087 / 55 74 56*
*Fax: 087 / 55 71 94*

*Steuereinnahmeamt*
*Hochstraße 104*
*4700 Eupen*
*Tel.: 087 / 59 36 30*

*Verwaltung der Direkten Steuern*
*Steuerkontrollamt*
*Vervierser Straße 8*
*4700 Eupen*
*Tel.: 087 / 55 59 56*

*Verbraucherschutzzentrale Ostbelgien*
*Neustraße 44*
*4700 Eupen*
*Tel.: 087 / 59 18 50*
*Fax: 087 / 59 18 51*

*Verbraucherschutzzentrale Ostbelgien*
*Mühlenbachstraße 13*
*4780 St. Vith*
*Tel.: 080 / 28 08 50*
*Fax: 080 / 28 08 51*

*CSI / CSC Grenzgängerdienst*
*Kirchplatz 6*
*4720 Kelmis*
*Tel.: 087 / 65 91 13*
*Fax: 087 / 65 34 79*

*Interessengemeinschaft deutscher und belgischer Grenzgänger*
*Dr. Molly Straße 34*
*Neu Moresnet*
*4721 Kelmis*
*Tel.: 0049 / 241 / 43 12 03*
*oder: 87 / 65 74 36*

*Grenzüberschreitende Verbraucherberatung*
*Bendelstraße 37*
*D-52062 Aachen*
*Tel.: 0049 / 241 / 40 45 26*
*Fax: 0049 / 241 / 40 47 59*

*Das Hohes Venn*

# DIE STILLE MITTE OSTBELGIENS

## DAS HOCHMOOR - EINMALIG IN EUROPA

Das Hohe Venn gehört als Teil der Ardennen zu Ostbelgiens kostbarsten Schätzen. Für seinen ökologischen Wert verlieh ihm der Europäische Rat in Straßburg schon 1966 das „Diplom für Naturschutz". Die Ehre verpflichtet: Damit das empfindliche Gleichgewicht in der Natur gehalten werden kann, ist eine aufwendige Pflege notwendig. Sie ist mittlerweile beispielhaft organisiert worden. Die Aufgabe geht über die nationalen Interessen hinaus, denn das Venn gilt als das größte Hochmoor Europas.

Im Bereich des Hohen Venns liegen in Ostbelgien zugleich die größten und ältesten Naturschutzgebiete des ganzen Landes. Sie dehnen sich über mehr als 4000 Hektar Fläche am östlichen Rand des Staates aus. Rund 40 000 Hektar Laub- und Nadelwald gehören innerhalb des grenzüberschreitenden Naturparks Hohes Venn-Eifel dazu. In Ostbelgien wachsen nicht nur besonders viele Bäume, sondern offensichtlich auch die schönsten: Jedes Jahr zur Weihnachtszeit wird ein Tannenbaum von hier nach Brüssel ins Königshaus geschickt.

*Signal de Botrange, der höchste Punkt Belgiens*

Am Signal de Botrange (694 Meter über NN) befindet sich der höchste Punkt Belgiens – jeder belgische Schüler soll eigentlich die Höhe wie im Schlaf hersagen können. Oberst Jean-Joseph Tranchot ließ am höchsten Punkt, dem **Signal de Botrange,** 1801 als Vermessungspunkt eine 80 cm hohe, von einer kleinen Pyramide gekrönte Steinsäule errichten, die heute ein wenig versteckt im Wald neben dem Parkplatz liegt (siehe S. 51). Neben den Punkten am Schwarzen Mann in der deutschen Schnee-Eifel und auf dem Lousberg in Aachen war dies einer der trigonometrischen Punkte, die der ersten exakten Vermessung der Region dienten.

*Baron Baltia ließ einen Hügel aufschütten, um die magische Höhe von 700 Metern zu erreichen.*

Dass die 700 Meter vom Hochplateau des Hohen Venns nur knapp verfehlt werden, ärgerte Generalleutnant Baron Baltia, Gouverneur von Eupen-Malmedy (1920-1925) so sehr, dass er 1923 unmittelbar neben dem Tranchot-Stein einen sechs Meter hohen Hügel aufwerfen ließ, auf den eine Treppe führt. Vervollständigt wird der Hügel durch einen Stein, der der Tranchot-Säule ähnlich sieht und die Aufschrift trägt: „Royaume de Belgique" – Königreich Belgien. Fast alle Besucher steigen auf den Baltia-Hügel, auch wenn Bäume mittlerweile die Aussicht verdecken. Den allerhöchsten Punkt Belgiens stellt heute aber die Spitze des 24 Meter hohen Turms dar, der 1934 am Signal de Botrange errichtet wurde. Gelegentlich wird von oben herab ein Bungee-Jumping veranstaltet. Besser ist es jedoch, ohne Herzklopfen und Nervenkitzel die tolle Aussicht zu genießen.

Das Hohe Venn ist eine Landschaft, die Künstler inspiriert durch ständigen Wandel. In seiner Ruhe und Einsamkeit scheint das Hochmoor Stimmungen besonders eindringlich spürbar werden zu lassen. Dabei werden geradezu extreme Urteile abgegeben. Elisée Harroy schrieb begeistert über das Venn: *„Ob der Frühling es grün sprießend erweckt, der Sommer es mit einer feuerroten Sonne verbrennt, der Herbst ihm einen ockerfarbenen Glanz verleiht oder der Winter es in seinen weißen Mantel hüllt: Das Venn ist immer schön."* Wird die Steppenlandschaft des Hohen Venns beschrieben, so ist bei anderen jedoch auch von tragischer Strenge, Nacktheit, Öde, sogar verfluchter Erde die Rede. Man findet selbst Worte wie Armut oder Hässlichkeit.

Sicher bleibt es jedem selbst überlassen, ob die Stimmungswaage eher in Richtung Verzückung oder in krasse Ablehnung ausschlägt. Sicher ist jedenfalls, dass das Venn mit seinen radikal ausgeprägten natürlichen Merkmalen niemanden gleichgültig lässt. Der modrige Duft des Moores, die ungewohnte Pflanzen- und Tierwelt, das Wissen um die Gefahr jenseits der sicheren Holzstege – all das trägt zu einem intensiven Erlebnis bei, das man sich auf keinen Fall entgehen lassen sollte.

Wer im Frühjahr kommt, wird zunächst ein vorsichtiges Erwachen erleben, denn noch immer kann ein Rückfall des Winters jungen Sprossen gefährlich werden. Dann aber wird das Venn grün, und bald blüht es kräftig. Im Sommer trägt das Wollgras weiße flauschige Köpfe, die sich wie Watteböllchen vom grünen Untergrund abheben. Im Herbst lockt das Hohe Venn mit schillernden Farben. Wanderer genießen diese Zeit besonders.

Im Winter offenbart sich die Eigentümlichkeit des Hochmoores besonders deutlich. Freunde dieser Landschaft mögen die eigenartige Stimmung, die sich ausbreitet, wenn Nebel aufziehen, wenn alles feucht und grau wird. Es ist die Zeit, die Schauergeschichten entstehen lässt, von denen es so viele im Hohen Venn gibt. Die Umrisse

*Die Schönheit des Hohen Venns weckt poetische Empfindungen.*

verschwimmen, die Sicht beträgt oft nur noch wenige Meter. Wie gegensätzlich wirkt dazu ein sonniger Schneetag im Hohen Venn! Wenn Gräser und Zweige von Reif bedeckt sind und Schneekristalle in der Sonne glitzern, teilt sich wieder ein anderer Aspekt dieser vielseitigen Landschaft mit. Unter blauem Himmel wirken die weiten Flächen einladend, und alles wird durchsichtig und klar.

Wer kein Dichter ist, kann sich bei Guillaume Apollinaire (1880-1918) Worte leihen, um seine neu entdeckte Liebe zum Hohen Venn auszudrücken. Der französische Schriftsteller, dem man 1935 nahe Bernister bei Malmedy ein Denkmal setzte zur Erinnerung an seinen Besuch im Jahr 1899, formulierte schlicht: „*Ich wünschte, ich wäre im Venn, hinter der Baraque Michel. Ich säße dann im Heidekraut und in den Preiselbeeren und wäre weiß Gott glücklicher als St. Remaklus in seinem Reliquienschrein.*“

## Entstehung

Das Hohe Venn ist ein Hochmoor, das seit der Eiszeit aufgrund der hohen Niederschläge und einer besonderen geologischen Formation entstanden ist. Es besitzt meterdicke Schichten aus Torf. Wie ein Schwamm saugen diese den Regen auf. Was der Torf nicht speichern kann, fließt gefiltert in die Bäche, Seen und Talsperren.

Wie in einem Lehrbuch lässt sich in den Bächen ablesen, woher ihr Wasser stammt. Wenn sich weiße Schaumkronen bilden, so kann das ein Anzeichen sein, dass sich Stoffe aus Lehm und torfigem Untergrund miteinander vermischen. Eine rötliche bis rostbraune Färbung deutet dagegen auf stark eisenhaltige, kohlensaure Quellen hin.

Etwa 5500 Jahre v. Chr. endete die jüngste Eiszeit. Zu dieser Zeit begann die Entstehung der Hochmoore im Mitteleuropa. Der Wechsel von Wachsen und Vergehen spielte sich noch unbeeinträchtigt von menschlichen Eingriffen in die Natur ab.

Im „Zeittunnel“ des Naturparkzentrums Botrange (siehe S. 58) lässt sich die Entstehung des Hohen Venns bei einer spannenden Entdeckungstour nachvollziehen. Es wird deutlich, wie sich vor rund 15 Millionen Jahren – Ostbelgien lag damals noch südlich des Äquators - in der Tiefe der Erde ein Quarzitschild bildete und langsam an die Oberfläche stieg. Sphärenklänge werden laut, wenn allmählich Urwald wächst, Kohle und Kreide entstehen und die Erdoberfläche ihre heutige Gestalt und Lage annimmt. Eigentlich ist der Prozess nicht einmal abgeschlossen, denn auch heute noch hebt sich das Gelände 1,5 Millimeter im Jahr.

Im Venn bildeten sich die ersten moorigen Zellen in den „Palsen" und „Pingos". Diese oft fast kreisrunden Vertiefungen im Boden stellen eine Besonderheit dar. Sie sind meist mehrere Meter tief und messen bis auf Ausnahmen nur wenige Meter im Durchmesser. In den Palsen siedelten sich die ersten Torfmoose an. Diese ältesten Keimzellen der Moore stellen insbesondere für Wissenschaftler kostbare Untersuchungsgebiete dar. Auf wasserführenden Schichten

## WENN DIE ROTEN FAHNEN WEHEN: BRANDGEFAHR IM HOHEN VENN

Insbesondere im Frühjahr wirkt eine Wanderung durch das Hohe Venn verlockend. Frisches Grün, die ersten leuchtenden Blüten, klare Luft über dem Hochplateau verheißen Erlebnis und Erholung. Doch die Schönheit ist fragil. Wer sich mit Wanderführern verabredet, muss gelegentlich damit rechnen, dass der Ausflug kurzfristig abgesagt werden kann: Von März bis Juni ist die Brandgefahr hoch. Brandgefahr im Moor? Das klingt nur für Laien kurios.

Wenn Wind und Sonne auf die vom Winter ausgedörrten Gräser einwirken, kann ein Funke genügen, um einen Flächenbrand auszulösen. Insbesondere die Molinigräser sind anfällig gegen Leichtsinn. Wenn es im Venn brennt, dann sind in fast allen Fällen unachtsame Besucher daran schuld. Um die kostbaren Naturgüter nicht zu gefährden, müssen im Frühjahr deshalb oft einige Bereich gesperrt werden. Von den Wachttürmen in Preuss, Hattlich, Petergensfeld und Botrange halten Beobachter Ausschau. Stellen sie eine Brandgefahr fest, sperren sie den Zugang. Wenn die roten Fahnen wehen, ist Gästen der Zugang zu den Zonen Zone B, C oder D untersagt. Aber man braucht das Hohe Venn dann trotzdem nicht gleich enttäuscht zu verlassen. Ein Naturlehrpfad im Bereich des Polleur-Venns bleibt von Baraque-Michel oder Mont-Rigi aus zugänglich. Wer sich in Botrange aufhält, darf die Brandschneise ab Aussichtsplattform betreten und die „Vecquée" nutzen.

Das vermittelt zwar nicht das Erlebnis einer Wanderung, aber immerhin kann man den Ausblick auf das Venn genießen – das macht Lust, die launische Schönheit ein anderes Mal zu besuchen. Den aktuellen Stand über die Brandgefahr gibt die Forstverwaltung bekannt.

i *Forstverwaltung und Informationsbüro Botrange*
*Tel.: 080 / 44 72 73*

Wer selbst einen Brand im Naturreservat entdeckt, kann unter dieser Nummer Alarm geben oder unter Funkruf 101.

*Holzstege führen sicher durch das Hochmoor. Tümpel und Feuchtgebiete lassen aber ahnen, wie gefährlich es Leichtsinnigen werden kann.*

verrottende Torfmoose und Gräser ließen im Laufe der Zeit mächtige Moore entstehen. Ursprünglich, so fanden Biologen heraus, müssen die Moore im Gebiet des Venns wohl einmal 1000 Hektar bedeckt haben.

Im Zuge der Besiedelung wurden diese Flächen drastisch reduziert. Siedler legten Entwässerungsgräben an – oder ließen Sträflinge diese harte Arbeit verrichten. Heute können nur noch rund hundert Hektar als natürliches Torfmoor gelten, das noch etwa einen Millimeter im Jahr wächst. Dem Moor können die alten Gräben gefährlich werden, und auch die Luftverschmutzung beeinträchtigt das ökologische Gleichgewicht.
Seit 1992 sind die wertvollsten Flächen streng geschützt. Seit 1994 versucht man, absterbende Bereiche im Hochmoor zu reaktivieren. Auch die ehemaligen Entwässerungsgräben werden wieder zugeschüttet. Viel Mühe bereitet es, die Fichten zu entfernen, die zunächst von den Preußen und später unter der belgischen Regierung angepflanzt wurden, um die Sümpfe auszutrocknen. Doch die Bauern liebten den Preußenbaum schon damals nicht, denn sie bauten Torf ab und nutzten die baumlosen Flächen Jahrhunderte lang als Weiden. Im Streit um die Fichtenkulturen setzten die Preußen sogar Soldaten ein. Selbst wenn Fichten und Weiden mittlerweile weitgehend beseitigt wurden, dauert es immer noch zwei bis drei Jahre, bis wieder Torf wächst. Zunächst stirbt dann das typische Pfeifengras ab, das auf halbtrockenem

Untergrund über seinem eigenen Abfall wächst und rundliche Bulten bildet.

## GESCHICHTE DES HOHEN VENNS

Die Spuren menschlicher Besiedelung des Hohen Venns reichen weit zurück.

**Um 650**: Die ersten Siedler legen eine Straße an. Sie wird bei Sourbrodt aus Stein auf einem Fundament aus Holz gebaut und trägt damit wie eine Brücke über den unsicheren Untergrund. Eine Quelle aus dem Jahr 670 bezeichnet die Straße, die irrtümlich lange Zeit für ein römisches Bauwerk gehalten wurde, als „Via mansuerisca". Üblich ist auch die Bezeichnung „Pavée de Charlemagne". Entdeckt wurde die alte Straße 1768.

**13. Jahrhundert:** Im Reinartzhof (heute Gemeinde Raeren) richtet sich ein Einsiedler ein. Mancher verirrte Reisende findet dort Aufnahme. Mit der Zeit siedeln sich Höfe dort an, die noch bis in die Mitte des 20. Jahrhunderts bewirtschaftet werden (siehe S. 121).

**1444** wird eine Verfügung erlassen, die die Nutzung des wallonischen Venns durch die anliegenden Dörfer festlegt. Es werden Beweidung, Mahd und Torfgewinnung geregelt. Außerdem wird klar gestellt, wer zu welchem Zeitpunkt das Recht auf „Essertage" hat, an denen Torfmoos zusammengekratzt werden darf, das als Spreu für den Stall dient. Die Verordnung macht deutlich, dass schon zu diesem Zeitpunkt das Venn intensiv genutzt wird.

**1566** erbauen zwei Händlerfamilien namens Panhaus und Hauptmann drei Steinsäulen auf der Hochebene am Weg zwischen Eupen und Sourbrodt. Sie dienen als Orientierungspunkte.

**Um 1570** wird die Technik des Torfstechens bekannt. Die Arbeit ist zwar schwer, liefert aber einen guten Brennstoff. Torfstecher lösen Quader aus dem Grund, Karrenfahrerinnen bringen die feuchten Stücke weg und legen sie zum Trocknen aus. Rund 200 Hektar Moorfläche sollen so bis ins 20. Jahrhundert verheizt worden sein.

*Versteckt steht die Tranchot-Säule im Wald nahe dem Signal de Botrange.*

**1595** verzeichnet der Universalatlas von Mercator eine Herberge namens „Mon Piette" am Rande des heutigen Zwei-Serien-Venns. Zwei weitere Unterkünfte nennen sich „Tsur Kalde Herberge" (Kalterherberg) und „Zoerbroeth" (Sourbrodt).

**1755-1756** herrscht ein politisches Durcheinander im Hohen Venn, denn verschiedene Herrschaftsgebiete berühren sich dort. Steine erinnern an diese Zeit, in der Grenzstreitigkeiten an der

Tagesordnung sind. Als Beispiel gilt der Gernzstein von Trois Coins (Botrange, 1755) mit der Aufschrift LIMB (= Limbourg), LUX (= Luxembourg) und STAVELOT.

**19. Jahrhundert**: Im Venn weideten große Schafherden. Die Preußen und später die Belgier ließen Fichten anpflanzen. Die Moorfläche wurde durch Kultivierung von rund 12000 Hektar auf zirka 4000 reduziert. Das ist mehr als durch die Torfgewinnung verloren ging.

**1812** baut Michel Henri Schmitz, ein Steinmetz aus Sinzig am Rhein, eine Hütte auf der Hochebene des Venns zur Rettung Verirrter. Nachdem er sich selbst 1808 dort verlaufen hatte, erfüllt er mit dem Bau der Baraque Michel ein Gelübde und wird zum „Eremit im Venn“. Als er 1819 stirbt, führt seine Familie seine selbst gewählte Aufgabe fort.

Reisende können auf ihrem Weg durch das oft unwirtliche Hohe Venn bei ihnen Quartier machen. Einer der Geretteten ist 1826

*Die Kapelle Fischbach neben der Baraque Michel wurde zur Erinnerung an die Rettung eines Verirrten errichtet.*

der Kaufmann Rondchêne aus Malmedy. Er verspricht, zum Dank eine Kapelle bauen zu lassen. Sein Schwiegersohn, der Lederfabrikant Henri Fischbach-Toussaint lässt im darauffolgenden Jahr zunächst eine Glocke an der Baraque Michel anbringen. Jeden Abend läuten die Bewohner, damit Wanderer im Nebel den Weg finden können.

Mancher Verirrte wird durch diesen Service gerettet – man spricht von 120 Personen allein im 19. Jahrhundert. 1830 lässt Fischbach das Gebäude sanieren und erweitern. Im Jahr darauf erfüllt er das Versprechen seines Schwiegervaters und baut in der Nähe eine Kapelle, die „Petite Notre Dame". Auf dem Dach wird außer einer Glocke auch ein Leuchtfeuer eingerichtet.

*Früher Zuflucht für einsame Wanderer, heute Ausflugsziel: Baraque Michel.*

**1830**, als Belgien ein unabhängiges Königreich wird, verläuft die Grenze zwischen Belgien und Preußen bei Baraque Michel durch das Venn. Grenzsteine mit der Bezeichnung B für Belgien und P für Preußen, die 1839 gesetzt werden, kann man heute noch am Rand des Wanderweges von Baraque Michel an der Hill entlang sowie auf dem Weg zum Kreuz der Verlobten sehen.

**1856** ist die Landstraße Eupen-Malmedy fertig gestellt. Postkutschen machen Halt an der Baraque Michel.

**1957** sieht ein erster Schutzplan für das Hohe Venn das Aufstellen von Schildern und Info-Tafeln vor sowie die Anlage von Holzstegen.

**1986** werden die Naturschutzbestimmungen verschärft und erweitert. Es wird versucht, die weitere Austrocknung der Moore zu verhindern und teilweise wieder rückgängig zu machen.

**1992** werden bestimmte sensible Flächen zu den Kernzonen hinzugezählt. Sie dürfen nur noch in Begleitung von staatlich geprüften Führern betreten werden.

## Die Pflanzen des Venns

Das Klima zwischen Eifel und Ardennen hat im Zusammenspiel mit den Böden des Hochmoores eine einzigartige Pflanzenwelt entstehen lassen, die sich in ihrer Zu-

*Der Siebenstern wirbt auf Schildern im Hohen Venn für den Naturschutz.*

sammensetzung von anderen Mooren und Heiden unterscheidet. Umfangreicher Naturschutz hat dazu geführt, dass sich viele Pflanzen wieder vermehrt haben, die durch die Beanspruchung des Venns in vergangenen Zeiten stark dezimiert worden waren.

Typisch für das Venn ist der eher bescheidene Siebenstern. Dem kleinen Primelgewächs wurde einmal nachgesagt, es schütze vor dem Tod. Vielleicht hoffte man ein wenig auf die magische Wirkung des Pflänzchens, als man es als Symbol für die bedrohte Natur auf Schilder druckte.

Eine charakteristische Pflanze ist auch das Pfeifengras. Seine jahreszeitlich bedingte Färbung prägt die Stimmung im Moor erheblich: Saftiges Frühjahrsgrün geht über in sommerliches Gelb, bevor der Herbst vergängliche Rot- und Brauntöne hervorlockt und der Winter dann nur noch unscheinbare hellbraune Buckel übrig lässt, die sich unter den Schnee ducken. Auch wenn das Pfeifengras heute wie ein Ureinwohner wirkt: Es konnte sich nur deshalb so stark ausbreiten, weil Menschen versuchten, das Venn trocken zu legen und sich durch ihre intensive Nutzung Heide anstelle der Laubwälder ausbreitete.

## DAS VENN UNTER DIE LUPE GENOMMEN: MARIE-ANNE LIBERT

**Um die Erforschung der Moose und Sporenpflanzen machte sich als eine der ersten die Forscherin Marie-Anne Libert (1782-1865) verdient. Die Liebe zum Venn brachte die Tochter des Bürgermeisters von Malmedy aus dem Elternhaus mit. Gefördert von dem Vervierser Botaniker Dr. Simon Lejeune und dem Lütticher Professor Decandolle nahm sie die bis dahin von der Wissenschaft weitgehend vernachlässigten blütenlosen Pflanzen (Kryptogame) unter die Lupe und schrieb ein Standardwerk darüber. 1832 erhielt Marie-Anne Libert für ihre Forschung die Goldene Medaille für Gelehrte und Künstler des preußischen Hofes.**

**Die Stadt Malmedy hat einen Park nach der Naturwissenschaftlerin benannt.**

Aus Pfeifengras und Torfheide ragen Öhrchenweiden, Moorbirken, Ebereschen und Fichten heraus. Die Fichten blieben insbesondere am Rand des Venns übrig von den Versuchen, die weiten Flächen mit schnell wachsenden Bäumen aufzuforsten.

Auf einem Filzbelag von Torfmoos schimmert im Frühjahr die Rosmarinheide in zartem Rosa. Dazwischen machen sich die Moosbeeren breit. Kräftig gelb leuchten die Ährenlilien im Sommer. Heidel- und Preiselbeeren locken im Herbst die Sammler und Feinschmecker an. Eine Besonderheit unter den Moorgewächsen ist der Sonnentau, eine Fleisch fressende Pflanze. Binsen und Farne, kräftiger Lungenenzian und zartes Sumpfveilchen, Ginster und stellenweise Wacholder gehören zum Clan der Venn-Gesellschaft, die man vollständig hier gar nicht benennen kann.

Obwohl die Böden sauer, karg und kalt sind und die nützlichen Gewächse auf alkalischen Böden besser gedeihen, finden sich auch einige Heilkräuter im Hohen Venn. Vom Naturparkzentrum Botrange aus werden sie bei Wanderungen vorgestellt.

## DIE TIERE IM VENN

Der Vegetation entsprechend, leben im Venn auch einige typische Bewohner. Insbesondere in der Welt der kleinen Tiere, der Insekten und Käfer, gibt es Venn-Spezialisten. Man kann sie im Haus Ternell (siehe S. 58) kennen lernen. Der Blauschillernde Feuerfalter z.B. ist in Ostbelgien noch verbreitet. Auch der Violette Ampferfeuerfalter lässt sich beobachten. Libellen lieben die feuchten Stellen und siedeln sich in ganzen Familien an, ähnlich wie Lurche und Frösche. Blindschleichen und Ringelnattern schlängeln über den Boden. Unter den Bäumen wuseln Wiesel, Marder und Füchse herum. Warzenbeißer nennen sich seltene Tiere, die in der Heide nördlich von Elsenborn vorkommen.

Das Birkhuhn ist zwar charakteristisch für das Venn, aber man kann es nur noch selten beobachten. Allerdings sollen noch gut zwei Dutzend Paare ihre berühmten Balztänze aufführen. Scharfe Beobachter können Bekassinen (Moorschnepfen) ausmachen, die sich im unauffälligen Tarnkleid durch die Sümpfe bewegen. Nur auf kurze Stippvisiten lassen sich Schneegänse und Kraniche ein, die sich im Frühjahr und Herbst auf ihren langen Flügen im Venn zur Rast niederlassen.

*Nicht überall und nicht zu jeder Zeit ist der Zutritt zu den sensiblen Bereichen des Hohen Venns erlaubt.*

## ZU GAST IM HOHEN VENN

Weil Touristen das Außergewöhnliche lieben, zieht das Hohe Venn seit Jahren immer mehr Gäste an. Sie finden angelegte Wege, Aussichtsplattformen und Info-Tafeln vor. Besucher müssen sich jedoch an bestimmte Regeln halten, weil die sensible Landschaft sonst nicht zu schützen ist. Selbst „sanfte" Unternehmungen wie das Wandern erfordern ein paar Richtlinien.

Die Naturschutzgebiete des Hohe Venns sind gegliedert in vier Bereiche:

- Zone A darf zu jeder Zeit betreten werden.
- Zone B ist tagsüber auf den Wegen für jeden zugänglich.
- Zone C darf nur in Begleitung eines vom Ministerium der Wallonischen Region anerkannten Führers betreten werden. Von Mitte März bis Ende Juni sind die C-Zonen wegen der Brutzeit der Vögel (Birkhühner) gesperrt.
- Zone D ist für die Öffentlichkeit grundsätzlich gesperrt.

Grundsätzlich gilt:

- Die Wege dürfen nicht verlassen werden.
- Hunde (in sensiblen Bereichen auch angeleinte) müssen zu Hause bleiben.
- Abfälle gehören in die Müllgefäße oder werden mit nach Hause genommen.
- Es darf kein Feuer angezündet werden.
- Hände weg von Pflanzen und Tieren.

Zusätzliche Beschränkungen gelten bei Trockenheit – beispielsweise auch oft nach dem Winter. Trotz der hohen Niederschläge wird das Venn relativ oft wegen Trockenheit gesperrt, die sich in den Torfgebieten besonders verhängnisvoll auswirken kann. Wenn an den Zugängen zu den Wegen dreieckige rote Fahnen gehisst sind, bedeutet das, dass der Bereich wegen Feuergefahr gesperrt ist. Bei trockenem Wetter ist oft nur noch das Polleur-Venn zugänglich (Info: 080 / 44 72 72).

*Lehrpfade vermitteln Besuchern Kenntnisse über das Moor*

Zum Schutz der Vogelwelt werden während der Brutzeit (März bis Juni) auch einige Wanderwege gesperrt.

Wer sich auf eigne Faust informieren möchte, kann drei Lehrpfaden durch das Hohe Venn folgen:

- Polleur-Venn (Begleitbuch gibt's im Naturparkzentrum)
- Moorlehrpfad im Neûr Lowé

- Geologischer Lehrpfad Ternell

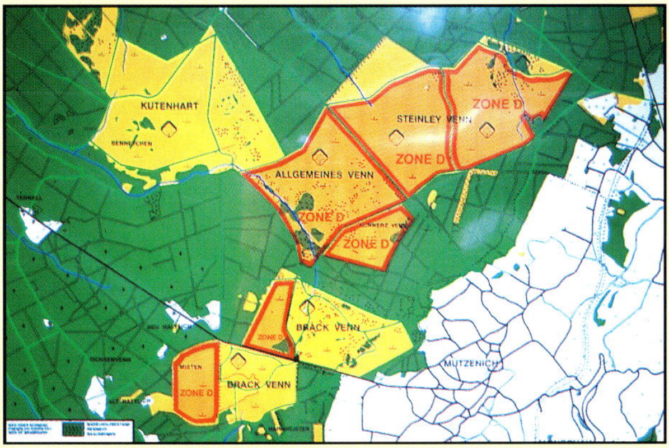


*Das Hohe Venn gliedert sich in verschiedene Heide-, Wald- und Moorgebiete.*

**TIPP**

**<u>Wanderern</u> sind die Karten „Hohes Venn" 1:25 000 des nationalgeographischen Instituts Brüssel sowie die Topographischen Karten von Belgien im Maßstab 1:25000 - Blatt Sart-Xoffraix 50/1-2 und Blatt Elsenborn-Langert 50/7-8 zu empfehlen. Unter den Routenbeschreibungen hat sich „Grande Randonnée" mit den Nummern GR 573 und GR 56 bewährt. Karten für Wanderer und Radler gibt es im Naturparkzentrum Botrange. Nützlich sind auch die Freizeitkarten 1:50000 „Nordeifel/Hohes Venn" des Landesvermessungsamtes Nordrhein-Westfalen (D).**

*Zone C darf nur in Begleitung von anerkannten Führern betreten werden.*

**Ein Spaziergang oder eine Wanderung im Hohen Venn erfordern festes Schuhwerk. Das ist auch bei Führungen wichtig, die oft ein paar Stunden dauern können. Regenschirm und Gummistiefel bereit halten!**

**<u>Fahrradfahren und Skilanglaufen</u> sind mittlerweile so beliebt geworden, dass beides nicht mehr in den Kernzonen erlaubt werden kann. Fahrradfahrer dürfen sich nur noch außerhalb der Naturschutzgebiete in den Wäldern auf ausgeschilderten Wegen aufhalten.**

**Skilangläufer müssen in den Loipen bleiben. Sie liegen in den Randbereichen des Venns und außerhalb der Naturschutzgebiete. Die Freizeitsportler müssen eine Vignette kaufen, bevor sie in den Loipen losziehen. Im Naturzentrum Haus Ternell kann man Ski ausleihen.**

# Besucherzentren, Museen und Einrichtungen des Naturschutzes

## Das Naturparkzentrum Botrange

Spannend präsentierte Informationen über Geologie und Biologie sowie Historie des Hohen Venns und der Landschaften im Naturpark Nordeifel vermittelt das Naturparkzentrum Botrange. Hier ist auch die Verwaltung des Naturparks untergebracht.

Das harmonisch aus natürlichen Baustoffen in die Landschaft eingefügte Naturparkzentrum wurde 1984 eröffnet. Seine Aufgabe ist es, über Natur und Umwelt zu informieren und gleichzeitig Formen des sanften, umweltverträglichen Tourismus zu fördern.

Dauer- und Wechselausstellungen sowie Seminare und Vorträge faszinieren die Besucher. Ein Gang durch den „Zeittunnel" wird zu einer spannenden Reise durch die Erdzeitalter und in den Bauch unseres Planeten.

Es werden auch Veranstaltungen für spezielle Gruppen wie zum Beispiel Schulklassen oder Sportler angeboten. Außerdem halten die professionellen Naturschützer jede Menge Informationsmaterial bereit. Führungen zu den Hochmooren, Torfheiden und Wäldern gehören an den Wochenenden und Feiertagen zum Programm. Auf Anfrage finden sogar Vennführungen über rollstuhlgerechte Wege und Führungen für Gehörlose statt.

**TIPP**

***Im Naturparkzentrum können Fahrräder, Ski und Gummistiefel ausgeliehen werden.***

i

*Naturparkzentrum Botrange*
*Route de Botrange 131*
*4950 Robertville*
*Tel. : 080 / 44 57 81*
*Fax: 080 / 44 44 29*
*e-Mail:*
*botrange.centrenature@skynet.be*
*www.HohesVennEifel.Naturpark.de*
*Geöffnet: Mo-Fr 9-18 Uhr,*
*Sa-So 10-18 Uhr.*
*Geschlossen am 25. Dezember und am 1. Januar.*

Das Naturparkzentrum Botrange liegt vor Sourbrodt an der Straße in Richtung Elsenborn. Es hat auch eine einladende Gastronomie zu bieten.

## Das Haus Ternell: Die Akademie der Naturführer

Das Hohe Venn ist zwar unbewirtschaftet, verlangt aber eine sorgfältige Pflege, so wie sie an der „Venn-Akademie" im Haus Ternell vermittelt wird, oder – wie es offiziell heißt: im „Regionalen Bildungszentrum für Natur und Umwelt".

Denn auch wenn die scheinbar wilde Landschaft die Attribute „unberührt" und „intakt" nahe legt, so ist sie doch in ihrer

*Im Naturparkzentrum Botrange werden Besucher kompetent über Natur und Umwelt informiert.*

heutigen Form durch menschliche Einflüsse entstanden, und um nicht ihre charakteristischen Eigenschaften zu verlieren, verlangt sie nach vielen schützenden Händen. Auf dem Lehrplan angehender Vennführer stehen denn auch mehr als ein Dutzend Unterrichtsfächer, die von Geologie über Ökologie, Tier- und Pflanzenkunde bis zu Jagdrecht und Siedlungsgeschichte reichen. Ein Jahr lang drücken sie mindestens zwei- bis dreimal pro Monat die Schulbank, und natürlich unternehmen sie auch Exkursionen. Um sich „Diplomierte Naturführer" nennen zu dürfen, müssen sie zum Schluss eine Prüfung ablegen. Für ihre Ausbildung bezahlen sie Kursgebühren, ebenso wie die Imker, die im Haus Ternell geschult werden. Haus Ternell wird ebenso als Veranstaltungsort für Seminare und Kolloquien geschätzt. Die Universität Köln und die Hogeschool Gent haben dort Außenstellen eingerichtet. Die Ausbildungsstätte für deutschsprachige Führer steht aber auch Gästen offen. Es gibt interessante Seminare und Vorträge über die Natur in Ostbelgien.

Den Lebensraum Wald stellt das Forstzoologische Museum im Haus Ternell anschaulich dar. Rund 800 Tiere von der Ameise bis zum Wolf und über hundert Pflanzen gehören zum Öko-System Venn. Die Ausstellung über den Wald fasziniert nicht nur junge Besucher. In Vitrinen werden unter anderem auch giftige und genießbare Pilze gezeigt. Die Vielfalt der Mineralien aus der Region überrascht ebenso wie die Begegnung mit den verschiedenen Lebensformen. Lehrpfade am Haus Ternell präsentieren zusätzlich Informationen über die Themen Wald, Geologie und Gewässer.

Im Austausch mit anderen Naturschutzorganisationen und -zentren bietet Haus Ternell interessante Themenwanderungen für Teilnehmer in jedem Alter an. Der reichhaltige Terminkalender sieht jede Woche mehrere Veranstaltungen vor. Meistens wird die Aufmerksamkeit der Gäste dabei auf besondere Aspekte gelenkt: auf die Vogelwelt, die Pilze, die Quellen und die Gewässer zum Beispiel. Schulklassen können ganze Natur- und Umweltwochen hier verbringen. Kinder entdecken die Geheimnisse der Natur spielerisch, beispielsweise als Kobolde und Elfen im Wald. Spannend ist die Suche nach Tierspuren, und faszinierend sind Fragen wie: „Was lebt im Boden?" oder: „Wie gemütlich ist es im Vogelnest?" Im Sommer lockt der Kindererlebnispfad.

Jugendliche haben eher beim Canyoning entlang der Hill ihren Spaß oder bauen Fledermauskästen. Aber auch in vergangene Erdzeitalter und „ins Reich der roten Waldameise" führen Pfade. Im Herbst kann man beim Holzrücken im Wald zuschauen, wo schwere Kaltblüter noch immer bessere Arbeit leisten als Maschinen.

Für Erwachsene sind auch sozial-geschichtliche Führungen, beispielsweise über das Leben der Torfstecher, interessant. Dauerausstellungen und permanente Expositionen, Filme und eine Klimastation ergänzen das Angebot. Um noch besser auf die Wünsche der jährlich rund 80 000 Besucher eingehen zu können, erweiterte Haus Ternell im Jahr 2000 sein Angebot um ein Labor, Seminar- und Klassenräume, sowie einen Empfangsraum mit Grüner Boutique.

i *Naturzentrum Haus Ternell*
*Monschauer Straße 2-3*
*4700 Eupen*
*Tel.: 087 / 55 23 13*
*Fax: 087 / 55 81 60*
*Geöffnet:*
*März bis November Di-Fr von 10-12 Uhr und von 14 - 17 Uhr,*
*Sa, So und feiertags 14.30-16.30 Uhr.*
*Dezember bis Februar: 14-18 Uhr.*

*Haus Ternell ist Ausgangspunkt für spannende Exkursionen.*

Das ehemalige Forsthaus Ternell liegt im Hertogenwald an der Monschauer Straße zwischen Eupen und Mützenich/Monschau. Es ist zu jeder Jahreszeit Ausgangspunkt von geführten Exkursionen oder Ort von Aktivitäten und gibt einen eigenen Terminplan heraus.

**TIPP**

***Auch die Gaststätte im Haus Ternell bietet sich für einen Besuch an.***

## Die Forschungsstation der Universität Lüttich

Die Universität Lüttich richtete 1924 am Polleur-Venn (Mont Rigi) eine Forschungsstation ein. Wissenschaftler, Studenten und Naturschutzgruppen unterschiedlicher Nationalitäten haben hier Forschungsprojekte oder Fortbildungen durchgeführt. Mittlerweile ist die Station auch einem breiteren Publikum zugänglich.

i *Wissenschaftliche Station des Hohen Venns*
*137 rue de Botrange*
*Mont Rigi*
*4950 Robertville*
*Tel.: 080 / 44 61 82*

## Die Forstverwaltung

Im Turm des Signal de Botrange, das man über die Landstraße Eupen-Malmedy - auf Höhe von Mont Rigi links in Richtung Sourbrodt abzweigend - erreicht, ist die Forstverwaltung untergebracht. Sie ist für die Verwaltung der Naturschutzgebiete zuständig und nimmt Anmeldungen für Führungen in den C-Zonen entgegen.

i *Forstverwaltung Botrange*
*Rue de Botrange*
*4950 Robertville*
*Tel.: 080 / 44 72 73*
*Übernachtungen: 080 / 44 73 00*
*Schneetelefon: 080 / 22 74 74*
*Brandgefahr und rote Fahnen:*
*080 / 44 72 72*

## Der Deutsch-Belgische Naturpark Hohes Venn-Eifel

Weil Natur und Naturschutz keine Grenzen kennen, sind die kostbaren ostbelgischen Reservate Teil des großen Deutsch-Belgischen Naturparks Hohes Venn-Eifel. Er gliedert sich in einen belgischen Teil, den Naturpark Hohes Venn-Eifel G.o.E., sowie die zwei deutschen Teile des Naturparks Nordeifel e.V. in den Bundesländern Nordrhein-Westfalen und Rheinland-Pfalz. Die gesamte Fläche beträgt rund 2440 Quadratkilometer. Davon liegen 678 Quadratkilometer auf belgischem Territorium. Das belgische Teilgebiet umfasst 12 Gemeinden in der Provinz Lüttich, sieben davon sind deutschsprachig, fünf französischsprachig. Der Naturpark Hohes Venn-Eifel wurde 1961 gegründet und 1986 durch das Naturparkdekret der Wallonischen Region anerkannt. Eine Gesellschaft ohne Erwerbszweck (G.o.E.) ist Trägerin des Naturparkzentrums Botrange.

Die „Gemünder Verträge“, die am 3. Februar 1971 zwischen den Regierungen des Königreichs Belgien und der Länder Nordrhein-Westfalen und Rheinland-Pfalz geschlossen wurden, bestimmen die Aufgaben des Naturparks. Sie lauten:

- Erhaltung der natürlichen Landschaft, ihrer Werte und Eigenarten, sowie Pflege und Gestaltung dieser Landschaft
- Förderung der wirtschaftlichen, kulturellen und sozialen Interessen, wobei die natürlichen Schönheiten der Landschaft bewahrt werden.

Der Deutsch-Belgische Naturpark soll zu Schutz, Pflege und Entwicklung der Landschaft beitragen. Dazu zählen auch die Erweiterung der biologischen Vielfalt (Biodiversität) sowie die Förderung naturnaher Methoden in der Land-, Forst- und Wasserwirtschaft. Auch die Sicherung eines umwelt- und sozialverträglichen Fremdenverkehrs durch eine schonende Erschließung für die „stille“ Erholung gehört zu den Zielen. Daneben wird allgemein ein breites Umweltbewusstsein durch Umweltbildung, Informations- und Öffentlichkeitsarbeit angestrebt.

Der Naturpark, so das Abkommen, soll zu einer großräumigen Vorbildlandschaft entwickelt werden und Wege zur nachhaltigen Entwicklung aufzeigen, ohne dabei den eigenständigen regionalen Fortschritt zu vernachlässigen. Damit endet die grenzüberschreitende Kooperation jedoch noch nicht. Der Naturpark und seine Träger sind auch in die Arbeit der Euregio Maas-Rhein einbezogen. Die Zusammenarbeit mit dem Kreis Daun (Vulkaneifel) wurde 1994 mit der „Hillesheimer Vereinbarung“ besiegelt.

## WILDE SCHÖNHEITEN LÄUTEN DEN FRÜHLING EIN

**Botanische Seltenheiten wachsen an der belgisch-deutschen Grenze zu Tausenden. Wilde Narzissen sind selten geworden, doch in den geschützten Bachtälern beispielsweise bei Rocherath, im Perlenbachtal (=Schwalmtal), im Warche- und Holzwarchetal sowie im Oleftal auch auf deutscher Seite genießen sie noch das Privileg, sich ungehindert ausbreiten zu dürfen. Die Pflanzen, die etwas kleiner sind als ihre Verwandten aus den Hausgärten, sind höchst willkommene Frühlingsboten. Denn die sanfte gelbe Pracht zieht jedes Jahr Scharen von Wanderern an, die sich kundigen Führern des Naturparks Hohes Venn-Eifel anschließen. Die Besucher kommen nur zum Schauen, denn das Pflücken oder gar Ausgraben der wilden Schönheiten ist streng verboten.**

i

*Naturpark Hohes Venn-Eifel G.o.E.*
*Naturparkzentrum*
*131, Route de Botrange*
*4950 Robertville*
*Tel.: 080 / 44 03 00*
*Fax: 080 / 44 44 29*

*Verein Naturpark Nordeifel*
*Geschäftsstelle Belgiens*
*Monschauer Straße 12*
*52076 Aachen*
*Tel.: 0049 / 241 / 6 30 01*
*Fax: 0049 / 241 / 60 79 40*

### Die freiwilligen Schützer der Natur

Neben den großen Naturschutzeinrichtungen im Naturparkzentrum Botrange und in Haus Ternell engagieren sich auch andere Organisationen – meist ehrenamtlich - um den Naturschutz:

**Vennfreunde**

Seit 1935 kümmern sich die „Vennfreunde“ um den Schutz des Hohen Venns. Die Vereinigung führt regelmäßig Pflegemaßnahmen durch sowie eine jährliche Vennsäuberung. Die Vennfreunde können sogar biologisch wertvolles Gelände kaufen, um es dem Naturschutzgebiet anzugliedern. Auf dem Mont Rigi unterhalten die Vennfreunde ein Empfangsbüro für Besucher.

**Die Raupe**

Man liebt nur, was man kennt, und man schützt nur, was man liebt. Nach dieser Maxime versucht „Die Raupe“ ökologisches Bewusstsein zu formen und zu fördern. Der Verein bietet Umwelt- und Energieberatung, Seminare und Vorträge an. Außerdem werden Studienreisen organisiert und Dokumentationen erarbeitet.

*Die Raupe V.o.E.*
*Aachener Straße 37*
*4700 Eupen*
*Tel.: 087 / 74 33 20*

**AVES**

Für den Schutz bedrohter Lebensräume, für einen besseren Zustand der Gewässer und für Müllvermeidung setzt sich AVES, die Gesellschaft für Ornithologie, Natur- und Umweltschutz ein. Regelmäßig schreiten engagierte Mitglieder beispielsweise die ostbelgischen Bäche und Seeufer ab, um den Bestand an Wasservögeln zu zählen.

Viermal jährlich gibt AVES die Zeitschrift „Natur & Umwelt” heraus. Die Fortbildung von Mitgliedern und Interessenten findet in der naturkundlichen Bildungsstätte in Amel-Montenau statt. Außerdem veranstaltet die Gesellschaft Exkursionen, Vorträge und Ausstellungen. Sie unternimmt auch Pflegeaktionen in den Naturschutzgebieten.

*AVES-Ostkantone G.o.E.*
*Bellmerin 4*
*4700 Eupen*
*Tel. + Fax: 087 / 55 53 94*

*AVES-Bildungsstätte*
*Montenau 123*
*4770 Amel*
*Tel.: 080 / 34 02 46*
*Fax: 080 / 34 06 01*

Der Verband **Belgische Natur- und Vogelschutzgebiete** (BNVS) hat einen ostbelgischen Regionalverband in der Deutschsprachigen Gemeinschaft. Er wurde 1978 gegründet und zählt rund 600 Mitglieder. Er betreut Naturschutzgebiete mit mehr als 250 Hektar Gesamtfläche. Holzwarchetal, Warchetal, Ensebach - Obere Our, Großweberbach, Kolvenderbach, Emmels, Mittelbach, Braunlauf, Ulfbachtal, Rechterbach, Tannenbachtal und Schartenknopf gehören zu den vom BNVS gepflegten Gebieten.

Seit 1999 gibt der Verband ein eigenes Magazin, die „naturZEIT“ heraus. Insbesondere im Juli und August bietet der BNVS ein bunt gemischtes Angebot.

Es reicht von der Kräuterwanderung über das Jugendworkcamp bis zur Rave Party.

*BNVS Ostbelgien*
*Regionalsekretariat*
*Herresbach 66*
*4770 Amel*
*Tel. / Fax: 080 / 54 87 85*
*www.bnvs.org*
*e-mail: post@bnvs.org*

*Dachverband:*
*Les Reserves Naturelles et Ornithologiques de Belgique (RNOB)*
*Rue Royale Sainte-Marie, 105*
*1030 Bruxelles*
*Tel.: 02 / 245 55 00*
*Fax: 02 / 245 39 33*

# DIE UMGEBUNG DES HOHEN VENNS

## DAS VORLAND

Das Hohe Venn unterteilt Ostbelgien in zwei Bereiche: das Vennvorland um Eupen und die Eifel um St. Vith. Während das aufsteigende „Venndach" überwiegend mit Wald bedeckt ist, erstreckt sich das zentrale Hochplateau weitgehend frei und offen.

Das im Nordwesten gelegene Vorland des Hohen Venns besitzt viele Wiesen und Weiden, die sich über sanfte Hügel ausdehnen. Es wird traditionsgemäß als Grünland für die Milchviehwirtschaft genutzt. Die Erträge der Bauern gaben der Gegend auch den Beinamen „Eupener Butterländchen". Besonders im Frühjahr bieten blühende Hecken einen zauberhaften Anblick. Auf alten Bildern wirkt dieser Eindruck noch stärker, denn Weißdornhecken dienten einmal dazu, die Weiden abzugrenzen. Anders als im Monschauer Heckenland und rund um Xhoffraix, wo haushohe, dichte Buchenhecken Windschutz bieten, wächst hier viel stacheliger Weißdorn.

Je weiter es auf das Hochplateau zugeht, desto weniger ergiebig wird der Boden für die Landwirtschaft und desto dünner ist seit jeher dort die Besiedelung. Umso mehr locken die Wälder. Wer großes Glück hat, trifft im Winter Waldarbeiter, die am Straßenrand Rast machen. Ihren schweren Rückepferden, die von der Anstrengung noch dampfen, werden warme Decken aufgelegt, während sie Wasser und Hafer erhalten. Sie sind auch heute noch unentbehrliche Helfer im Wald. Wer solch ein kleines Lager entdeckt, kann sich vorstellen, dass es so schon vor Generationen aussah, wenn bei der schweren Arbeit im Wald eine Pause eingelegt wurde. Im Frühjahr, Sommer und Herbst bilden die Wälder ein ideales Terrain für Wanderungen und Radtouren. Der Wasserreichtum des Hochlandes wird auch hier spürbar: Überall plätschern kleine Bäche.

Nach Nordosten zur Rureifel und nach Süden zur Hocheifel grenzen magere Bergwiesen mit einer typischen Vegetation an das Hochmoor. Man findet Arnika, Bärwurz und gelegentlich die schwarze Flockenblume. Es werden Führungen zu manchen Wiesen angeboten, jedoch liegen einige unzugänglich im Bereich des Truppenübungsplatzes von Elsenborn.

i *Naturpark Hohes Venn-Eifel*
*Naturparkzentrum*
*131, Route de Botrange*
*4950 Robertville*
*Tel.: 080 / 44 03 00*
*Fax: 080 / 44 44 29*

*Auf dem Hochplateau sind die Böden karg.*

## DAS VENN UND DIE PFERDE

**In zwei Legenden spielen Pferde für das Hohe Venn eine besondere Rolle.**

Als Freund der Landbewohner erwies sich demnach das prachtvolle Pferd, das Hubertus getragen haben soll, als er bei der Jagd durch die Begegnung mit einem weißen Hirsch, der ein Kreuz zwischen den Geweihstangen trug und ihm seinen leichtsinnigen Lebenswandel vorwarf, bekehrt wurde und dann ein so demutsvolles Leben führte, dass er nicht nur zum Bischof, sondern auch gleich zum Ardennenheiligen wurde.

Hora, so hieß das Ross mit dem schwarzen Körper und den weißen Fesseln, griff ein, wenn die Pferdegespanne der Bauern den harten kümmerlichen Boden im Venn nicht umzubrechen vermochten. Über Nacht, so die Sage, hätten Bauern ihr Land gepflügt vorgefunden, und die Ernte war auch schon eingefahren.

**Und noch ein anderes edles Pferd sorgte für Gerechtigkeit im Venn:**

Eine Frau hatte sich mit ihrem Baby im Schneesturm verirrt. Als sie plötzlich einen Reiter erblickte, glaubte sich die junge Mutter vor dem Erfrieren gerettet. Doch der grausame Mann scherte sich nicht um ihre Not und ritt weiter. Der kluge Gaul warf den Herzlosen deshalb kurzerhand ab, so dass er in einer Schlucht den Tod fand. Das Tier jedoch kehrte zurück, wärmte Mutter und Kind mit seinem Körper und trug sie dann bis ins nächste Dorf, wo sie in Sicherheit waren.

## DIE EIFEL UND DAS OURTAL

Ausgedehnte Wälder, die bis hinüber nach Deutschland und Luxemburg reichen, und reizvolle Bachtäler kennzeichnen Eifel und Ourtal, südlich des Hohen Venns. Die ruhigen Lagen sind Rückzugsgebiete für viele Waldvogelarten. Es lässt sich zwar nicht übersehen, dass auch hier Wald und Feld bewirtschaftet werden, aber das Ourtal, das im Süden Ostbelgiens verläuft, gehört zu den Regionen in Mitteleuropa, die noch das Attribut idyllisch verdienen.

Entlang der ungezähmten Windungen des Flüsschens wurde zwar eine touristische Route, die „Ourtal-Route“ ausgewiesen, aber eine Wanderung oder eine Fahrradtour erschließen den Zauber der Gegend weitaus besser. Um die ökologische Qualität zu wahren, soll ein Flussvertrag die Nutzung der Our durch Kajakfahrer regeln.

Das Tal der Our und ihrer Nebenflüsse ist auch heute noch ein Paradies für Pflanzen und Tiere. Der Oberlauf der Our steht mit seinen angrenzenden Wiesen unter Naturschutz. Geschützt sind auch Holzwarche und Großweberbach. Die Wiesen in den Flussniederungen gelten als wertvolle Feuchtgebiete.

Die Quellgebiete der Ulf sowie das Naturschutzgebiet Thommen gehören zu einem Verbund von Biotopen, der sich bis nach Luxemburg hinein erstreckt. Wer Glück hat, kann hier noch Störche bei der Brut beobachten. Wasservögel nutzen auch den Mühlenweiher am Thommerbach als Lebensraum.

# Alles Gute kommt von oben: Ostbelgiens Wasserreichtum

## Die Talsperren

Der Wasserreichtum des Hohen Venns hat nicht nur die wirtschaftliche Entwicklung geprägt. Er stellt heute ein wichtiges Kapital für den Fremdenverkehr dar. Bäche, Seen und Talsperren bilden einladende Panoramen in einer harmonischen Landschaft. Allerdings können nicht alle Gewässer für den Wassersport genutzt werden, denn die Trinkwasserversorgung hat Vorrang – über Ostbelgien hinaus.

Welche Bedeutung die Wasserwirtschaft für Ostbelgien hat, wird am Beispiel der **Weser-Talsperre** in Eupen deutlich, der größten Talsperre Ostbelgiens. Der „Eupener See" wurde ab 1935 geplant und 1950 offiziell eingeweiht. In erster Linie sollte er der Versorgung der Stadt Eupen sowie der Industrie dienen. Der Stausee dehnt sich wenige Kilometer östlich von Eupen über 126 Hektar aus. Mit Fundament gerechnet, ist seine Staumauer 66 Meter hoch und 410 Meter lang. Unter ihrer Krone, die 362 Meter über NN liegt, fasst der See 25 Millionen Kubikmeter. Wenn Wasser aus der Talsperre abgelassen wird, bietet sich ein tolles Schauspiel. Über die Treppen des Überlaufs stürzt dann eine Flut wie in einem Wasserfall mit aufspritzender Gischt zu Tal. Meist bleibt eine Fassungsreserve von drei Millionen Kubikmeter in der Talsperre, damit es auch bei Wolkenbrüchen über dem Hohen Venn nicht zu Überschwemmungen am Unterlauf der Weser kommt.

Das Wasser der Weser-Talsperre wird aus einem Einzugsgebiet von rund 7000 Hektar an Weser und Getzbach und von 3700 Hektar aus dem Hilltal gesammelt. Das Wasser der Hill fließt durch einen 1200 Meter langen Tunnel in den Stausee.

*66 Meter hoch und 410 Meter lang ist die Staumauer der Weser-Talsperre.*

Täglich können aus der Weser 82 500 Kubikmeter aufbereitetes Wasser entnommen werden. Wasser aus der Weser-Talsperre erhalten außer in Eupen Bevölkerung und Industrie im Herver Land und im Großraum Lüttich (ohne die Stadt Lüttich), der Bereich der Universität Lüttich (Sart-Tilman) sowie die Stadt Spa und die Hochlagen des Großraums Verviers. Bei Hochwasser können bis zu 230 Kubikmeter pro Sekunde über einen Überlauf in ein Tosbecken abgeleitet werden.

Mit Aussichtsterrasse, Turm, großem Spielplatz und großem Restaurant empfiehlt sich die Weser-Talsperre für einen Besuch (Tel.: 087 / 74 31 61). Fahrrad- und Wanderwege sind beschildert. Segeln ist auf der Talsperre nur einer begrenzten Anzahl von Mitgliedern des Yacht Clubs gestattet. (Tel.: 087 / 74 29 02). Surfen, Kajakfahren und Schwimmen sind verboten. Eine Ausnahme wird gemacht, wenn die große Wesertalsperren-Regatta ausgetragen wird. Welche Bedeutung die Vorsorge für reines Trinkwasser besitzt, wird auf dem **Wasserlehrpfad** deutlich, der an der Staumauer entlang führt. Auf Anfrage lassen sich Führungen für Gruppen vereinbaren. Ein **Waldlehrpfad** beginnt gleich hinter dem großen Parkplatz.

*Markant reckt sich der Aussichtsturm hoch über der Weser-Talsperre in den Himmel.*

i *Kulturelles Komitee der Stadt Eupen*
*Tel.: 087 / 74 00 28*

Die **Gileppe-Talsperre** gehört zu den ältesten Stauwerken Europas und ist die älteste Talsperre Belgiens. Gileppe, Louba und zahlreiche Wasserläufe des Venns fließen hinein. Von hier aus wird der Raum Verviers mit Trinkwasser beliefert, deshalb sind Baden und Wassersport verboten. Führungen bieten einen Einblick in Technik und Geschichte der Talsperre. Von einem 80 Meter hohen Aussichtsturm lässt sich die Umgebung in Augenschein nehmen. Ein Restaurant ist angeschlossen.

i *Service des Barrages*
*Rue P. Lemarchant 4*
*4801 Stembert*

Die obere Warche wurde 1932 zum **See von Bütgenbach** angestaut, in den auch die Amel fließt. Er besitzt eine Wasserfläche von 120 Hektar und ein Fassungsvermögen von 11 Millionen Kubikmetern. Da dieser See ursprünglich nicht der Trinkwasserversorgung, sondern der Elektrizitätsgewinnung diente, kann er heute für den Wassersport geöffnet werden. Dies zieht insbesondere im Sommer viele Urlauber an. Baden, Segeln, Surfen und Angeln sind möglich. Es dürfen jedoch nur Boote ohne Motor auf den See. Wanderer und Radfahrer können einkehren oder in Hotels übernachten. Zum Ausflugsziel wird der Bütgenbacher Stausee auch durch seinen Vennbahnanschluss. Die verschiedenen

*Hier lärmt kein Motor: Als Freizeit-Oase zieht der Bütgenbacher See Segler und Surfer an.*

wassersportlichen Möglichkeiten – vom Segeln und Surfen bis zum Kajakfahren und Angeln - können insbesondere im Freizeitzentrum Worriken genutzt werden, das auch andere Freizeitsportarten anbietet und als Tagungszentrum dient.

i *Verkehrsverein Bütgenbach*
*Worriken 1*
*4750 Bütgenbach*
*Tel.: 080 / 44 63 58*
*Fax: 080 / 44 70 89*

Der **Stausee von Robertville** ist ebenfalls ein touristischer Anziehungspunkt, wurde aber als Trinkwasserreservoir für Malmedy ausgewiesen. Seine Stromerzeugung ist nur noch minimal. Motorboote und Surfbretter sind auf dem See verboten. Ruderboote, Segelboote und Elektroboote dürfen allerdings auf die Wasserfläche hinaus.
Die Talsperre, die von der unteren Warche gespeist wird, wurde von 1926 bis 1928 –wie der See von Bütgenbach - von italienischen Ingenieuren und Arbeitern erbaut. Bis zu 500 Menschen waren hier tätig. Das Kraftwerk von Bévercé wurde 1939 fertig gestellt. Die Talsperre hat eine Wasserfläche von 80 Hektar und ein Fassungsvermögen von acht Millionen Kubikmetern. Die Staumauer ist 182 Meter lang und 54,50 Meter hoch. Über die Krone führt eine Straße. Im Zuge der Arbeiten entstand auch die Haelen-Brücke im Verlauf der Straße von Robertville nach Weismes. Das Bauwerk aus Stahlbeton ist 28 Meter hoch und besitzt auf einer Länge von 135 Metern 15 Brückenfelder.

Auch der Stausee von Robertville profitierte vom Vennbahnanschluss.

i *Verkehrsamt Robertville*
*Rue Centrale 53*
*4950 Robertville*
*Tel.: 080 / 44 64 75*
*Während der Saison auch:*
*Tel.: 080 / 44 62 68*

*Ein Geschenk an die Natur:*

# Das Tälerprojekt

Nicht alles, was in Ostbelgien so ursprünglich und idyllisch erscheint, hat sich von selbst ergeben. Oft waren auch kluge Prävention und ein wenig ökologischer Druck nötig, um die Natur natürlich zu erhalten.

Im Jahr 2000 nahm Ostbelgien beispielsweise von der Europäischen Union geförderte Maßnahmen zum Schutz und zur Pflege der Bäche und Täler im belgisch-deutschen Naturpark Hohes Venn-Eifel in Angriff.

Das Tälerprojekt hatte in erster Linie zum Ziel, Fichten zu entfernen, die sich in biologisch wertvollen Talsohlen ungehindert breit gemacht hatten. Statt dessen sollen jetzt Erlen und Kräuterwiesen an den Ufern gedeihen. Orchideenbestände werden gepflegt, Bärwurz- und Knöterichwiesen sowie Arnikavorkommen. Für die Fische wurden Treppen, Leitern und Bypässe angelegt.

Ursprünglich waren die Feuchtwiesen entlang der Bäche von den Bauern gemäht oder als Weiden für das Vieh genutzt worden. Diese Bewirtschaftung verlor jedoch im Verlauf des 20. Jahrhunderts an Bedeutung. Um den Boden nicht brach liegen zu lassen, wurden Fichtenkulturen angelegt.

Damit schien ein trauriges Schicksal für Flora und Fauna besiegelt zu sein: Aus reichhaltigen Biotopen wurden Monokulturen. Boden und Wasser versauerten, Pflanzen und Tiere traten den Rückzug an. Den Bachläufen fehlte Licht, und das Leben darin verkümmerte.

Um den Vorgang wieder umzukehren, wurden in 20 Tälern insgesamt rund 250 Hektar Wald entfichtet. Für die Bäume, die ein Alter von 10 bis 40 Jahre erreicht hatten, erhielten die Besitzer Entschädigungen. Sie verpflichteten sich im Gegenzug, 30 Jahre lang kein Nadelholz mehr in den Feuchtwiesen zu pflanzen. Weil viele auch darauf verzichten, Laubbäume zu setzen, kann sich die Natur auf den unbewirtschafteten Flächen wieder ungehindert in ihrem Artenreichtum entfalten.

Parallel zur Entfichtung war eine Kartierung der Täler durch die Wissenschaftliche Station der Universität Lüttich auf dem Hohen Venn vorgesehen. Das Zoologische Institut der Universität Lüttich sollte den Bestand an bedrohten Tierarten wie zum Beispiel Eisvogel, Fischotter und Perlmuscheln aufnehmen.

Parallel zum Tälerprogramm werden auch andere Schutzmaßnahmen durchgeführt. Der Amel-Vertrag sieht beispielsweise vor, dass die Amel und ihre Zuflüsse nachhaltig behütet werden. Weil daran 16 Kommunen beteiligt sind, war ein Stück engagierter Umweltpolitik nötig, um alle Interessen zu harmonisieren. Im Einzugsbereich der Amel, der über Ostbelgien hinaus reicht, leben auf 1083 Quadratkilometern rund 100 000 Menschen.

## EINE GESCHICHTE VON LIEBE UND TOD: DAS KREUZ DER VERLOBTEN

Es war kalt am Morgen des 21. Januar 1871, als sich François Reiff seinen besten Anzug anzog. Der dunkle Stoff schien so gar nicht geeignet zu sein für einen Wintertag im Hohen Venn, doch der junge Mann war fest entschlossen, an diesem Tag besonders gut auszusehen für seine Braut. Zusammen mit Maria Solheid wollte er nach Xhoffraix gehen, damit sie dort das Aufgebot bestellen konnten. Heiraten wollten sie, den Rest ihres Lebens miteinander verbringen und ihr Glück an Kinder weiter geben.

François Reiff war Bauarbeiter. 1839 war er in Bastogne geboren, und jetzt arbeitete er mit beim Bau der Gileppe-Talsperre. Das war eine ganz schöne Schufterei mit wenig Abwechslung für die Männer, die in Baubaracken in Béthane untergebracht waren. Doch auf der Kirmes in Jalhay hatte er Maria kennen gelernt – Maria-Josepha Solheid, die als Hausmädchen in Haloux arbeitete. Sie gefiel ihm, die junge Frau, und er ihr erst recht, und bald war es ausgemacht, dass sie für immer zusammen bleiben wollten.

Sie trafen sich, wo sie sich zum ersten Mal gesehen hatten: im Café Mixhe in Jalhay, wo Marias Bruder beschäftigt war. Xhoffraix lag 20 Kilometer übers Venn weit entfernt, aber dort war Maria 1846 geboren, und in ihrem Geburtsort mussten die Heiratspapiere beschafft werden. Marias Bruder hatte Bedenken: Der Schnee lag zu hoch, und der Wind trieb neue Wolken heran. Doch Maria und François wollten nicht warten, sie machten sich auf den Weg. Stunden später bereuten sie ihren Entschluss zutiefst. Der Schnee hatte alle Wegmarkierungen zugedeckt. Schneidende Kälte hatte sie fast bewegungslos gemacht. Der Kampf gegen den Schneesturm raubte ihnen alle Kraft. Hunger und Durst plagten sie. Angst kroch ihnen in alle Glieder. An der Grenze zwischen Preußen und Belgien brach Maria zusammen. François rief ihren Namen, versuchte sie mit seinem Körper zu wärmen – vergeblich. Verzweifelt schrieb er auf einen Zettel: „Maria vient de mourir, et moi je vais le faire – Maria ist tot, und ich sterbe jetzt auch.“ Dann machte er sich auf den Weg. Zurück nach Jalhay wollte er, um vielleicht doch noch Hilfe zu holen. Doch er verirrte sich noch tiefer in die weiße Wüste.

*Das Kreuz der Verlobten erinnert an eine traurige Liebesgeschichte.*

Sie suchten nach Maria und François, jedoch ohne Erfolg. Als vier Tage später eine noch schlimmere Kältewelle einsetzte, musste man die Nachforschung aufgeben. Am 13. März 1871, als der Schnee anfing zu schmelzen, fand man den erfrorenen François Reiff in der Nähe von Solwaster. Am 25. März 1871 entdeckte ein preußischer Zöllner die Leiche von Maria Solheid bei seinem ersten Kontrollgang nach dem Winter entlang der Grenze. Ihr lebloser Körper lag allerdings nicht dort, wo François sie verlassen hatte, weil er glaubte, sie sei tot. Doch Maria war nur bewusstlos. Als sie wieder zu sich kam, war ihr Verlobter fort. Mit letzter Kraft versuchte sie, sich zur Baraque Michel durchzuschlagen, wo schon so viele Verirrte Rettung gefunden hatten. Nur ein kurzes Stück war es bis dorthin. Aber ihre Kräfte war verbraucht. Am Grenzstein 151 konnte Maria nicht mehr weiter. Mühsam riss sie sich noch ihren Unterrock vom Leib und hängte ihn über einen Busch – man musste ihn doch sehen, oder? Dann verlor sie die Besinnung und wachte nicht wieder auf - zwei Kilometer von ihrem geliebten François entfernt.

Der Tag hätte ihren Weg ins gemeinsame Glück lenken sollen – es wurde ihr Todestag. François Reiff wurde 32 Jahre alt, Maria Solheid nur 25.

## KREUZE SCHILDERN SCHICKSALE

Meist sind es traurige Erinnerungen, die die vielen Kreuze im Venn bewahren. Einige sind überliefert:

Der Richter Thomas Dael aus Aubel wurde 1713 bei der Heimkehr aus Monschau ermordet, um ein Verbrechen zu vertuschen. Theodor Grisard wurde 1750 ermordet, als er Holzdiebe erwischte. Der Fuhrmann Cornelius Offermann aus Witzerath wurde 1774 von Räubern umgebracht. Der Postbote Arnold Pilger aus Gemünd starb 1823 an Entkräftung, als er auf dem Weg nach Eupen war, um einen Brief zuzustellen. Anna Hauseuer wurde 1827 beim Lehmstechen von einer Lehmmauer erdrückt. Léonard Christiane aus Champagne traf 1839 der Blitz, als er Heu mähen wollte. Anne-Catherine Sarlette aus Büllingen starb nach langer Krankheit 1860 in Baraque Michel. Anna-Maria Lauter, ein Kind, wurde 1875 von einer Gewehrkugel tödlich verletzt. Jean-Joseph Gaspart aus Langfaye traf 1883 der Blitz.

Aber auch der Krieg forderte seine Opfer – bis in die jüngere Vergangenheit. Russische und italienische Kriegsgefangene mussten im Ersten Weltkrieg Holz für militärische Stellungen schlagen. Russische Gefangene schufteten 1943-44 im Lager im Wald. 1971 starb Albert Briamont aus Lüttich während einer Wanderung an einem Herzanfall, als er ein Feuer löschen wollte, das durch militärische Kampfmittel ausgelöst worden war.

Dass die Kreuze im Venn eine Brücke bilden zwischen Vergangenheit und Gegenwart, beweist beispielhaft auch das Kruzifix des Raerener Bildhauers Leonhard Mennicken, das 1961 an der etwa einen Kilometer von der Baraque Michel entfernten Gabelung der Straßen von Malmedy nach Eupen und Verviers geweiht wurde. Hier am „Belle Croix“, dem „schönen Kreuz“, stand fruher die Hütte des Holzschuhmachers Adolf François. Später wurde dort das Gasthaus zum schönen Kreuz - Auberge à la belle croix – eröffnet, das im Volksmund auch Klompenmakerhüske oder Maison du sabotier genannt wurde. 1938 nutzten Soldaten ein Gebäude an dieser Stelle. Sie sprengten es jedoch vor dem Einmarsch der deutschen Truppen

**TIPP**

***Rund 100 Kreuze beschreiben Günter Metz und Roland Adams in dem Band „Das Hohe Venn von A-Z“ (Grenz-Echo Verlag, Eupen 1995).***

*Städte und Gemeinden*

# Amel/Amblève

## Steckbrief:

| | |
|---|---|
| Einwohner: | 5069 |
| Fläche: | 125,2 km² |
| Einwohner pro km²: | 40,5 |

Zur Gemeinde Amel gehören die Ortschaften Born, Deidenberg, Eibertingen, Halenfeld, Heppenbach, Hepscheid, Herresbach, Iveldingen, Medell, Meyerode, Mirfeld, Möderscheid, Montenau, Schoppen, Stephanshof, Valender, Walleroder Brücke, Wereth.

## Allgemeines

Ihren Namen verdankt die Gemeinde dem kleinen Fluss Amel, der im Norden von Hepscheid entspringt. Das Wort Amel ist keltischen Ursprungs und bedeutet „Wasser". Ommerwald im Osten und Wolfsbusch im Westen umgeben die Orte. Mit ihren Wegekreuzen aus blauem Schieferstein, ihren Wäldern und Hügeln wirkt die Gemeinde Amel besonders einladend für Natur- und Wanderfreunde.

Aber auch Städter lieben das ländliche Ambiente, und mancher wünscht sich dort ein kleines Refugium, in dem man sich vor der Hektik des Alltags inmitten intakter Landschaft verkriechen kann. Schwärmer haben sogar schon vom „Sanatorium unseres Herrgotts" gesprochen.

## Geschichte

Amel ist klein, aber fein. Denn immerhin sind seine Bewohner von besonderes alter ostbelgischer Abstammung: Hier stand die erste Niederlassung in den Ostkantonen. Vermutlich waren es später die Kelten, die im Wolfsbusch große Mühlsteine hinterließen. Leider wurden die kostbaren Zeugnisse später zeitweise benutzt, um neue Wege zu befestigen. Am Wurzelmuseum von Amel wurde ein solcher Stein aufgestellt.

Im Jahr 57 v. Chr. kamen die Römer, sie blieben bis ungefähr 450 n. Chr. Der Heerweg von Reims nach Köln kreuzte die Gemeinde, ebenso wie die „Via mansuerisca", die Verbindung von Trier nach Maastricht.

Eine große römische Villa mit dem Ausmaß von 75 x 30 Meter wurde 1868 zwischen Deidenberg und Montenau entdeckt. Am Rande des Wolfsbuschs, im Schwarzenvenn, fand man noch eine kleine römische Ansiedlung, die Hüllsburg.

Ein ganz spezielles Kapitel in der Ortsgeschichte ist den Goldsuchern gewidmet, die ein wenig Wohlstand aus den plätschernden Fluten von Amel und Emmels heraus waschen wollten. Angeblich sollen schon die Legionen Julius Caesars im Land der Eburonen Gold gewaschen haben. Die Ausbeute habe sich alten Berichten zufolge sogar in Rom auf den Marktpreis für Gold ausgewirkt.

Angetrieben durch den Traum vom Reichtum arbeiteten um die Wende vom 19. zum 20. Jahrhundert erneut Generationen von Goldsuchern den Schlamm durch und schütteten mit ihren Sieben Erdhügel auf, über die heute längst Gras gewachsen ist (siehe S. 42).

## WÖLFE, WOTAN, WINZLINGE

Um die Entstehung der rätselhaften Mühlsteine rankt sich eine Legende. Man erzählt sich, dass in den Felsspalten des Kuckerell einmal Kobolde lebten, die die großen Mühlsteine hergestellt haben. Die fertigen Steine brachten die Winzlinge in der Nacht nach Montenau. Als Gegenleistung gaben die Montenauer ihnen dafür zu essen und zu trinken.

Doch von einem Tag auf den anderen war es vorbei mit der guten Zusammenarbeit. Hals über Kopf verließen die Kobolde ihren Wohnsitz, und niemand weiß, warum und wohin sie verschwanden. Bei ihrem hastigen Aufbruch sollen die Zwerge allerdings eine Schatzkiste in den Spalten des Kuckerell vergessen haben, doch so sehr man auch suchte: Niemand fand den geheimen Schatz der Kobolde bis heute.

*

Auch um den Wolfsbusch wurden Geschichten gesponnen. Eine handelt von Wölfen, die im Wald lebten und die Bevölkerung bis gegen Ende des 19. Jahrhunderts drangsalierten. Nach ihnen soll der Wald benannt worden sein.

Eine andere Version reicht in ältere Zeiten zurück. So habe man bis in die Frankenzeit hinein an einer Stelle westlich vom Kuckerell den germanischen Gott Wotan verehrt. Der Name Wolfsbusch soll später vom Namen Wotan entlehnt worden sein.

Vom 5. Jahrhundert an drangen die Franken in das Gebiet vor. Zum ersten Mal schriftlich erwähnt wurde der Ort im Jahr 670. Von der „Curtis Amblava“, dem Hof von Amel, wurde einst das gesamte Umland regiert. Mit einer siegreichen Schlacht begründete Karl Martell 716 Einzug und Herrschaft der Karolinger. 752 soll der heilige Agilolphus in Amel den Märtyrertod gestorben sein.

### RUNDGANG

Durch den Ort zu promenieren, ist ein Genuss. Das wird wohl auch die Jury beeindruckt haben, die ihm 1991 den Titel der schönsten Gemeinde Belgiens in der Kategorie unter 5000 Einwohnern verlieh.

Die *Hubertus-Kirche* stammte ursprünglich aus dem 14. und 15. Jahrhundert, der Kirchturm aus dem Jahr 1541. Das heutige neugotische Gotteshaus wurde 1930-31 nach Plänen von Henry Cunibert aus Malmedy gebaut, den alten Kirchturm bezog man in die Konzeption ein. Neben dem heiligen Hubertus wird auch Agilolphus hier verehrt. Das *Antoniushäuschen*, eine Kapelle im Kirchenbering, hat eine neue Verwendung als Wurzelmuseum gefunden (siehe S. 74). Das *Marktkreuz* aus Sandstein aus dem Jahre 1722 steht unter Denkmalschutz

### AKTIVITÄTEN

Der Terminkalender der Gemeinde Amel beweist, dass man viel und gern miteinander feiert. Vom Theaterabend bis zum Schützenfest, von der Disco bis zur Sportveranstaltung reicht die Palette. Weil es viele kleine Orte gibt, wird auch häufig zur Kirmes eingeladen. Eines der Veranstaltungszentren ist die Halle „Zum Tünnes“, errichtet von der Karnevalsgesellschaft „Degdeberjer Tünnesse“ in Deidenberg.

Gästen bietet sich die Gemeinde Amel für alles Sportliche an, vom Wandern und Radfahren bis zu Wassersport oder Reiten. Im November zieht der Hubertusmarkt Publikum an.

## Umgebung

Amels Umfeld wirkt ebenso einladend. Auch in kleinen Ortschaften finden Reisende gastliche Oasen. Südöstlich von Amel liegt mit dem Ommerscheider Wald ein ausgedehntes Gebiet, das zum Wandern und Radfahren herausfordert. Wer sich auf den Weg macht, kann idyllische Dörfer ringsum entdecken.

Zwischen **Deidenberg** und Montenau wurden 1868 Mauern einer geräumigen römischen *Villa* entdeckt. Die Kirche von Deidenberg überrascht mit einem freistehenden *Glockenturm*, der einem italienischen Campanile ähnelt. In **Montenau** lohnt ein Besuch in der *Schinkenräucherei* (vgl. S. 166). Aufragende Felsspitzen, beispielsweise „*Kuckerell*" oder „Am Stein" mit

### Zurück zu den Wurzeln: Das Ameler Wurzelmuseum

Leben und Sterben liegen nahe beieinander im Wurzelmuseum von Amel: Die ungewöhnliche Sammlung von Wurzelwerk ist in einer ehemaligen Kapelle, der Vikarie, gleich neben der Leichenhalle untergebracht.

In den 1950-er Jahren des 20. Jahrhunderts verlor die kleine Kapelle an Bedeutung. Eine Zeit lang diente sie den Jugendlichen noch als Treffpunkt. In den 1960-er Jahren drohte die Vikarie, die auf ein Bauwerk aus dem 14. Jahrhundert zurück geht, allmählich zu verfallen. Engagierten Bürgern von Amel und Eibertingen ist es zu verdanken, dass das kleine Bauwerk erhalten wurde und neben seiner alten noch eine neue Bestimmung fand. Zunächst fand die Leichenhalle ihren Platz, im Jahr 1977 zogen auch die Wurzeln dort ein.

Die Ausstellung widmet sich allem, was in Ostbelgien und Umgebung wächst und gedeiht – in allen skurrilen Formen. Außerdem werden aber auch Werkzeuge zur Bearbeitung des Bodens sowie Fotos der regionalen Welt der Pflanzen gezeigt. Aber auch in historischem Sinne kann man in der Vikarie an die Wurzeln zurückgehen. Der Geschichte nach wurzeln die Ursprünge der kleinen Kapelle, die auch „Antoniushäuschen" genannt wird, im 14. Jahrhundert. Der Legende nach stellt sie sogar die Urkirche des Ortes Amel dar – aber das ist wissenschaftlich nicht unantastbar belegt.

Die jetzige Nutzung ist ein Beispiel dafür, mit welcher Selbstverständlichkeit in Ostbelgien die Dinge des Lebens in Harmonie gebracht werden: Das Bewahren der Umwelt und das Wahren der menschlichen Würde auch im Tod vertragen sich hier ganz selbstverständlich miteinander.

i *Heimat- und Wurzelmuseum Amel*
*Alte Vikarie*
*Kirchweg 169*
*4770 Amel*
*Tel.: 080 / 34 06 38*

*Geöffnet Juli-1. Hälfte September, So von 14-17 Uhr und nach Vereinbarung. Führungen für Gruppen. (Info: Tel.+Fax: 080 / 34 06 38 und Tel. 080 / 34 80 50)*

dem 20 Meter hohen Holzkreuz, bieten eine hervorragende Aussicht. 18 Meter hoch sind die Stützpfeiler des *Eisenbahnviadukts* in **Born**. Er wurde 1916 zu militärischen Zwecken innerhalb der Strecke St. Vith-Vielsalm errichtet. Das imposante Bauwerk ist 285 Meter lang und besitzt elf Bögen.

Mehr als 300 Jahre alt ist die *Sebastianus-Kapelle* in **Eibertingen,** die ursprünglich dem heiligen Agilolphus geweiht war. Sie wurde mitsamt Kapellenbering sorgfältig renoviert. Schmuckstück der Kapelle ist ein barocker Holzaltar aus dem Jahr 1701. In seinen vier Reliquiaren sollen sich 81 Reliquien befinden. An einem römischen Brunnen (Pesch) entstand der Ort **Medell**. Der Name wird abgeleitet von „Delle“ oder Tal. Schon von weitem fällt der ungewöhnliche Zwiebelturm der Kirche auf, die ebenfalls von Henry Cunibert entworfen wurde.

Im Ommerscheider Wald zwischen Meyerode und Eiterbach wurde die Ruine der **Einsiedelei Kohlkau** wieder hergestellt. 1749 hatte dort der Besitzer des Schlosses Wallerode eine Kapelle mit Wohnraum errichtet, wo verschiedene Einsiedler lebten. Einer von ihnen, der Franziskanerpater Majeri, brachte aus Rom ein Stück vom heiligen Kreuz und andere Reliquien mit, so dass die Eremitage auch zum Ziel von Pilgern wurde. 1829 brannte die Einsiedelei ab. Sie wurde zwar wieder aufgebaut, aber es wollte niemand mehr darin wohnen, und die Stätte verfiel. Jetzt sind einige Originalstücke der Eremitage, darunter zwei Kreuzwegstationen und ein Blausteinkreuz, in den Mauern unter einem Holzdach zu sehen.

**Meyerode** liegt auf der Wasserscheide von Maas und Rhein. Große Steinplatten an der Kirche mit eingemeißelten Kreuzen weisen auf eine frühe Besiedelung hin. Amerikanische Wissenschaftler gingen davon aus, dass sie aus der Zeit der Christianisierung (um 300) stammen. Andere Quellen sagen, dass sie von angelsächsischen Missionaren mitgebracht wurden. Während der Rundstedtoffensive im Zweiten Weltkrieg war Meyerode abwechselnd Quartier von deutschen und amerikanischen Streitkräften. Die Kanone, aus der der letzte Schuss auf das Dorf abgegeben worden sein soll, erinnert an diese dunklen Zeiten.

Sehenswert ist das Steinerne Kreuz in **Ommerscheid**. Es stammt aus dem Jahr 1658. Auch die Kapelle in **Iveldingen** (1688) oder das Georges-Haus, ein Bauernhof in **Schoppen** (18. Jahrhundert), sind vielsagende Zeugen der Vergangenheit. Wer im malerischen **Herresbach** wandert oder spazieren geht, wird sicher irgendwann auf den Kolvender Bach oder den Großweberbach treffen: Es sind die beiden einzigen Wasserläufe in der Gemeinde Amel, die zum Rhein hin strömen!

i

*Gemeinde Amel*
*Wittenhof 10*
*4770 Amel*
*Tel.: 080 / 34 81 10*
*Fax: 080 / 34 81 11*

*Bäckerei Marquet*
*Kirchweg 175*
*4770 Amel*
*Tel.: 080/ 34 92 07*
*Leopold Heinrichs*
*Montenau 26*
*Tel.: 080 / 34 93 88*

*Bäckerei Wiesemes*
*Deidenberg 161*
*Tel.: 080 / 34 97 67*

# Büllingen

## Steckbrief:

| | |
|---|---|
| Einwohner: | 5291 |
| Fläche: | 150,5 km² |
| Einwohner pro km²: | 35,2 |

Zur Gemeinde Büllingen gehören 27 Ortschaften, darunter: Afst, Allmuthen, Berterath, Buchholz, Eimerscheid, Hasenvenn, Hergersberg, Holzheim, Honsfeld, Hüllscheid, Hünningen, Igelmondermühle, Krewinkel, Lanzerath, Manderfeld, Medendorf, Merlscheid, Mürringen, Rocherath-Krinkelt, Weckerath und Wirtzfeld.

## Allgemeines

Büllingen hat mit den Quellgebieten von Amel, Our und Warche sowie als Gemeinde im Naturpark Hohes Venn-Eifel besondere landschaftliche Reize vorzuweisen. Ein Drittel der Gemeindefläche ist von Wald bedeckt. Die Bewohner pflegen ihre Dörfer, Honsfeld heimste beispielsweise schon Preise bei Blumenverschönerungswettbewerben ein. Auch ein paar Superlative lassen sich anführen. Der kleine Ort Krewinkel liegt am östlichsten Zipfel Belgiens. Der Doppelort Rocherath-Krinkelt bezeichnet sich als das höchstgelegene Dorf Belgiens, 650 Meter über NN.

Mit der Waldhöhe Weißer Stein, die 692 Meter über NN liegt, besitzt die Gemeinde immerhin die zweithöchste Erhebung Belgiens. Davon zu unterscheiden ist das Naturdenkmal Weißer Stein, ein etwa 2,50 x 2 Meter großer Block aus Quarzit. Er liegt hinter der Ortschaft Mürringen im feuchten Bocksvenn. Es ist gut vorstellbar, dass der Monolith, den man für einen Meteoriten oder einen Findling aus einer Eiszeitmoräne hält, schon den Kelten als Kultobjekt diente. Der Weiße Stein verlieh auch dem Skigebiet auf der deutschen Seite bei Udenbreth seinen Namen.

## Geschichte

Obwohl Büllingen die am geringsten bevölkerte Gemeinde Ostbelgiens ist, hat sie eine lange Geschichte. Der Wasserreichtum veranlasste die ersten Siedler, sich hier niederzulassen. Eine in Mürringen gefundene 4 cm lange Speerspitze aus Stein lässt auf eine Besiedelung in der Mittelsteinzeit (8000 bis 3500 v. Chr.) schließen.

*Einen alten Kern besitzt St. Eligius.*

*In der Nähe von Allmuthen können Wanderer dem alten Schmugglerpfad folgen.*

Vor gut 2000 Jahren bauten römische Legionäre eine Heerstraße von Reims nach Köln. Als „Bollingen im Ardennegau“ wird Büllingen im Liber aureus der Abtei Echternach zur Frankenzeit erwähnt. Datiert wird diese erste schriftliche Nennung auf die Jahre 789/790 n. Chr., immerhin war Büllingen damals ein bedeutender Königshof. Im Wappen belegen der Luxemburger Löwe, das Trierer Kreuz und die Schleiden-Jülicher Balken die Zugehörigkeit zu verschiedenen Herrschaftsbereichen.

## BUTTER AUS BÜLLINGEN

**Kenner aus der ganzen Welt lassen sich ein Produkt aus der Büllinger Butterei auf der Zunge zergehen. Es ist die original Ardenner Butter, deren Herkunft seit 1996 geschützt ist. Die Butter mit dem Prädikat „Appellation d'Origine Protégée Beurre d'Ardenne“ wird auf traditionelle Weise hergestellt. Nur französische Butter aus der Normandie und aus der Charente können es ihr in Europa gleichtun, was den offiziellen Titel angeht. Selbst in Asien und Amerika kennt man Butter aus Büllingen.**

## RUNDGANG

Die teilweise denkmalgeschützte Kirche ist *St. Eligius* gewidmet. Im Wesentlichen stammt sie vermutlich aus dem 16. Jahrhundert, der imposante Turm wird jedoch auf das 10. Jahrhundert datiert. Nach der Zerstörung im Krieg baute man die Kirche bis 1952 in vergrößerter Form wieder auf, behielt dabei jedoch historische Bausubstanz bei. Der romanische Taufstein aus Blaustein stammt aus dem 12. Jahrhundert. Östlich von Büllingen erinnert in einem Kreisverkehr ein amerikanisches *Militärdenkmal* an das Kriegsgeschehen von 1944-45.

## AKTIVITÄTEN

Aufgrund seiner Lage wirkt Büllingen vor allem für Sportler und junge Familien einladend. Im Winter werden Loipen gespurt, im Sommer locken Wiesen und Wälder zum Wandern und Radfahren.

Ein Attraktion bietet der Aero- und Modellclub „Feuervogel“. An jedem Wochenende kann man auf dem Flugplatz „Auf'm Hohen Berg“ den Sport- und Modellfliegern zuschauen. Das Gelände liegt zwischen Büllingen, Wirtzfeld, Rocherath und Mürringen. Auch Rundflüge über die Eifel sind möglich. Besonders spannend wird es bei den internationalen Heli-Treffen. Modell-Hubschrauber vorzuführen, gilt als besonders schwierig. (Tel.: 080 / 64 21 37 oder 64 26 95)

## Umgebung

In **Allmuthen**, nahe der belgisch-deutschen Grenze bei Hergersberg, wurde 1999 ein Tibetisch-Buddhistisches Studienzentrum eingerichtet. Aus ganz Europa kommen Interessierte zum Meditieren in den idyllischen ehemaligen Bauernhof. Verwaltet wird das Zentrum vom Verein „Benchen Phuntsok Ling“. Geistiger Betreuer der buddhistischen Gemeinde ist Tenga Rinpoche, ebenso wie der Dalai Lama ist er ein Vertreter des tibetischen Buddhismus. Tenga Rinpoche, 1959 nach der chinesischen Invasion aus Tibet vertrieben, kommt häufig aus einem Kloster in Nepal, das er leitet, in die Eifel, um dort zu lehren und zur Meditation anzuleiten. Auch Workshops, z. B. in tibetischer Malerei, Musik oder Sprache werden gegeben. (Info: 080 / 54 93 83).

Weithin bekannt ist die *Krippana* in **Hergersberg** (siehe S. 80). Mit der *Euro-Technica* besitzt der kleine Ort eine zweite große Attraktion: eine digital gesteuerte

*Immer unter Dampf ist die Vennbahn auf einem Plakat, das auf die Euro Technica hinweist.*

Modelleisenbahn auf mehreren hundert Quadratmetern Fläche. Ihre Inhaber bezeichnen sie als die größte Europas. Sie ist untergebracht im alten Zollamt an der belgisch-deutschen Grenze zwischen Hergersberg und Losheim. Gut fünf Dutzend Modellzüge rollen dort über ihre schmalen, aber immerhin einen Kilometer langen Schienen. Historische und zeitgenösische Bahnen ziehen an Mini-Dörfern und Städten vorbei durch eine Landschaft, die der Eifel gleicht. Im Obergeschoss sind Metallbaukästen, Dampfmaschinen und anderes aus der Welt der Technik zu sehen.

i *Euro Technica*
*Tel.: 0049 / 65 57 / 92 06 40*
*Geöffnet täglich von 10 bis 18 Uhr*

Die Our entspringt zwar im Grenzort Losheimergraben auf deutscher Seite, wendet sich dann aber – vor der Wasserscheide zwischen Maas und Rhein - gleich **Hüllscheid** zu. Der Weiler wird in einer Urkunde aus dem Jahr 1466 zum ersten Mal erwähnt. Er besitzt sehenswerte Eifelhäuser, die teilweise mehr als 300 Jahre alt sind. Auch die erste Wassermühle an der noch jungen Our steht in Hüllscheid. Sie war bis 1970 noch in Betrieb.

**Krewinkel,** östlichster Ort in ganz Belgien, wurde schon Ende des 14. Jahrhunderts schriftlich erwähnt. Aus dem 15. Jahrhundert stammt die spätgotische Kapelle mit ihren kunstvollen Malereien. Vermutlich wurde sie an einem wesentlich älteren heidnischen Kultort errichtet. Die Bezeichnung „In der Hütte" weist in Krewinkel auf den ehemaligen Erzabbau hin, von dem noch ein mittelalterlicher Stollen in den Römerberg erhalten ist.

Die *Siebenschläfer* vor der Kirche *St. Lambertus* (Turm aus dem 11.-12.Jahrhundert) haben **Manderfeld** bekannt gemacht. Die Grablegungsgruppe aus dem Jahr 1765 ist in einer offenen kleinen Kapelle untergebracht. Das Denkmal ist die 14. Station eines ohnehin sehenswerten Kreuzweges. Das St. Elisabeth-Haus, jetzt Erholungsstätte, diente bis 1980 als Krankenhaus.

## DAMIT DIE ERINNERUNG WACH BLEIBT: GEDENKSTÄTTE HASSELPATH

Bunker und Schützengräben sind traurige Zeugen des Zweiten Weltkrieges. Als Stätte der Erinnerung und Versöhnung wurde im Mai 2000 aber auch die Gedenkstätte Hasselpath im Wald bei Rocherath, an der Straße nach Wahlerscheid gelegen, eingeweiht. Sie erinnert an die Kämpfe während der Ardenneoffensive im Winter 1944/45, als in Rocherath und Krinkelt Hunderte von Menschen starben. Rund 90 Prozent der Häuser wurden zerstört. Die Kämpfe in diesem Bereich waren für den Ausgang der Schlacht mitentscheidend. Deutsche und amerikanische Truppen hatten dort abwechselnd Stellung bezogen.

Das sechs Hektar große Waldstück „Hasselpath" wurde auf Vorschlag der Gemeinde Büllingen in Übereinstimmung mit amerikanischen und deutschen Behörden sowie Veteranenorganisationen zur Schutzzone erklärt. Auch Reste eines Feldlazaretts sind dort zu finden.

Der Impuls, die Gedenkstätte an dieser Stelle einzurichten, war von dem Brüsseler Werbefotografen Pierre Constant ausgegangen. Zusammen mit sachkundigen Ostbelgiern sowie der Forstverwaltung wurde die Einrichtung mit Hinweistafeln in vier Sprachen geschaffen.

*„Siebenschläfer" wird die Grablegungsgruppe von Manderfeld genannt.*

Die *Brixiuskapelle* in **Merlscheid** entzückt Freunde des Barock. Gebäude und Altar sowie einige Figuren sind interessant.

**Mürringen** liegt auf einer Anhöhe zwischen den Tälern des Tiefenbachs und der Holzwarche. Vom Kreuz auf dem Hohen Berg haben Wanderer einen guten Blick bis nach Büllingen.

An der modernen *St. Johannes*-Kirche in **Rocherath** erinnert der freistehende Glockenturm an einen italienischen Campanile.

**Wirtzfeld** gehört zu den ältesten Dörfern Ostbelgiens. Rund um die auf einem Hügel gebaute Kirche *St. Anna* gruppieren sich Gräber. Bemerkenswert sind die elf Brücken des Ortes. Berühmt ist Wirtzfeld für ein uriges Volksfest am letzten Augustwochenende: das Saubrennen, bei dem Gäste und Einheimische ordentlich zulangen dürfen.

i

*Gemeinde Büllingen*
*Hauptstraße 240*
*4760 Büllingen*
*Telefon: 080 / 64 21 47*
*Fax: 080 / 64 00 00*
*www.buellingen.be*

*Hepp*
*Hauptstr. 248*
*4760 Büllingen*
*Tel: 080 / 64 74 87*

*André Nestor*
*Manderfeld 77*
*Tel.: 080 / 54 87 17*

*Eifel-Ski-Zentrum*
*Krinkelt 62*
*4761 Rocherath*
*Tel.: 080 / 64 76 63*

*Otto Schmidt*
*Wirtzfeld 77*
*Tel.: 080 / 64 74 59*
*Fax: 080 / 64 78 31*

## DAS GANZE JAHR LANG HEILIGE NACHT: DIE KRIPPANA

Gedämpftes Licht, Mini-Sterne funkeln unterm Firmament. Aus der Ferne klingt es engelsgleich. Wer in Hergersberg über die Schwelle des weißen Oktogons schreitet, taucht ein ins Weihnachtswunderland, und das zu jeder Jahreszeit. In der Eifel, unmittelbar am Grenzübergang nach Losheim, ist das ganze Jahr lang Heilige Nacht, und der Zugang zur Weihnachtswunderwelt ist käuflich. Tannengrüne Girlanden, im Sommer künstlich, im Winter frisch, wölben sich über den Gängen. Ketten aus winzigen Lichtern lassen gleich jene Stimmung aufkommen, die untrennbar mit dem Weihnachtsfest verbunden ist: Ein wenig feierlich, ein wenig freudig. In der Adventszeit singen manchmal Chöre aus dem Grenzland Weihnachtslieder.

Auf manche Besucher färbt das weihevolle Klima sofort ab. Sie senken die Stimmen, weisen sich gegenseitig halblaut auf Bemerkenswertes hin. Ein älteres Ehepaar wandelt so ehrfurchtsvoll Seite an Seite durch die Gänge, als würde es noch einmal zum Altar schreiten. Zwei junge Männer schlendern zwar cool und scheinbar unbeeindruckt an den Exponaten entlang, werden aber immerhin schweigsam wie in einer Kirche. Gelegentlich flammt ein Blitzlicht auf, gleich darauf wird die Pocket-Kamera verschämt hinter dem Rücken versteckt. Nur Hartgesottene unterhalten sich weiter in voller Lautstärke wie auf dem Weihnachtsmarkt. Dann tönen deutsche, französische und niederländische Sprachfetzen durch die Hallen. Die Krippana hat eine „doppelte Staatsbürgerschaft". Entstanden in Monschau-Höfen, wo die ersten Ausstellungen in den 1970-er Jahren in einer ehemaligen Fabrikhalle organisiert wurden, zog das Unternehmen 1989 ins neue Haus bei Hergersberg um. Man spricht deutsch, französisch und niederländisch, und die Exponate heißen Krippen, crêches, kerstallen. Wie in einem Schneckenhaus winden sich Gänge über vier Ebenen durch das fensterlose Gebäude. Rechts und links sind Podeste und Vitrinen aufgebaut. Sie zeigen Szenen von der Geburt Jesu. Rund 200 bis 250 Krippen beherbergt die Ausstellung. Der Bestand wechselt häufig; es werden fast nur Leihgaben gezeigt: Aus privaten Sammlungen, aber auch von Kirchen aus ganz Europa und darüber hinaus.

Natürlich ist die nähere Umgebung gut vertreten, denn die Eifel ist bekannt für einfallsreiche Krippenbauer. Insbesondere wegen des hohen Anteils an Kirchenkrippen zählt man die Ausstellung zu den größten in Europa.

Die Krippana wird als privates Unternehmen geführt. Viele Besitzer von Krippen verlangen nicht einmal etwas fürs Ausleihen, sie sind stolz, hier vertreten zu sein. Kirchengemeinden sind meistens mit Freikarten zufrieden. Die Krippana ist so bekannt, dass es an Angeboten nicht mangelt. Rund 70 000 Besucher kommen im Schnitt jährlich, ein Drittel davon zwischen Oktober und Dezember.

*Krippen aus aller Welt zeigt die „Krippana" in Hergersberg.*

Ab September rollen ganze Busse an. Ältere Besucher, aber auch Kindergarten-Minis kommen. Sie werden gefesselt von einer eindrucksvollen Vielfalt. Skulpturen aus Bronze und Porzellan wechseln mit Plastiken aus Holz, Wachs oder Ton.

Wichtig ist die Szenerie: Da gibt es orientalisches Ambiente, aber auch Heimatbezogenes. Kunst und Kitsch gelingt das gleiche harmonische Nebeneinander wie dem Volksglauben und der tiefen Spiritualität.

Manches beeindruckt durch handwerkliche Fertigkeit. Da wurde beispielsweise die heilige Familie, mit Joachim und Anna vereint, aus Ton in eine aufgeschlagene Bibel hineingeformt. 1994 vergab der Bischof von Lüttich dafür einen Ehrenpreis zum Thema „Das Jahr der Kirche und die Familie". Ein paar Schritte weiter ein philippinisches Pendant: Maria mit Kind, aus einem Stück Holz geschnitzt, das einmal eine Eisenbahnschwelle war.

Stilbrüche spielen in Krippen offensichtlich keine Rolle. Die Krippana bietet anschauliche Beispiele dafür, wie die jeweils landeseigene Folklore und die orientalische Wiege des Christentums verträgliche Symbiosen eingehen. So nähern sich beispielsweise in einer Krippe aus Aix-en-Provence 21 Figuren in französischen Landestrachten (Santons) dem Stall von Bethlehem.

Und bei einer Klosterkrippe aus der Nähe von Aachen wird die orientalisch gestaltete Grotte eingebettet in eine Venn-Landschaft voller Gräser, Büsche und Moos. Ein anderes Beispiel zeigt Stall und Krippe inmitten der Straßen von Stavelot.

Pfiffig wie ein Fuchs muss der Krippana-Besucher sein, wenn er die Vielzahl der Exponate nicht nur alle betrachten, sondern Stück für Stück einordnen und beurteilen will. Die Herkunft wird zwar ausgewiesen, aber die kunsthistorische Bewertung diskret verschwiegen, so dass naive oder kindliche Darstellungen gleichberechtigt neben wertvollen Meisterwerken und Antiquitäten stehen. Und gerade das macht den Reiz der Krippana aus: ihre Toleranz. Kostbare Kunst oder einfaches Handwerk, verspielte oder mystisch überhöhte Darstellungen, theologischer Tiefgang oder naives Gottvertrauen - wer mag entscheiden, was wirklich wertvoll ist, wenn es sich um den Glauben handelt? Krippen sind Herzensangelegenheiten. Sie erzählen Geschichten über die Menschen, die sie gebaut haben und über diejenigen, die sie aufstellen. Und so bleibt sie rund ums Jahr heil, die Weihnachtswunderwelt, in die man mit allen Sinnen eintauchen kann.

*Die Geburt Christi wird auch in winzig kleinen Objekten dargestellt.*

i *Krippana*
*4760 Hergersberg*
*Tel.: 080 / 54 87 29*
*Fax: 0049 / 6557 / 607*
*Geöffnet: täglich von 10-18 Uhr*

Die Krippana liegt unmittelbar am Grenzübergang nach Losheim (D). In ihrer Nachbarschaft gibt es Restaurants und Snack-Lokale. Im Shop findet sich eine große Auswahl an Weihnachts-Accessoires.

# Burg-Reuland

## Steckbrief

| | |
|---|---|
| Einwohner: | 3790 |
| Fläche: | 108,9 km² |
| Einwohner pro km²: | 34,8 |

Zur Gemeinde Burg-Reuland in der Hocheifel gehören die Ortschaften Aldringen, Alster, Auel, Bracht, Braunlauf, Dürler, Espeler, Grüfflingen, Lascheid, Lengeler, Maldingen, Malscheid, Maspelt, Neumühle, Oberhausen, Oudler, Ouren, Richtenberg, Steffeshausen, Stoubach, Thommen, Weisten und Weweler.

## Allgemeines

Landwirtschaft und Holzwirtschaft prägen die Gemeinde Burg-Reuland am südlichen Dreiländereck mit Luxemburg und Deutschland. Seit Jahrzehnten liefert die Forstverwaltung Weihnachtsbäume nach Brüssel. Zur Großgemeinde gehört eine Vielzahl von kleineren Dörfern und Weilern.

*Nur eine Ruine blieb von der stolzen Burg, deren Turm sich als Wahrzeichen über den Ort erhebt.*

## Geschichte

Schon zur Römerzeit war der Ort eine wichtige Station an der Straße von Trier nach Köln. Die Franken bauten die römische Siedlung weiter aus. Die Burg geht auf Ursprünge aus dem 10. Jahrhundert zurück. Doch erst das adlige Geschlecht von Rulant gab Burg und Dorf im 12. Jahrhundert den Namen. Einer von ihnen, Dietrich von Rulant, fiel 1189 bei einem Kreuzzug mit Friedrich Barbarossa. Die Besitzer der Burg wechselten, darunter waren unter anderem die Herren von Blankenheim und Johann der Blinde, König von Böhmen. 1794 zerstören französische Revolutionstruppen die Festung. Seit 1980 steht die Ruine unter Denkmalschutz.

## Rundgang

Obwohl von der *Burg* nur noch Bruchstücke blieben, bildet sie das Zentrum und das Wahrzeichen des Ortes. Ursprünglich gehörte die Festung mit einem Ausmaß von 55 mal 65 Metern zu den größten und schönsten der Eifel. Zwischen den Mauerresten des ehemaligen Wohnbereichs steht heute ein Empfangspavillon. Ein kleines Museum präsentiert darin Ausgrabungsfunde sowie ein Modell der Burg.

Die *Kirche St. Stephanus* wurde im 17. Jahrhundert um einen älteren Kern errichtet und 1912 stark er-

*Zu den schönsten Kirchen Ostbelgiens zählt die Peterskirche in Ouren.*

weitert. Auffällig sind das schieferhaltige Sandbruchsteinmauerwerk und der achteckige Zwiebelhelm mit Aufsatz. Im Innenraum dominiert Barock im Stil Louis XV, beispielsweise bei Hochaltar und Beichtstühlen. Die Kirche beherbergt einige Grabmäler, darunter den Schiefermarmor-Sarkophag des Barons Balthasar von Pallandt. Im Ort kann man sich für einige schöne alte Häuser begeistern. Ein Museum erinnert an den Maler und Dichter des 19. Jahrhunderts, Paul Gerardy.

## Aktivitäten

Die Burg bietet bei Festen, Konzerten und Theateraufführungen einen stimmungsvollen Rahmen. Viel los ist beim Jahrmarkt im August. Jeden Tag geht es rund in der Kartbahn von Grüfflingen (siehe S. 85).

## Umgebung

Nicht nur die Täler von Our und Ulf prägen das Umfeld von Burg-Reuland. Auch die Dörfer, von denen Oudler die meisten Einwohner zählt, sind einladend. Die *Hubertus-Kapelle* auf dem Steinemann-Hügel nahe **Espeler** wurde 1882 geweiht. Sie entstand aufgrund eines Gelöbnisses nach einer schweren Krankheit. Manchmal werden dort Messen gelesen.

In **Maldingen** warten überraschende Begegnungen. Die Landwirte Hansi Krings und Norbert Scheuren halten dort eine Herde von Bisons, die sich auf den Eifelweiden ein wenig exotisch ausnimmt. Gäste sind dort gern gesehen, im Sommer gibt es Hofbesichtigungen. (Tel.: 080 / 22 79 98 und 22 92 73)

In **Ouren** liegt das Europadenkmal inmitten einer Parkanlage, die mit Tischen und Bänken zur Rast einlädt. Der Ort, an dem der Atem der Geschichte weht, wird gern als Rastplatz von Ausflüglern per Auto oder Motorrad angesteuert (vgl. S. 20). Sehenswert im Dorf ist die auf einem Hügel liegende *Peterskirche*. Turm und Schiff stam-

*Unbedingt sehenswert: St. Hubertus in Weweler.*

men aus dem 12. Jahrhundert. Hinter der Kirche, zwischen den Kreuzwegstationen, erinnert ein Felsvorsprung an eine Sage. Demnach soll dort ein Ritter sich und seine Geliebte, die Gemahlin des Herrn von Ouren, nur durch einen gewagten Sprung mit dem Pferd 15 Meter tief in die Our vor den Verfolgern gerettet haben. Unter Denkmalschutz steht das *Pfarrhaus*, eine Anlage aus dem 18. Jahrhundert. Etwas außerhalb in Richtung Oberhausen liegt das *Schloss Oberhausen*, ein Landhaus ebenfalls aus dem 18. Jahrhundert.

Der Name des Dorfes **Thommen** geht auf den karolingischen Königshof Tumba zurück. Aus dem 15. Jahrhundert stammt die *Remaklus-Kirche*. Das Altarbild zeigt die Krönung Mariens. **Weweler** liegt hoch über dem Zusammenfluss von Ulf und Our an der „Europäischen Straße der ländlichen Kultur“, wie ein Schild am Ortsrand ausweist. Diese Straße spiegelt grenzüberschreitend alte Dorfkultur wider und zieht sich von Lothringen über Luxemburg, die Wallonie, die Ardennen und die Eifel bis in den Saar-Mosel-Raum. Wewelers größter Schatz ist die *St. Hubertus-Kapelle*. Wer an einem heißen Sommertag auf der Friedhofsmauer sitzt, die das kleine, hoch auf dem Ourberg gelegene Gotteshaus umschließt, wird diesen Ort als ein friedliches, schützenswertes Paradies, als einen Ort tiefen Friedens erleben.

Niemand stört die Mittagsruhe im Ort, niemand die Ruhe der Toten. Ein Hauch von Ewigkeit und zugleich von Vergänglichkeit liegt über den Gräbern, die teilweise mit stattlichen Denkmälern geschmückt sind.

Schon die Erbauer der Kirche müssen von dem Blick über das Ourtal entzückt gewesen sein. Sie errichteten ein Wahrzeichen. Der älteste Teil der Weweler Kirche, der romanische Turm, stammt aus dem 13. Jahrhundert. Mehrmals wurde der Turm durch Feuer und Blitzschlag zerstört. 1985 wurde der charakteristische Turmhelm im Renaissancestil restauriert. Die alten Glocken aus der Gießerei des Aacheners Jan van Trier sind jedoch nicht mehr erhalten. Das Innere des Kirchleins ist mit reich verzierten Möbeln aus dem 18. Jahrhundert ausgestattet, die einen reizvollen Kontrast zum schlichten Baustil herstellen.

i

*Gemeinde Burg-Reuland*
*Thommen 64*
*4791 Burg-Reuland*
*Tel.: 080 / 32 90 14*
*Fax: 080 / 32 99 15*
*www.burgreuland.be*

*Verkehrsverein Reuland-Ouren*
*Kulturhaus 135*
*4790 Burg-Reuland*
*Tel.: 080 / 32 91 31*

# HEISSE REIFEN: DAS EAST BELGIUM KARTING CENTER

Der Name klingt so international, wie es die Gäste sein sollen: Mit dem East Belgium Karting Center wurde im Jahr 2000 in Grüfflingen in der Gemeinde Burg-Reuland eine Hallen-Kartbahn eröffnet, von der Experten schwärmen, sie sei die schönste und größte Anlage Belgiens und darüber hinaus.

Hobbyrennfahrer reisen leicht ein paar hundert Kilometer an, um ihre bequemen Limousinen mit den sportlich-harten Rennern zu tauschen. Die heißen Kisten drehen ihre Runden in einer 5000 Quadratmeter großen Halle. Die Asphaltbahn ist 650 Meter lang und gut sechs Meter breit. Die Strecke weist raffinierte Kurven und pfiffige Schikanen auf. Für Schön-Wetter-Trips wird die Bahn im Außenbereich auf 1000 Meter verlängert. Viertakter mit 200 ccm heulen auf, wenn hier richtig Gas gegeben wird. Es gibt Karts für den normalen Fahrbetrieb und Rennkarts. Auch Behinderte können in eigens ausgerüsteten Karts auf die Strecke gehen, bei denen Gas und Bremse mit der Hand bedient werden. Anzüge, Helme und digitale Zeitmessung machen das Vergnügen komplett.

Wer lieber zuschaut, findet auf den 120 Plätze fassenden Terrassen der Taverne ein Plätzchen. Unterhaltungsangebote wie Billard und Playstations bieten Abwechslung. Im Versammlungsraum können Seminare oder geschlossene Gesellschaften veranstaltet werden. Es stehen 40 Betten bereit für Langstreckenrennen oder Kinder-Kart-Ferien. Auch ein Fachhandel mit Kart- und Rennsportartikeln ist angegliedert.

i *East Belgium Karting Center*
*Grüfflingen*
*4790 Burg-Reuland*
*Tel.: 080 / 32 93 01*
*Fax: 080 / 32 97 00*
*www.eastkart.be*
*e-mail: eastkart@skynet.be.*

*Geöffnet: Täglich von 17-24 Uhr*
*Sa und So 14-24 Uhr*
*Pauschalangebote für Wettbewerbe, Langstreckenrennen, Seminare, usw.*

# BÜTGENBACH

## STECKBRIEF:

| | |
|---|---|
| Einwohner: | 5551 |
| Fläche: | 97,3 km² |
| Einwohner pro km²: | 57,1 |

Zur Gemeinde Bütgenbach am Rande des Venn-Plateaus gehören die Ortschaften Elsenborn, Küchelscheid, Leykaul, Nidrum und Weywertz.

## ALLGEMEINES

Eigentlich ist nicht der Ort, sondern die Talsperre der Warche und Holzwarche das Herz der Gemeinde. Der Stausee mit einer Fläche von 120 Hektar wurde von 1928 bis 1932 nach den Plänen des italienischen Ingenieurs Boldo gebaut. Weil er ebenso wie der See von Robertville nicht der Trinkwasserversorgung, sondern der Elektrizitätsgewinnung dient, kann er für alle Wassersportarten genutzt werden – und bildet damit den Mittelpunkt der touristischen Attraktionen.

*Bütgenbachs neu gestalteter Markt ist wie geschaffen für Feste.*

Der Energiegewinnung und ebenfalls ein wenig als touristische Sehenswürdigkeit dient der Windpark Elsenborn-Roderhöhe, wo sich ab 2002 Windräder drehen. Gleichzeitig wird die Stromerzeugung einbezogen in ein Info-Projekt, das die Energiegewinnung mit Wind und Wasser aus aktueller und historischer Sicht präsentieren soll.

Bütgenbach hat eine solide touristische Infrastruktur entwickelt, zu der neben Hotels mit mehr als 300 Betten auch Pensionen, Apartments und Restaurants sowie Campingplätze mit rund 300 Plätzen gehören. Die Jugendherbergen bieten allein 1200 Gästen Platz.

Der Norden der Gemeinde ist weitgehend unbewohnt, weil sich dort Wälder erstrecken sowie das Sperrgebiet des Truppenübungsplatzes Elsenborn, das allein 26 Prozent der Gemeindefläche einnimmt. Industrie und Gewerbe siedelten sich im Bereich „Domäne“ an.

## GESCHICHTE

Als Außenposten des Büllinger Hofes wird Bütgenbach im 9. Jahrhundert unter den Karolingern erwähnt. Bereits im 12. Jahrhundert wird an der Pfarrkirche gebaut, die dann über Jahrhunderte hinweg Veränderungen erfährt. Unter den Limburgern wird im frühen 13. Jahrhundert der Bau einer Burg auf einem Felsvorsprung am Warcheufer veranlasst. Der „Hof Bütgenbach“ dominiert die Ortschaften Berg, Elsenborn, Weywertz, Faymonville, Nidrum und Sourbrodt.

Elsenborn, an der Grenze zwischen Hohem Venn und Eifel, wurde 1501 zum ersten Mal schriftlich erwähnt. Über die Grenzen hinaus bekannt ist jedoch eher seine jüngere Geschichte als militärisches Zentrum. 1893/94 richteten die Preußen in der malerischen Landschaft ein Militärlager ein. Manöverplatz und Eisenbahnlinie brachten einen wirtschaftlichen Aufschwung in die Region. Der Platz wurde später von den belgischen Streitkräften übernommen. Im Zweiten Weltkrieg unterhielt die deutsche Wehrmacht dort ein Gefangenen- und Arbeitslager für russische Soldaten. Nach dem Krieg diente das Gelände als Übungsplatz für die Artillerie. Der Zugang zum Camp Elsenborn und zum darin befindlichen Museum Truschbaum liegt etwa drei Kilometer vom Ortskern entfernt nahe der Kreuzung nach Sourbrodt und Kalterherberg. In der abgeschirmten Lage des Truppenübungsplatzes haben sich ökologische Zellen mit großer biologischer Vielfalt erhalten, beispielsweise der Buchenwald „Hohe Mark". Im Tal des Perlenbachs (= Schwalmtal), das den Platz umgibt, blühen im Frühjahr wilde Narzissen. Nahe dem Truppenübungsplatz steht auf dem Gebiet der Gemeinde Weismes das berühmte „Kreuz im Venn" (siehe S. 138). Wenn in Elsenborn militärische Übungen stattfinden, kann die Durchfahrt auf der Straße Rocherath-Wahlerscheid gesperrt werden. Mancher Ostbelgier erinnert sich bei solchen Gelegenheiten an die alten Soldentenseufzer: „Oh Elsenborn, oh Elsenborn, Dich schuf der Herr in seinem Zorn!" oder: „Oh Elsenborn, hoch in der Eifel, Dich schuf kein Gott, Dich schuf der Teufel!"

## Rundgang

Bütgenbach leistet sich mit dem *Markt*, dem Spielplatz, einem mit Blumen geschmückten Pavillon und dem Platz für Minigolf und Pétanque ein modernes Zentrum, das angenehme Zerstreuung bietet und sich für Feste in lauen Sommernächten geradezu anbietet.

*Das Taufbecken in St. Stephanus stammt aus dem 13. Jahrhundert.*

Die neo-romanische *St. Stephanus-Kirche* wurde 1932 fertiggestellt. Im Aufgang zum Glockenturm erinnern einige Stücke noch an die Ausstattung der ehemaligen Kapelle aus dem 15. Jahrhundert. Aus dem 13. Jahrhundert stammt der Taufstein, der mit vier Menschenköpfen versehen ist. Zwei Grabsteine erinnern an ehemalige Herren von Bütgenbach: Jacob von Reiffenberg (gestorben 1567) und Johann von Bulich (gestorben 1593). Im 18. Jahrhundert wurde die Kommunionbank aus Blaustein geschaffen. Das Ehrenmal vor der Kirche erinnert mit der Aufschrift „Ich hatt' einen Kameraden" an die Toten von 1914-18.

Der *Hof Bütgenbach*, ein Adelsgut mit vier Flügeln und weitem Innenhof, stammt in dieser Form aus dem 18. und 19. Jahrhundert. Heute bringen ein Seniorenheim und eine Galerie Leben hinein. Von der ehemaligen *Burg* aus dem 13. Jahrhundert sind leider nur noch die Reste von Ruinen nahe der Staumauer übrig geblieben. Sie wurde von den Truppen Ludwigs XIV. stark beschädigt. Die Revolutionstruppen Napoleons zerstörten sie so weit, dass die Steine nur noch als Baumaterial dienten. 1930 wurden die Übereste beseitigt. Das *Haus Kirch* war im Winter 1944-45 Hauptquartier der Alliierten Streitkräfte. Auch General Dwight D. Eisenhower hielt sich hier einige Tage auf. Eine Bronzetafel erinnert an „Ike's" Anwesenheit.

Wer das *Rathaus* der Gemeinde sucht, muss sich auf den Weg machen: Es liegt auf halbem Weg zwischen Bütgenbach und Weywertz.

## AKTIVITÄTEN

Bütgenbach ist ein Ziel für Sportliche. Besonders aktiv geht es zu beim sommerlichen Euregio'Athlon. Knapp 1000 Athleten aus verschiedenen Nationen nehmen teil, der Marktplatz wird zum Start und Ziel. Während die einen für Olympia oder den Ironman auf Hawaii trainieren, können weniger Ehrgeizige an den Wettbewerben für Hobbysportler teilnehmen. Auch der Eifel-Biker-Cup im August mit Wettbewerben für Leistungssportler und Hobbyfahrer zieht immer mehr Aktive und Zuschauer an. Der Eifel-Biker-Club verwöhnt seine Gäste, es gibt sogar Bike-Duschen (Info: 080 /44 51 34 oder 080/44 40 11).

Im Juli und August offeriert Bütgenbach seinen Gästen einen „Kultursommer" voller abwechslungsreicher Programmpunkte. Auch attraktive Vorschläge in den Bereichen Sport und Wellness bieten sich verstärkt an.

Der Buchenwald im Rurbusch stellt eine kostbare ökologische Zelle im Naturpark Hohes Venn-Eifel und ein beliebtes Wandergebiet dar. Tierfreunde finden Interessantes auf dem ornithologischer Lehrpfad in Kolberg.

## UMGEBUNG

Vom Weiler **Berg** aus bietet sich ein wunderschöner Blick nach Süden über den See. Das Militärlager, das hinter der Flur „Truschbaum" gut drei Kilometer nordwestlich von **Elsenborn** liegt, wurde von den Preußen vor mehr als hundert Jahren gebaut. Bereits in Clara Viebigs Roman „Das Kreuz im Venn" (siehe S. 157) spielt es eine Rolle. Auch heute noch bleiben die militärischen Aktivitäten nicht auf den Platz beschränkt. Bei Schießübungen wird die Straße von Rocherath nach Wahlerscheid gesperrt. Vielleicht verdankt die Umgebung der Präsenz des Truppenübungsplatzes aber auch einen Schutz besonderer Art: Weil sich in der Nähe niemand niederlassen wollte, ist die Natur noch weitgehend unberührt. Das Perlenbachtal (=Schwalmtal) beispielsweise kann Spaziergänger begeistern. Das relativ große Dorf **Weywertz** wurde 1461 unter dem Namen „Wivertz" oder „Wiverhus" erwähnt. Der Legende nach soll der Name auf drei Frauen zurück gehen, um deren Haus sich der Ort entwickelte. 1984 stellte man die mehr als 300-jährige Linde auf dem Dorfplatz mit ihren vier Metern Umfang unter Natur- und Denkmalschutz. Sie soll bei der Einweihung der ersten Kapelle 1668 gepflanzt worden sein. Die heutige *Michaelskirche* stammt aus dem Jahr 1959.

**TIPP**

***Insiderwissen über das kulturelle, gesellschaftliche und geistliche Leben in Weywertz vermittelt die Homepage der Pfarre: www.pfarren.luettich.catho.be/weywertz e-Mail: pastor.weywertz@yucom.be***

Sport und Kultur stehen oben an im Freizeitzentrum **Worriken**, das 1979 eröffnet wurde. Der Name Worriken geht zurück auf das indogermanische „wark" oder „work". Es bedeutet fließen und wurde vermutlich schon bei der Benennung des

*Mehr als 300 Jahre alt ist die majestätische Linde vor der St. Michael-Kirche von Weywertz.*

Flusses Warche angewendet. Auch die Römersiedlung „Worrica" – heute auf dem Grund des Sees - bezog daher ihre Bezeichnung. Das Feriendorf am Stausee soll sich langfristig zu einer Sportstätte von überregionalem Rang entwickeln. Badestrand und Yachthafen, Tennisplätze und Campinganlagen sorgen im Sommer für lebhaften Betrieb, während in den zweigeschossigen Chalets, deren Dächer bis zum Boden reichen, die Seele in Ruhe baumeln kann. Es können verschiedene Wassersportarten ausgeübt werden, aber auch andere Freizeitsportmöglichkeiten gibt es, unter anderem Tennis, Judo, Bogenschießen, Rollerski, Baseball, Felswandklettern an einer Mauer, Aerobic.

„*Kaiser Karls Bettstatt*" liegt grenznah auf deutscher Seite bei Mützenich. Es handelt sich dabei um einen riesigen Quarzblock. Der Sage nach soll Kaiser Karl darauf eine ungemütliche Nacht verbracht haben, nachdem er bei der Jagd in Nacht und Nebel geraten war und sich nicht weiter traute.

i

*Gemeinde Bütgenbach*
*Zum Brand 40*
*4750 Bütgenbach*
*Tel.: 080 / 44 00 88*
*Fax: 080 / 44 00 70*
*www.buetgenbach.com*

*Verkehrsverein Bütgenbach*
*Worriken 1*
*4750 Bütgenbach*
*Tel.: 080 / 44 63 58*
*Fax: 080 / 44 70 89*

*Sport- und Touristikzentrum Worriken*
*Worriken 9*
*4750 Bütgenbach*
*Tel.: 080 / 44 69 61*
*Fax: 080 / 44 42 47*

*Café-Restaurant-Fritüre*
*„Zum Treffpunkt"*
*Bahnhofstr. 2*
*Weywertz*
*Tel.: 080 / 44 47 77*

# EUPEN

## STECKBRIEF:

| | |
|---|---|
| Einwohner: | 17 516 |
| Fläche: | 103,8 km² |
| Einwohner pro km²: | 168,7 |

Zur Stadt Eupen gehören die Ortschaft Kettenis und die Ortsteile Nispert und Stockem.

## ALLGEMEINES

Die kleine Metropole der Ostkantone ist ein quirliges Städtchen mit guten Einkaufsmöglichkeiten, Museen, schönen alten Residenzen der Kaufleute und Spuren einer großen Tuchmacher-Vergangenheit. Eupen ist als größte Stadt Ostbelgiens kultureller Mittelpunkt sowie Schul- und Verwaltungszentrum der Deutschsprachigen Gemeinschaft. Mit seinen drei Ministern im Rat der Deutschsprachigen Gemeinschaft wird der Stadt scherzhaft die „größte Ministerdichte ganz Europas“ nachgesagt. Außerdem ist Eupen Gerichtsbezirk und kann ein eigenes Funkhaus für den deutschsprachigen Sender BRF vorweisen. Eupen besitzt großartige Bauten der Architekten Mefferdatis und Couven, die auch in Aachen tätig waren.

Die Bevölkerung ist bunt gemischt. Im Jahr 2000 lebten in Eupen 1950 Bürger aus anderen EU-Ländern. Darunter waren 1086 Deutsche, 142 Spanier, 113 Niederländer, 44 Italiener, 39 Franzosen, 15 Luxemburger sowie Griechen, Österreicher, Briten, Dänen, Iren und Schweden.

*Eupens Wasserreichtum war Voraussetzung für die Textilindustrie.*

Die gute Infrastruktur macht Eupen auch zu einem Anziehungspunkt für Touristen, die von hier aus Ostbelgien erkunden wollen. Eupen besitzt den einzigen Intercity-Bahnhof Ostbelgiens. Es gibt direkte Verbindungen nach Brüssel, Ostende und Köln. Ein paar Dutzend Lokale bieten Auswahl für jeden Geschmack. Bereits die mit Originellem und Künstlerischem geschmückten Kreisverkehre signalisieren Besuchern, dass die Stadt sich ihnen gern von ihrer schönsten Seite zeigen möchte.

Obwohl Eupen über eine lange Industrie-Geschichte verfügt, hat auch der Agrarsektor Bedeutung. Gut 729 Hektar des Stadtgebietes sind Wald. 1634 Hektar werden landwirtschaftlich genutzt. Selbst das liebe Vieh geht in die Statistiken ein:

Zur Jahrtausendwende wurden 4615 Rindviecher, 3864 Schweine und 3576 Geflügel-Exemplare gezählt.

## Geschichte

Schriftlich erwähnt wurde Eupen zum ersten Mal 1213 unter dem Namen „Oipen". Burgunder, Österreicher, Spanier, Franzosen und Deutsche hinterließen als Herrscher ihre Spuren. Schon im 16. Jahrhundert war Eupen für seinen Handel mit Nägeln und Tuch bekannt. In dieser Zeit machte auch schon eine evangelische Bewegung in der Stadt von sich reden. Immer wieder gab es Rückschläge in der Entwicklung des Ortes: 1387 wurde Eupen im Krieg gegen Geldern niedergebrannt, 1582 fackelten niederländische Soldaten die halbe Stadt ab, 1635 dezimierte eine Pestepidemie die Bevölkerung. Doch immer wieder bauten die Bürger ihr Zentrum auf. 1648 wurde Eupen schließlich freie Herrlichkeit mit eigenem Gericht, und 1674 erhielt es die Stadtrechte.

Um 1680 wurde die erste Feintuchmanufaktur eingerichtet, und bereits um 1700 herum war Eupen im weiten Umkreis berühmt für seine Tuchherstellung. Voraussetzung dafür war der Wasserreichtum des Ortes. An der Weser, deren weiches Wasser Grundlage der Tuchindustrie war, entstanden nicht nur die ersten Getreidemühlen, sondern auch Walkmühlen. Das Flüsschen wurde aber auch gestaut, um sein Wasser zu anderen Walkmühlen mitten im Ort zu leiten. 1783 gründete sich ein Kaufmannskollegium, eine Art Handelskammer.

1977 wurde Eupen mit der Gemeinde Kettenis zusammengelegt und erhielt 1983 ein neues Wappen von König Baudouin verliehen.

*In der städtebaulich aufgewerteten Unterstadt laden gemütliche Lokale zur Einkehr.*

## Rundgang

Eupen gliedert sich in zwei große Teile. Die hoch gelegene *Oberstadt* und die *Unterstadt*, die sich an den Ufern von Hill und Weser ausdehnt und zunehmend durch ansprechende Lokale – auch am Weserufer - an Gastlichkeit gewinnt. Ein schöner Blick über die Unterstadt und ihr harmonisches Ortsbild bietet sich von der *Moorenhöhe* aus. Der Ausblick wurde benannt nach einem Bürgermeister von Eupen. Ursprünglich standen in der Unterstadt die Fabriken und die Häuser der Arbeiter, während in der Oberstadt die Fabrikbesitzer wohnten und Handel getrieben wurde. Die sozialen Unterschiede sind heute zwar ausgeglichen, dennoch hat man sich bei der Stadtplanung bemüht, die Unterstadt aufzuwerten.

Einen unübersehbaren Akzent im Stadtbild setzt immer noch das Eupener *Kabelwerk*, dessen ältester Kern auf eine Tuchfabrik zurück geht. Das Kabelwerk galt Jahrzehnte lang als der „Brotkorb Eupens" und zweitgrößtes Kabelwerk Belgiens. Der Komplex „*Hütte*" setzt mit Sporteinrichtungen und Campingplatz einen Freizeit-Akzent an der Weser. Außerdem ist dort die Wirtschaftsförderung zu Hause.

Freitags ist Markt auf dem *Werthplatz* in der Oberstadt, mittwochs im Schilsweg in der Unterstadt. Eupen hat sich seine Funktion, Marktplatz für die Umgebung zu sein, aber auch auf moderne Weise erhalten: Einkaufzentren locken bei Regen in überdachte Passagen mit Palmen und Restaurants.

Auf dem Gelände am Werthplatz, wo ursprünglich die Chocolaterie Jacques produzierte, wurde im Jahr 2000 das August Tonnar Center eröffnet. Es trägt den Namen eines Mundartdichters aus dem 19. Jahrhundert. Die Herbesthaler Straße, vollgestopft mit Gewerbe, ist geradezu ein Sinnbild für florierenden Handel.

Wer Eupen auf eigene Faust erkunden möchte, kann sich beim Verkehrsverein (Tourist Info, Marktplatz 7, Tel.: 087 / 55 34 50) einen Walkman mit Kassette ausleihen. Je nach individuellem Tempo dauert die Besichtigung dann anderthalb bis zwei Stunden. Einen ersten Eindruck gewinnt man beim Schaufensterbummel oder bei der Einkehr in ein Café oder auf eine Terrasse. Spaß macht es, Eupen bei einer Stadt-Rallye zu entdecken. Ausschreibung und Teilnahmebedingungen sind beim Tourist Info am Marktplatz erhältlich. Geplant ist eine touristische Couven-Route.

## Häuser, die Geschichten erzählen

Als großen kulturhistorischen Schatz hortet die Stadt Eupen eine Vielzahl von großzügigen Bürgerhäusern in ihrer historischen Bausubstanz. Zwei Baumeister prägten das alte Eupen: *Johann Joseph Couven* und *Laurenz Mefferdatis*. I

m Unterschied zu Aachen, wo Altes im Krieg zerstört und später wieder aufgebaut wurde, sind die Häuser der berühmten Architekten in Eupen noch im Original erhalten. Rote Ziegel, eingefasst mit Blaustein, gehören zu den typischen Merkmalen der „Belle époque de Eupen".

Die kostbaren Gebäude werden sorgfältig erhalten, aber gleichzeitig auch für moderne Zwecke genutzt. Das Haus Klötzerbahn 32 ist beispielsweise repräsentativer Sitz der *Regierung der Deutschsprachigen Gemeinschaft* im napoleonischen Stil. Das Gebäude aus dem 18. Jahrhundert unterscheidet sich von anderen durch seinen zur Straße offenen Vorhof. Der Tuchfabrikant De Grand Ry gab bei Couven die Pläne in Auftrag.

Eupener Wohnkultur lässt sich nur ein paar Schritte weiter im *Stadtmuseum* an der Straße Gospert 52 erleben, denn es enthält die nachgebaute Wohnung einer Eupener Familie aus dem 18. Jahrhundert. Schon das Gebäude ist sehenswert. Das Fachwerkhaus wurde 1697 errichtet. Das Museum besitzt unter anderem eine kostbare Sammlung von Uhren. Man kann außerdem eine Goldschmiedewerkstatt besichtigen.

Bedeutsame Zeugen der Stadtgeschichte sind Siegel und Wappen sowie alte Kleidungsstücke (siehe auch S. 150). Neben der Friedenskirche befindet sich der alte Sitz des Eupener *Friedensgerichtes*.

Am Markt zählt das *Haus des Grenz-Echo Verlages* zu den architektonischen Kostbarkeiten. Es stammt aus dem 18. Jahrhundert, wurde erbaut von Andreas Grand Ry und gehörte zeitweise dem Tuchkaufmann Ackens. Das Portal beweist den hohen Grad an Kunstfertigkeit Eupener Schnitzkunst.

Das *Franziskanerinnenkloster*, 1752 nach Plänen von J. J. Couven erbaut, besticht durch seinen Kontrast aus roten Ziegeln und Blaustein. Einheimische nennen das Gebäude vertraulich das „Klösterchen". Auch in der nahe gelegenen Paveestraße wurden fast alle Gebäude unter Schutz gestellt, darunter die mit verzierten Blausteinfassaden versehenen Häuser 12 und 14, die zur ehemaligen Brauerei gehörten.

Unter Denkmalschutz gestellt wurde auch ein ehemaliges *Fabrikgebäude* in der Oe. Es wurde 1745 von dem westfälischen Barockbaumeister Johann Conrad Schlaun errichtet, der mit der Tochter des Eupener Tuchfabrikanten Martin Rehrmann verheiratet war. Dieser erteilte seinem Schwiegersohn den Auftrag, das Färbereigebäude in der Unterstadt zu entwerfen. Rehrmann ließ auch das Haus am Kaperberg 2-4 bauen, jahrzehnte lang Sitz des Collège-Patronné, der heutigen *Pater-Damian-Schule*. Der Komplex ging jedoch im Jahr 2000 an den Belgischen Staat über und beherbergt heute

*„Klösterchen" heißt das Haus der Franziskanerinnen in Eupen.*

die Einrichtungen des Staatsarchivs. Ebenfalls am Kaperberg befindet sich im Haus Nr. 8 (Empire-Stil) der Sitz des *Rates der Deutschsprachigen Gemeinschaft*.

Zum Streifzug durch die Architekturgeschichte wird auch ein Bummel über die Haasstraße, wo einige Häuser unter Denkmalschutz stehen. Erneuert wurde im Jahr 2000 das *Haaskreuz* vor dem Haus Nr. 40. Das Original aus dem Jahr 1823 besaß einen Korpus aus Holz, die Nachbildung wurde in Bronze gegossen. Der Überlieferung nach wurde das Kruzifix aufgestellt zur Erinnerung an einen verschollenen jungen Mann, der in die Welt hinaus gezogen war, statt die Tuchmacherei der Eltern fortzuführen.

Einen anregenden Kontrast zur traditionellen Linie bilden in Eupen und Umgebung die Häuser, die der Architekt Yves Delhez entworfen hat. Für die organischen Baukörper verwendete er Steine aus der Natur, die in der Umgebung vorkommen.

## Kirchliche Bauten

Die *Nikolauskirche* am Markt ist Eupens Wahrzeichen. Im Jahr 1213 wurde zum ersten Mal eine Nikolauskapelle in Eupen erwähnt. 1724 machte Mefferdatis neue Pläne, die bis 1729 verwirklicht wurden. Barock mischt sich mit Renaissance-Elementen. 1898 entwarf der Architekt L. v. Fisenne die Gestaltung der 58 Meter hohen Türme und der Fassade. Der rechte Turm sah ursprünglich etwas anders aus als der linke. Vermutlich war er der älteste Wehrturm Eupens. Nach seinem Vorbild wurde dann der linke Turm gestaltet, den eine Sonnenuhr schmückt. Der nördliche Turm brannte 1949 nieder, wurde jedoch bald wieder aufgebaut. Das Portal zeigt den heiligen Nikolaus sowie Christus und die heilige Anna. Innen ist die Nikolauskirche im Stil des Aachener

*Friedenskirche nannten die evangelischen Christen ihr Gotteshaus.*

Rokoko gestaltet. Nach Plänen von Couven wurde in Lüttich der Hochaltar gearbeitet. Statuen der Heiligen und Engel verleihen dem Kirchenraum Dynamik. Die Skulpturen der Apostel stammen aus dem 17. Jahrhundert. Sie wurden im 19. Jahrhundert von der Minoritenkirche in Köln gekauft. Auf den Kirchenbänken sind noch die Namen alter Eupener Familien zu lesen.

Die *Josefskirche*, erbaut 1864-1869, wurde entworfen von Vinzenz Statz, einem der Erbauer des Kölner Doms. Die *Friedenskirche* an der Klötzerbahn, erbaut 1851-1855 im romanisch-neugotischen Stil, ist ein Gotteshaus für die evangelischen Christen.

Das *Kapuzinerkloster* (Rathausplatz) wurde 1795 beim Einmarsch napoleonischer Soldaten säkularisiert. Der linke Teil des Klosters dient seit 1796 als Rathaus. Die Kapuzinerkirche (rechts neben dem Rathaus), heute *Klosterkirche* genannt, geht auf das Jahr 1661 zurück. Nachdem sie 1771 ebenso wie ein Teil des Klosters einem Brand zum Opfer gefallen war, wurde die Kirche ab 1773 nach Plänen des Aachener Architekten J. Moretti im klassizistischen Stil wieder aufgebaut. Den Hauptaltar mit der Statue der Muttergottes stiftete 1774 der Eupener Kaufmann Leonhard Römer. Bemerkenswert sind auch die Seitenaltäre. Den linke stifteten 1773 die Eupener Weber, den rechten die Tuchscherer. Den Zelebrationsaltar, eine Schnitzarbeit aus Südtirol, schenkten die französischen Katholiken Eupens, die in der Klosterkirche ihre Gottesdienste feiern, der Pfarre.

*Die Pfarrkirche St. Nikolaus ist das stattliche Wahrzeichen Eupens.*

Am Werthplatz mit seinen klassizistischen Fassaden des 18. Jahrhunderts steht die *Kapelle des Heiligen Lambertus*, auch Werthkapelle genannt. Die Gebrüder Klebank ließen sie 1691 bauen, damit die Angehörigen der rund 700 Haushalte des Werthviertels auch bei den häufigen Überschwemmungen des Stadtbachs, die ein Erreichen der Pfarrkirche unmöglich machten, den Gottesdienst feiern konnten („Werth" = Insel). Der Altar stammt von 1694. Für das Altarbild gab man eine Kopie der Himmelfahrt Mariens von Peter Paul Rubens in Auftrag. Das 1912 errichtete, imposante *Kriegerdenkma*l vervollständigt das historische Ensemble auf dem Platz. Es wird gekrönt von Heiligen Georg mit Drachen.

*Das Kriegerdenkmal stammt von 1912.*

Im Nordosten der Stadt, im Ortsteil Nispert, ist noch ein kleines Schmuckstück zu finden: Eine Interessengemeinschaft kümmert sich seit Jahren darum, dass die *Johanneskapelle*, die nach Plänen von Johann Josef Couven 1748 erbaut wurde, nicht verfällt. Auch der Dorfplatz von Nispert bietet nach seiner Neugestaltung viel Atmosphäre.

## Brunnen und Denkmäler

Eupen schmückt sich mit zahlreichen Brunnen und Denkmälern, von denen hier nur eine Auswahl genannt werden kann. Die *Mariensäule* auf dem Marktplatz ist ein beliebter Treffpunkt. Sie stammt von 1857, der Brunnen von 1913.

Eine Bronze-Büste des verstorbenen *Königs Baudouin* enthüllte Königin Fabiola im Frühjahr 2000 vor dem Altenheim am Rotenberg. Sie wurde geschaffen von dem Bildhauer Gregor Hoffmann aus Rodt. Der Sockel des Denkmals trägt die Aufschrift: „Unsere Welt benötigt Liebe und Freunde".

Der *Friedensbrunnen* neben der Friedenskirche an der Klötzerbahn wurde 1989 aufgestellt. Er wurde von dem ostbelgischen Künstler Peter Hodiamont gestaltet. Der *Weberbrunnen* in der Gospertstraße ist eine Referenz an die Tuchindustrie. Charmant wirkt der *Mädchen-Brunnen* an der Haasstraße, der im Volksmund „Vogelsmarie" heißt (siehe S. 96) und von M. Körner stammt (1991). Der *Clown* an der Unteren Bergstraße wurde 1958 von dem Eupener Bildhauer Josef Braun geschaffen und entwickelte sich zum Treffpunkt der Karnevalisten. Der *Euregio-Brunnen* an der Bergstraße, 1993 von Peter Hodiamont entworfen, vereint die Wappen der „MAHL"-Städte *M*aastricht, *A*achen, *H*asselt und *L*üttich.

Dass die Eupener auch die Natur ernst nehmen, beweist die Tatsache, dass sie Landschaften unter Schutz stellen. Dazu gehört beispielsweise die lange Kuhtrift im Ortsteil Binstert in der Unterstadt. Die Allee führt geradewegs in den Wald.

## Aktivitäten

Eupen bemüht sich, seine Parks zu Schmuckstücken werden zu lassen, zu denen auch Spielplätze und Minigolfanla-

*„Vogelsmarie" sagen die Eupener zum Mädchen-Brunnen an der Haasstraße.*

gen gehören. Ein Ziel für die Kinder ist zum Beispiel *„Klinkeshöfchen"*. Der *Temsepark* soll ebenfalls zum Ziel für Freizeitaktivitäten werden.

Unter dem Motto *„Summer in the City"* fasst Eupen sein Kulturprogramm der Monate Mai bis Oktober zusammen. Es wird viel Kunst und Unterhaltung insbesondere an den Wochenenden geboten. Jährlich nutzen mehr als 100 000 Besucher aus der nahen und weiteren Entfernung die Angebote der Stadt Eupen. Regelmäßig finden in Eupen Trödelmärkte und Antiquitätenmessen statt.

Zu den unterhaltsamsten Veranstaltungen gehört das internationale *Seifenkistenrennen* im Mai. Gestartet wird dabei in zwei Alters- und Gewichtsklassen zwischen 8 und 16 Jahren. Auch die Gefährte werden unterschiedlich eingeordnet. Insbesondere in der Fantasy-Klasse gehen originelle Vehikel an den Start in der oberen Neustraße. Auf der mehr als 450 Meter langen Strecke erreichen die leichten Mobile Geschwindigkeiten bis zu 60 km/h.

Die Kulturvereinigung Chudoscnik Sunergia organisiert seit 1998 im Frühsommer den *Tag der Musik (nun Eupen Musik Marathon)*. Dabei verwandelt sich die gesamte autofreie Innenstadt in einen gewaltigen Klangkörper, in dem gregorianische Choräle ebenso intoniert werden wie Klassik und Jazz. Es gibt experimentelle Töne und Tanzmusik, Hip Hop und Rap zu einem zivilen Eintrittspreis für das gesamte Spektrum. 5000 bis 10 000 Besucher schätzen die Veranstaltung von überregionaler Bedeutung wegen der herausragenden Qualität. Mehr als hundert Organisatoren und ehrenamtliche Helfer gestalten das Festival (www.sunergia.be).

Die Möglichkeiten für Kinder und Jugendliche hat die Stadt Eupen in drei *Wegweisern* zusammen gefasst. Sie geben Auskunft über Spiel- und Sportmöglichkeiten, (Natur)-Lehrpfade, Freizeitangebote. Auch Jugendorganisationen, kulturelle Einrichtungen und Zeltlager in den Ferien werden aufgelistet. Junge Musiker und Schauspieler haben mittlerweile im Alten Schlachthof am Rotenberg Übungsräume gefunden.

Beim sommerlichen *Straßentheater-Festival „HAASte Töne"* wird die zum Platz erweiterte Haasstraße in der Unterstadt zur großen Freilichtarena. Künstler und Artisten aus vielen Ländern zeigen ihre Programme und laden zum Mitmachen ein.

Pferdeliebhaber stellen sich im Sommer zum *Kutschentreffen* des Reit- und Fahrvereins St. Georg nahe der Gaststätte Zur Clouse an der Monschauer Straße ein. Ein paar Dutzend Gespanne aus Belgien, den

Niederlanden und Deutschland treffen sich dort, um ihre Geschicklichkeit zu messen. Im Umfeld des Turniers entwickelt sich ein ländliches Fest.

Auch für Sportler gibt es in Eupen genug zu tun. 4000 Aktive tummeln sich in den 14 Sporthallen, Gäste sind gern gesehen.

## UMGEBUNG

Im Süden und im Osten locken Wälder - der Hertogenwald, der in seinem Namen an die Herzöge von Limburg erinnert, und der Stadtwald - hinaus ins Grüne. Aber auch die Wiesen im Norden und im Westen der Stadt haben ihre Reize.

Der Ortsteil Kettenis eignet sich durch seinen ländlichen Charakter für Spaziergänge in die Vergangenheit. Gutshöfe, Kapellen und Herrensitze prägen ihn.

*Schloss Libermé* an der Aachener Straße wird in Chroniken schon 1334 genannt. Die Wasserburg war Lehnsgut des Aachener Münsters. Der Torbau gehört zu den ältesten erhaltenen Teilen des Schlosses. Die Steinbrücke stammt von 1756. Das Anwesen wurde 1954 unter Denkmalschutz gestellt. Von 1964 bis 1994 wurde im Château Libermé ein Feinschmecker Restaurant betrieben.

*Schloss Tal* an der Talstraße wurde schon im 16. Jahrhundert erwähnt und um 1775 wieder aufgebaut. Erkundenswert ist die *Hochstraße*, ein Teil der alten Römerstraße von Reims nach Köln.

Das Waldenburghaus, auch *Wasserschloss Merols* genannt, gehört dort zu den Schmuckstücken im Eupener Land. Es wurde schon im 14, Jahrhundert erwähnt. Als Hof Merols oder *Philippenhaus* wird ein

*Eindrucksvoll erhebt sich Schloss Libermé an der Straße nach Aachen.*

*Saftige Weiden liegen zwischen Eupen und dem Hertogenwald.*

Landhaus aus dem 18. Jahrhundert bezeichnet, das ebenalls an der Hochstraße steht. Mächtige Türme bewachen *Burg Stockem* (14. Jhd., wieder aufgebaut im 18. und 19. Jhd.) im Ortsteil Stockem östlich von Eupen, wo noch heute Landwirte angesiedelt sind.

Über die Talsperrenstraße, die in den 1950er Jahren angelegt wurde, erreicht man die **Weser-Talsperre**, Eupens Naherholungsziel Nr. 1: Weser und Getz füllen den Stausee mit 25 Millionen Kubikmeter Wasser. Als Trinkwasser aufbereitet, fließt es ohne aufwendige Pumpwerke bis in die Vororte Lüttichs (siehe auch S. 65). Die kurvenreiche Straße führt über die Staumauer bis zum Parkplatz neben Restaurant und Kinderspielplatz.

Vor Beginn der Steigung zweigt eine Stichstraße nach links ab, über die man den Fuß der Staumauer erreichen kann, die von dort unten betrachtet besonders eindrucksvoll wirkt. Das Wasseraufbereitungswerk kann besichtigt werden, gelegentlich auch die Staumauer. Nützliches Wissen vermittelt der *Wasserlehrpfad*. Am Ende des großen Parkplatzes beginnt ein 3,5 Kilometer langer *Waldlehrpfad*, der ausgesprochen familienfreundlich und auch mit Kinderwagen befahrbar ist. Kinder gewinnen den schlauen Fuchs schnell lieb, der als Leitfigur im Mischwald dient. Spielerisch wird gezeigt, wie Holz den Schall weiter leitet, man kann sich mit Tieren im Weitsprung messen und fachmännisch wie ein Förster die Höhe von Bäumen schätzen.

i

*Stadt Eupen*
*Rathausplatz 14*
*4700 Eupen*
*Telefon: 087/ 59 58 11*
*Fax: 087 / 59 58 00*
*www.eupen.be*

*Verkehrsverein Eupen*
*Marktplatz 7*
*4700 Eupen*
*Tel.: 087 / 55 34 50*
*Fax: 087 / 55 66 39*

**LITERATURTIPP**

***Es ist unmöglich, alle Gebäude zu nennen, auf die Eupen stolz sein kann. Noch schwieriger lässt sich der Wunsch erfüllen, in die Palais und Herrenhäuser hinein zu schauen. Wer dennoch wissen will, wie's drinnen ausschaut, dem ist ein Bildband zu empfehlen, der schwärmen und staunen lässt: Peter Ramjoie, Christian Charlier: Schätze im Verborgenen. Stukkaturen und Ambiente aus Häusern des Eupener Landes. Grenz-Echo Verlag, Eupen, 1995.***

***Die Geschichte der Textilherstellung und ihre sozialen Hintergründe erläutert anschaulich und kenntnisreich der Band von Herbert Ruland: Zum Segen für uns alle. Obrigkeit, Arbeiterinnen und Arbeiter im deutsch-belgischen Grenzland (1871-1914). Grenz-Echo Verlag, 1999.***

# KELMIS

## STECKBRIEF:

| | |
|---|---|
| Einwohner: | 10 121 |
| Fläche: | 18,1 km² |
| Einwohner pro km²: | 559,2 |

Zur Gemeinde Kelmis gehören die Ortschaften Kelmis, Neu-Moresnet und Hergenrath

## ALLGEMEINES

Kelmis ist nach Eupen die zweitgrößte Gemeinde der Deutschsprachigen Gemeinschaft. Ihr Name ist Programm: Er wurde abgeleitet aus „Calaminis", was bereits auf den Galmeiabbau hinwies.

*Ein harmonisches Ensemble bilden Kirche und Mahnmal in Kelmis.*

Neu-Moresnet und Kelmis sind fast zu einer Einheit zusammen gewachsen. Gemeinsam mit dem Ortsteil Hergenrath hat diese Gegend eine bewegte Geschichte hinter sich. Von 1816 bis 1920 lag der Ort auf neutralem Gebiet (siehe S. 105). Reichhaltige Zinkerzvorkommen wurden ausgebeutet. Die grenznahe Lage im Göhltal entwickelte sich später zum Schul-, Geschäfts- und Handelszentrum. Neben dem Bergbau war die Landwirtschaft ein ergiebiger Erwerbszweig.

Die Grenzen der Gemeinde Kelmis zu definieren ist nach den Wirren der Geschichte nicht einfach. Wanderer werden in Wald und Feld Marksteine finden, die noch von den zahlreichen Grenzstreitigkeiten zeugen.

## GESCHICHTE

Erstmals schriftlich erwähnt wurde Kelmis 1280. Die Geschichtsforscher vermuten einen ersten Hinweis jedoch schon im 1. Jahrhundert: Plinius d. Ältere erwähnte bereits den Abbau von Galmei (Zinkerz) in der germanischen Provinz. Auch zur Zeit Karls des Großen hatte der Abbau Bedeutung. Manchmal wird in älteren Schriften die Übersetzung „Altenberg", bezogen auf die Zinkerzgrube „Vieille Montagne" mit dem Ort Kelmis gleichgesetzt. Im 18. Jahrhundert zählt das Zinkerzvorkommen zu den reichsten in ganz Europa.

1805 lässt Napoleon 8200 Hektar rund um „Vieille Montagne" an den Lütticher Chemiker und Domherrn Jean-Jacques-Daniel Dony verpachten. Dieser erfindet zwar das Verfahren zur Herstellung von Walkzink, scheitert jedoch als Unternehmer. Als Nachfolger gründet der Bankier Mosselmann die „S.A. des Mines et Fonderies de Zinc de la Vieille Montagne". Die Aktiengesellschaft gewinnt internationales Ansehen. 1884 war das Galmeivorkommen in Kelmis erschöpft. Die Fabriken arbeiteten jedoch weiter, denn auch mit der Bahn wurde in Kelmis Erz zur Verhüttung angeliefert. Erst 1938 wurde die letzte Grube geschlossen. Bis 1950 wurde im Konzessionsfeld noch gearbeitet. Die Bergbautradition fand damit jedoch noch kein Ende: Die Bergleute gingen unter Tage in die Zechen, beispielsweise in Lüttich. Im *Göhltalmuseum* ist die Historie der Bergbauorte Kelmis und Neu-Moresnet dokumentiert (siehe auch S. 105 und 151).

Bei der Neuordnung der europäischen Grenzen durch den Wiener Kongress 1815 wurde schon deutlich, dass sowohl Preußen als auch die Niederlande – und ab 1830 Belgien - begehrlich auf den kostbaren Altenberg waren. Weil man sich nicht einigen konnte, blieb ein spitzes Dreieck von 344 Hektar Land, das sich am Dreiländereck öffnete und dessen Schenkel östlich und westlich von Kelmis bis zur Straße Aachen-Lüttich reichten, zunächst einmal ungeteilt.

Vertreter beider Länder verwalteten den Zipfel provisorisch, und die Militärs wurden ausgesperrt. Später erhielt das Gebiet deshalb den Namen „Neutral-Moresnet". 1854 erhielt Neutral-Moresnet einen eigenen Gemeinderat. Die französische Gesetzgebung diente als Grundlage, Änderungen, beispielsweise bei der Gemeindesteuer, mussten von beiden Staaten genehmigt werden.

Während die politische Lage höchst instabil schien, florierte die Wirtschaft. Das modernisierte Bergwerk zog Arbeitskräfte an, die Gemeinde verzehnfachte sich fast innerhalb von vier Jahrzehnten von 248 (1816) auf 2329 (1855) Einwohner. Nach dem Ersten Weltkrieg wurden Neutral-Moresnet und ein Teil von Preußisch-Moresnet dem belgischen Staat zuerkannt, die Gemeinde Kelmis entstand neu. Seit 1977 gehören die Ortsteile Neu-Moresnet und Hergenrath dazu.

## RUNDGANG

*Als Grenze zwischen Neutral-Moresnet (rechts) und Preußen (links) diente die Straße von Aachen nach Lüttich.*

Nach ihrer Neugestaltung im Jahr 2000 präsentiert sich die Albertstraße im Zentrum recht einladend. Ein Bummel führt automatisch am Denkmal des „*Küsch*", des karnevalistischen Schweinchens, vorüber. Rund um das Denkmal laden Bänke zum Bleiben ein. Vor der *Maria-Himmelfahrtskirche* wird es besonders donnerstags lebendig, wenn Markt ist. Eine *Siegessäule*,

*Ein imposantes Denkmal errichteten die Kelmiser ihrem „Küsch".*

gekrönt von einer Fackelträgerin, wurde 1948 als Kriegerdenkmal auf dem Kirchplatz errichtet. An der belebten Straße, die kerzengerade von Aachen nach Lüttich führt, lohnt sich ein Blick von Nordosten nach Südwesten: Rechts von der Straße lag früher Neutral-Moresnet, links war preußisches Gebiet.

## AKTIVITÄTEN

Im Jahresverlauf spielt der Karneval eine herausragende Rolle. Mit dem „Küschespektakel", haben die Kelmiser ein ganz eigenes Brauchtum entwickelt (siehe S. 160). Alle sieben Jahre finden in Kelmis Passionsspiele statt (siehe S. 102).

Alle zwei Jahre - mit ungerader Zahl - zieht im August ein wunderschöner *Blumenkorso* durch Hergenrath. Mehr als eine Million Blumen, insbesondere Dahlien, werden verarbeitet, und Zehntausende von Besuchern kommen, um sich das farbige Spektakel anzuschauen. Was Figuren und Aufbauten auf den Wagen angeht, die hauptsächlich von den Vereinen gebaut werden, lässt dabei auch die Phantasie Blüten sprießen. Fetzige Musik heizt die Stimmung an.

Nicht zu unterschätzen ist die große *Autoshow* im Galmeipark Kull, die jedes Jahr Tausende von Besuchern anzieht. Neben der Präsentation von ein paar Dutzend Automarken durch Händler aus verschiedenen Gemeinden gibt es Informationen rund um das Thema Verkehr und ein unterhaltsames Begleitprogramm. Auch über europäische Projekte im Bereich Straßenverkehr wird berichtet.

Etwas kleiner fallen die Fahrzeuge beim *Grand Prix der Seifenkisten* aus, der im Spätsommer auf einer knapp 400 Meter langen Piste in der Moresneter Straße ausgetragen wird.

## UMGEBUNG

Die Gemeinde besitzt ein etwa drei Ar großes *Naturreservat* mit Pflanzen, die für einen Boden mit Zinkablagerungen typisch sind. Weil diese Flora jedoch verletzlich und unersetzlich ist, darf der Bereich nicht betreten werden.

Die *Eyneburg* der früheren Herrschaft von Eynenburg, irrtümlich auch „Emmaburg" nach einer Tochter Karls des Großen benannt, ist Ausflugsziel nahe **Hergenrath.** Wanderer können sich an ihren Türmen orientieren, die von einem Hügel aus dem

## ALLE SIEBEN JAHRE WIEDER: DAS LEIDEN CHRISTI AUF DER BÜHNE

Heiliges Land kurz am Beginn der christlichen Zeitrechnung. Posaunen erschallen, zwei Engel treten auf. Sie verkünden die vielleicht größte Geschichte der Menschheit. Es ist Fastenzeit, und wir sind in Kelmis. Seit 1936 werden dort in der Fastenzeit Passionsspiele aufgeführt, nachdem Kaplan Franz Darcis einen Text verfasst hatte.

Ursprünglich wurde die Passion in unregelmäßigen Zeitabständen aufgeführt. Im Jahr 2000, anlässlich der zehnten Festspiele, beschloss man aber, einen regelmäßigen Rhythmus von sieben Jahren einzuführen.

Wenn Proben und Aufführungen anstehen, wird für rund 100 Hauptdarsteller, Statisten und Sänger die Freizeit knapp. Die Leidensgeschichte Christi auf die Bühne zu bringen, erfordert religiöses Engagement und einen hohen Einsatz von der Laienspielschar, dem großen Chor sowie ihren Technikern, Schneidern und Bühnenhelfern. Insbesondere der Darsteller des Jesus von Nazareth nimmt eine schwierige Aufgabe auf sich: Er muss überzeugend schauspielern und darf angesichts des hohen Anspruchs nicht den leisesten Hauch von Possenspiel aufkommen lassen.

Zwischen dem Hosanna beim Einzug Jesu in Jerusalem und dem turbulenten Verlangen der Masse nach seinem Tod entwickelt sich Dramatik, die in der Kreuzigungsszene kulminiert und in der Auferstehung ein glanzvolles Finale findet.

Das Publikum nimmt die vertraute Geschichte wohlwollend, aber nicht unkritisch auf, und so wachsen die Ansprüche an die Schauspieler von Inszenierung zu Inszenierung. Gut 500 Zuschauer fasst der Saal Patronage pro Vorstellung. Großzügige Kulissen vermitteln die Illusion von Tempeln und Palmen, Ölgarten und Kalvarienberg.

Szenen aus dem neuen Testament wie Fußwaschung und Abendmahl werden in theatralische Bilder umgesetzt. Der Hohe Rat und die Apostel, das Volk von Jerusalem und die Pharisäer – sie alle treten in aufwendigen Kostümen vor das Publikum.

Wald über dem Göhltal herausragen. Die Burg befindet sich im Privatbesitz.

Vom Parkplatz gegenüber der Kapelle der heiligen Katharina von Siena an der Straße nach **Astenet** genießt man einen schönen Blick auf die moderne *Hammerbrücke*, die für Hochgeschwindigkeitszüge ausgelegt ist und über das Göhltal führt. Die ursprüngliche Hammerbrücke war 1840 nach dem Vorbild eines römischen Aquädukts aus Ziegelsteinen in zwei Ebenen von Bögen errichtet worden. Der eindrucksvolle Viadukt verband Herbesthal mit Aachen und damit Belgien mit Preußen. Am 10. Mai 1940 wurde die Brücke von belgischen Soldaten gesprengt, um den Vormarsch der deutschen Wehrmacht zu bremsen.

Am Fuße des Schallenberges zwischen Hergenrath und Hauset liegt eine *Rochuskapelle* von 1654.

i *Gemeinde Kelmis*
*Kirchstraße 31*
*4720 Kelmis*
*Telefon: 087 / 63 98 39*
*Fax: 087 / 65 74 84*
*www.kelmis.be*

*Göhltalmuseum*
*Maxstraße*
*Neu Moresnet*
*4720 Kelmis*
*Tel.: 087 / 65 75 04*
*Fax: 087 / 65 37 44*

*Die romantische Emmaburg bei Hergenrath wird auch Eyneburg genannt.*

## IN DER NACHBARSCHAFT

Das Heimatmuseum von **Moresnet**, dessen Geschichte eng mit der Vergangenheit der Gemeinde Kelmis verbunden ist, wurde 1999 in einem Gebäude von 1638 eröffnet. Es widmet seine Ausstellung jährlich einem Themenschwerpunkt. Als Exponate sind Geräte aus dem bäuerlichen Alltag zu sehen, aber auch Fotos und Text-Dokumente. Berühmt sind die Wallfahrt zum Gnadenbild in der Marienkapelle von Moresnet sowie der Park mit Kalvarienberg und Kreuzwegstationen (siehe S. 106).

i *Heimatmuseum*
*Rue du Village 87*
*Moresnet*
*Geöffnet am 1. und 3. Sonntag im Monat von 14 bis 18 Uhr sowie bei besonderen Anlässen.*

Nur ein Laubmischwald trennt Kelmis vom

*Hochgeschwindigkeitszüge überqueren das Göhltal auf der Hammerbrücke.*

**Dreiländerpunkt**, der auf niederländischem Gebiet liegt. Er stellt eine beliebte Bühne für Foto- und Videoaufnahmen dar: Steinobelisken und eine Marmortafel markieren die Stelle. Eine Million Tagestouristen besucht jährlich diese Stelle, und man hat den Eindruck, die meisten schießen dort ein Erinnerungsfoto. Es lohnt sich aber auch, den eindrucksvollen Panoramablick nach Belgien, Holland und Deutschland hinein von den beiden Aussichtstürmen zu genießen. Der *Baudouinturm* (Boudewijntoren) ist benannt nach dem ehemaligen belgischen König Baudouin. Hier hat man die Wahl: Entweder man nimmt den Aufzug oder erarbeitet sich die 50 Meter Höhe bis zur verglasten Aussichtsplattform Schritt für Schritt über 223 Stufen. Wer sich den Überblick verschafft, kann dies gleichzeitig im Bewußtsein tun, den Gipfel der Niederlande erklommen zu haben. Mit 322,5 Metern über NN ist der Vaalserberg die höchste Erhebung Hollands. Der Boudewijntoren ist das ganze Jahr über geöffnet (Info: 0031 / 43-306 10 19). Man kann auch den kleineren hölzernen *Wilhelminatoren* besteigen, der nach der Großmutter von Königin Beatrix benannt ist.

Während die Aussichtstürme Weitsicht bieten, verliert man im *Labyrinth* am Drielandenpunt leicht die Übersicht. Wer sich aber durch gewundene Heckenschluchten bis ins Zentrum vorgetastet hat, kann dort ebenfalls auf einen Turm steigen und die Aussicht genießen. Das Labyrinth nennt sich größter „Doolhof" in Europa. Aber Vorsicht: Auf dem Weg hindurch gilt es, heimtückische Fontänen zu überlisten, die immer dann lossprudeln, wenn sich Besucher nähern. Auch zum Tontaubenschießen (Kleiduivenschieten) lädt die Anlage ein. Das „Labyrint Drielandenpunt Vaals" (Viergrenzenweg 97) ist vom 1. April bis zum 31. Oktober von 10 Uhr bis 18 Uhr geöffnet (Info: 0031 / 43-306 52 00) Rasant in die Kurve legen können sich Liebhaber der Rennstrecken auf der 600 Meter langen *Kartbahn* an der Selzerbeeklaan in Vaals. Bis zu 60 km/h schnell sind die luftigen Flitzer (Info: 0031 / 43-306 18 66).

## Ein einmaliger Fall in der Geschichte: Neutral-Moresnet

Wie Bodenschätze und Politik zusammen hängen, wird deutlich am Beispiel von Neutral-Moresnet. Denn aus Zink und Kupfer lässt sich Messing herstellen, und das dient nicht nur dazu, in goldglänzende Messkelche verwandelt zu werden. Man konnte auch Kanonenhülsen daraus machen, und das weckte Begehrlichkeiten bei feindlichen Mächten.

50 Arbeitssitzungen waren nach dem Wiener Kongress von 1815 nötig, bis 1816 ein Kompromiss zwischen Preußen und den Niederlanden (ab 1830 durch Belgien abgelöst) gefunden wurde: Vom Dreiländerpunkt bis zur Lütticher Straße wurden 344 Hektar Land unter die gemeinsame Verwaltung gestellt und entmilitarisiert. Dass Neutral-Moresnet als Provisorium bis 1919 Bestand haben würde, ahnte noch niemand.

Der exakte Status des kostbaren Gebietes, das wie ein Tortenstück nach Süden reichte, wurde nie geklärt. Doppelte Souveränität des Königs von Belgien und des preußischen Königs oder eigene Republik? Die Frage sorgte für Verwirrung, und sowohl Briefmarken als auch Münzen wurden gedruckt, ohne je in Umlauf zu geraten. Das Göhltalmuseum (S. 151) zeigt eine große Kollektion der Raritäten. Darunter dürfte eine Münze mit Januskopf des belgischen und des preußischen Königs das treffendste Objekt für das kuriose Gebilde sein.

Die Gesetzgebung basierte noch auf der napoleonischen, selbst als das französische Kaiserreich längst untergegangen war. Änderungen, beispielsweise bei der Gemeindesteuer, waren nur mit Zustimmung beider Verwaltungshoheiten möglich. Während Belgien und Preußen konstitutionelle Monarchien waren, herrschte in Neutral-Moresnet im Grunde noch das Gesetz eines absolutistischen Herrschers. Wer vor einem Zivilgericht klagte, konnte die belgische oder die preußische Gerichtsbarkeit wählen. Immerhin erhielt „Neutral-Moresnet“ 1854 seinen eigenen Gemeinderat. Der Bürgermeister besaß recht weitgehende Befugnisse

Während die politische Lage konfus schien, florierte die Wirtschaft. Das Bergwerk zog Arbeitskräfte aus dem Ausland an, und Mitte des 19. Jahrhunderts zählte man rund 2500 Einwohner.

Die wirtschaftliche Kraft und die Vielzahl der Ausländer unter den Einwohnern mag mit dazu beigetragen haben, dass in Neutral-Moresnet Unabhängigkeitsbestrebungen aufkamen. Eine der interessantesten Initiativen ging von Dr. Wilhelm Molly (1838-1919) aus. Der Oberarzt bei der „Vieille Montagne“ scharte Anhänger um sich, die in Neutral-Moresnet einen Esperanto-Staat – den einzigen weltweit – entstehen lassen wollten. Von hier aus sollte Esperanto zur Weltsprache und der „Hillelismus“ (benannt nach dem jüdischen Gelehrten Hillel, der um das Jahr 60 v. Chr. geboren wurde) zur Universalreligion werden. Angeregt dazu wurde Molly durch eine Begegnung mit dem französischen Professor Gustave Roy. Beim 4. Esperanto-Kongress am 18. August 1908 in Dresden wurde dazu eine Akte ratifiziert. Auch wenn der Erste Weltkrieg und die Zuordnung Neutral-Moresnets zum belgischen Staat im Versailler Vertrag die Bemühung zunichte machte, wird in Kelmis bis heute noch Esperanto gelehrt und gelernt.

Die Bürger hatten schon zuvor klargemacht, wohin sie ihr Herz in den politischen Wirren trug. In einer Petition an den belgischen König schrieben einige: „Neutral vorab! Belgier vielleicht! Preußen nimmer!“

*Das Göhltalmuseum in Kelmis*

## MORESNET – EIN GNADENBILD UND EIN PARK MIT KREUZWEGSTATIONEN

Rund 100 000 Pilger zieht es jedes Jahr nach Moresnet. Sie kommen um zu beten – aber auch, um gleich zwei große Attraktionen der religiösen Welt anzuschauen, die Gläubige in ganz Europa faszinieren: ein Gnadenbild und den Kreuzweg in einem großen Park.

### Maria, Hilfe der Christen

Moresnet-Kapelle (Moresnet-Chapelle) ist weit über die Grenzen hinweg durch seine Marien-Wallfahrt bekannt. Der Bittgang geht zurück auf das Jahr 1747. Zu jener Zeit erlitt der kleine Peter Arnold Franck (geb. am 10. September 1741) die Fallsucht - angeblich ausgelöst durch ein Erdbeben.

Eine Frau schenkte ihm zum Trost eine 24 Zentimeter hohe Figur Mariens mit Kind aus Terrakotta. 1750 befestigte Peter Arnold Franck die Skulptur an einer Eiche im Wald. Täglich ging er hin, um zu beten. Auch als die Anfälle nachließen, kehrte der Junge immer wieder zum Bildnis im Wald zurück, um zu beten, und seine Familie schloss sich ihm an. Als 1771 eine Viehseuche in der Gegend ausbrach, suchten auch viele andere Bewohner aus dem Dorf „Maria am Eichschen" auf und flehten um Hilfe.

Der Ruhm des Gnadenbildes breitete sich noch weiter aus, als 1797 erneut eine Viehseuche Pilger anzog. Die Verehrung wurde weiter geführt, nachdem Peter Arnold Franck am 29. November 1801 gestorben war. 1823 wurde die erste Kapelle für das Gnadenbild gebaut - sie musste bald erweitert werden. 1829 führte die erste Prozession von Aachen nach Moresnet, seit 1830 ziehen Pilger aus Eupen dorthin.

1831, als Cholera ausbrach und Gläubige aus Belgien, Deutschland und Holland nach Moresnet zogen, wurde zum ersten Mal die heilige Messe am Eichschen gelesen. Von 1863 bis heute ziehen regelmäßig Prozessionen von Aachen über den Bittweg durch den Stadtwald bis nach Moresnet-Kapelle.

An die Marienkapelle wurde 1873 ein großes Oktogon angebaut, das mehrmals erweitert wurde und heute das Ortsbild prägt. 1904, zum 50. Jahrestag der Verkündigung des Dogmas von der Unbefleckten Empfängnis, zog das Gnadenbild Mariens rund 100 000 Pilger an.

Selbst zur Zeit der Nazi-Herrschaft wurden Wallfahrten durchgeführt, und manchen Juden gelang die Flucht ins Ausland, indem sie sich unter die Pilger mischten. Bei der ersten Nachkriegswallfahrt 1945 wurde sogar ein Sonderzug eingesetzt.

Auch heute noch zieht das Gnadenbild jedes Jahr Tausende von Pilgern an. Voll Vertrauen auf die Kraft des Glaubens singen sie: „*Nein, o Mutter, weit und breit schallt's aus deiner Kinder Mitte: Dass Maria eine Bitte nicht gewährt, ist unerhört, ist unerhört, unerhört in Ewigkeit.*" Im Jahr 2000, dem heiligen Jahr, feierte Moresnet-Kapelle die 250-jährige Geschichte der Marien-Wallfahrt.

„Maria, Hilfe der Christen" oder „Marie Hilf" wird die kleine Statue genannt, die lange auf einem Seitenaltar im Chorraum der Wallfahrtskirche stand. Am 2. Februar 1992 zog sie jedoch um: in eine neue Kapelle, die an die Kirche angebaut wurde. Außen am Chor der Kirche, in einer früheren Fensteröffnung, erinnert seit Mai 2000 eine knapp drei Meter hohe farbige Tonkeramik an den Begründer der Wallfahrt. Sie zeigt Peter Arnold Franck, wie er vor dem Marienbild betet.

### Ein Garten mit Grotten und Kalvarienberg

Der Pilgerort hat außer der Marienkapelle noch eine zweite Attraktion zu bieten, deren Faszination sich auch unreligiöse Besucher kaum entziehen können. Von 1898 bis 1903 legten Franziskaner neben der Gnadenkapelle einen riesigen Park mit Tausenden von Pflanzen an. Darin stehen in Grotten aus Eifeler

Kalktuff und Basaltschlacke *14 Kreuzwegstationen* aus französischem Sandstein im Nazarenerstil. Aufgebaut wurden die Gewölbe aus alten Ringofensteinen. Nur außen bedecken sie die Lavasteine. Auch das Dekorationsmaterial – Glas, Mosaike und Keramik – stammt aus Gruben und einheimischen Fabriken. Die Stalaktiten wurden aus Thüringen herbei geschafft.

Wer durch den botanischen Garten geht, fühlt sich unter den Kronen der riesigen Bäume insbesondere im Sommer wie in einem tropischen Gewächshaus. Ein kleiner Paradiesgarten ist hier herangewachsen, in dem die Begriffe „himmlische Ruhe" und „himmlischer Frieden" Gestalt annehmen. Nur manchmal klingt der Gesang der Pilgergruppen durch das dichte Laubwerk.

68 000 Zierpflanzen kauften die Franziskaner in Orleans für ihren Garten. Auch 90 exotische Pflanzen wurden hier heimisch. Heute kommen auch Floristen und Botaniker, um die grüne Oase zu studieren.

Jede Station besitzt ein Hochrelief aus französischem Sandstein. Die 1,20 mal 1,5 Meter großen Skulpturen schuf der Kölner Bildhauer Albermann. Der Franziskanerbruder Zimmermann schmiedete kunstvolle Eisengitter. In der 4. Station ist der belgische Löwe verkörpert mit dem Spruch „L'union fait la force" – Einigkeit macht stark.

Krönung der Anlage aber ist die 12. Station: der Kalvarienberg, auf dem Jesus stirbt. Hoch erhebt sich das Kreuz über die Gläubigen, die sich am Fuß des Hügels versammeln. Rechts und links, ein wenig darunter, wurden die Kreuze der Verbrecher errichtet; darunter stehen jene, die am Kreuz Jesu weinten. Der Kalvarienberg wurde eigens aufgeschüttet bei der Anlage des Parks. Auch am Kreuzweg ist die Vielsprachigkeit des Dreiländerecks gegenwärtig: Die Stationen sind dreisprachig bezeichnet.

Die „Patres der kölnischen Franziskanerprovinz von den Heiligen Drei Königen" kamen im September des Jahres 1875 nach Moresnet. Sie suchten damals – wie andere Ordensleute auch – Zuflucht im Kulturkampf, den die protestantischen Preußen unter Bismarck gegen die katholische Kirche führten. Sie hatten ihr Kloster in Aachen verlassen müssen und gründeten in nächster Nachbarschaft eine neue Niederlassung. Dort wurden die frommen Brüder durchaus nicht sofort mit Herzlichkeit aufgenommen, sondern vielmehr mit Skepsis. Die Moresneter Geistlichkeit fürchtete, von ihren zu Wallfahrtszeiten florierenden Einkünften etwas abgeben zu müssen. Erst als der Bischof von Lüttich den Neubürgern untersagt hatte, in der Gnadenkapelle Messen zu lesen - und Kollekten zu halten - sowie die Beichte zu hören, schwanden die Vorbehalte. Zunächst zumindest, denn als die Franziskaner beschlossen, neben ihr kleines Kloster eine eigene Kapelle zu bauen, keimte erneut Eifersucht auf.

Die Pilger lösten das Problem, denn mit den herandrängenden Massen wurden die Geistlichen bald nicht mehr allein fertig. 1876 übertrug der Bischof den Franziskanern die Seelsorge für Moresnet. 1886 bezogen die Franziskaner ein neues, größeres Kloster neben der Gnadenkapelle. Auf die Initiative des Abtes Johannes Ruiter geht der Bau des großartigen Kreuzweges zurück. Ruiter versuchte mit der Kombination aus Stationen und Park, die Verehrung der Muttergottes mit der Anbetung des heiligen Franz von Assisi zu verbinden.

i *Office de Tourisme de la Commune de Plombières (Siège Social)*
*Rue César Franck 24*
*4851 Gemmenich-Plombières*
*Tel.: 087 / 78 70 27 und 78 50 33*

Im Umfeld von Kapelle und Kreuzweg haben sich einige Bistros und Lokale angesiedelt.

**TIPP**
***Wer gehobene Gastronomie sucht, ist richtig in der Auberge de Moresnet, Rue du Village 75, 4850 Moresnet, Tel.: 087 / 78 66 57, Fax 087 / 78 66 05.***

# LONTZEN

## STECKBRIEF:

| | |
|---|---|
| Einwohner: | 5010 |
| Fläche: | 28,7 km² |
| Einwohner pro km²: | 174,6 |

Zur Gemeinde Lontzen gehören die Ortschaften Astenet, Herbesthal, Lontzen-Busch, Rabotrath und Walhorn.

## ALLGEMEINES

Lontzen könnte man als den Garten der Ostkantone bezeichnen. Parkartiges Wiesen- und Heckenland mit kleinen Waldflächen kennzeichnen die Gemeinde. Sie lädt zu Streifzügen zu Fuß oder mit dem Fahrrad ein.

Dabei wird der Wanderer wohl kaum noch auf Relikte der keltischen Vorfahren treffen. Als Zeugen ländlichen Wohlstands des 18. und 19. Jahrhunderts blieben jedoch Schlösser und einige stattliche Gutshöfe erhalten.

*Einladend wirkt die Parklandschaft bei Lontzen.*

## GESCHICHTE

Erstmals schriftlich erwähnt wird der Ort 1076. Funde lassen jedoch darauf schließen, dass es schon in römischer Zeit dort eine Siedlung gab. Im 11. Jahrhundert besaß der Ort bereits ein eigenes Gotteshaus.

Walhorn gilt ebenfalls als alte Siedlung. Schon 888 wurde es unter dem Namen „Harna" erwähnt.

Seit dem 15. Jahrhundert wurden in Lontzen Blei, Zink und Eisen geschürft. Ab 1602 gab es in Lontzen Bleibergwerke. Das letzte wurde erst 1938 geschlossen.

## RUNDGANG

Eigenwillig reckt sich der Turm der denkmalgeschützten *St. Hubertuskirche* von Lontzen in den Himmel. Er wird von einer halben Zwiebel mit einer aufgesetzten Spitze gekrönt. Das Langhaus geht auf das Jahr 1770 zurück. Weil der Turm einsturzgefährdet war, musste er 1911 erneuert werden. Die Pläne lieferte der Aachener Baumeister Franz Wildt. Für Naturfreunde erweist sich der etwa drei Kilometer lange Waldlehrpfad als lehrreich, der am Lindenplatz beginnt. Rund 50 Baumsorten stehen am Wegesrand.

## AKTIVITÄTEN

Wer sich über die Geschichte von Schloss und Herrenhäusern informieren möchte, ist in der *Dorfgeschichtlichen Sammlung* am richtigen Ort. Sie erinnert an die Zeit der „Freien Herrlichkeit Lontzen". Fotos und Texte lassen die Zeit des Bergbaus lebendig werden.

Interessant ist auch die Erinnerung an den Grenz- und „Kaiserbahnhof" in Herbesthal, der 1983 abgerissen wurde.

i *Schlossstraße 30,*
*Tel.: 087 / 65 88 16 oder*
*087 / 65 94 17)*

## Umgebung

Die *Anna-Kapelle* in **Lontzen-Busch** wird auf das Jahr 1695 datiert. Sie beherbergt kostbare Schnitzarbeiten aus Flandern aus dem 15. Jahrhundert. Hauptaltar und Nebenaltäre sind sehenswert.

Zu den schönsten Bauwerken der Gemeinde gehört *Schloss Lontzen* (1853) in der Schlossstraße. Nach einem Brand wurde es wieder aufgebaut. Es wird auch „Großes Haus" genannt.
Feinschmeckern läuft das Wasser im Mund zusammen, wenn sie den Namen „Château Thor" hören.

*St. Stephanus in Walhorn besitzt einen Turm aus dem 12. Jahrhundert.*

Das Herrenhaus mit dem exquisiten Restaurant in **Astenet** stammt aus dem Jahr 1700. Kräftiges Bruchsteinmauerwerk und antike Einrichtung erzeugen Atmosphäre.

*Blaustein prägt den Ortskern von Walhorn.*

Stattliche Landsitze sind auch Gut Mützhof in Astenet, Schloss Neuhaus aus dem Jahr 1771 oder Königshof, Kirchbusch, Danshof, Krützhof, Krümmelhof und andere. Als Ensemble steht Gut Himmelsplatz in Astenet unter Denkmalschutz. Blutig und schaurig ging es früher auf der höchsten Erhebung von **Walhorn** zu. Auf dem *Johberg* war

*Oft besucht wird die Kapelle der heiligen Katharina von Siena.*

die Stätte, wo Verbrecher hingerichtet wurden. Ein Teil des Galgens ist noch zu sehen. Heute verbreiten ein Kreuzweg und alte Kiefern – die älteste soll von 1850 sein - besinnliche Stimmung.

Einen markanten Akzent zwischen schönen Blausteinhäusern setzt die Walhorner Kirche *St. Stephanus* im Ortsmittelpunkt. Sie verkörpert mit ihrem Turm aus dem 12. Jahrhundert, dem gotischen Chor aus dem 14. Jahrhundert und dem Kirchenschiff aus dem 18. Jahrhundert ein Stück Kirchenbaugeschichte. Das Becken in der Taufkapelle ist romanischen Ursprungs. Die Kirche wird umgeben von alten Kreuzen. Ein paar Minuten Einkehr bietet die *Lindchen-Kapelle* an, die der Schmerzhaften Mutter geweiht ist. Dem Schutzpatron St. Stephanus ist im Ortsmittelpunkt auch ein Denkmal auf einem Naturstein gewidmet.

An der Straße von Kelmis nach **Astenet** legen viele Einheimische und Fremde eine kurze Pause an der *Kapelle der heiligen Katharina von Siena* ein. Katharinas Einfluss trug im 14. Jahrhundert dazu bei, dass die Päpste von Avignon zurück nach Rom kehrten. 1975 wurde eine Reliquie der frommen Frau von Siena nach Astenet gebracht und dort sichtbar hinter Glas in die Mauer der Kapelle eingelassen. Votivtafeln und Kerzen zeugen davon, dass die Kapelle oft besucht wird. Auch an anderer Stelle unterstreichen Kapellen die christliche Prägung des Landstrichs, beispielsweise St. Brigitta in Merols oder St. Quirinus in Rabotrath.

**Herbesthal** zehrt von seiner Vergangenheit. Gelegen an der ersten grenzüberschreitenden Bahnlinie Antwerpen-Lüttich-Aachen, konnte es sich seines „kaiserlichen“ Bahnhofs rühmen. Dort war auch einmal das zweitgrößte Postsortierzentrum Europas zu Hause. Allerdings wurde es 1983 abgerissen, der Betrieb wanderte ab ins benachbarte Welkenraedt. Das *Weiße Haus*, nördlich von Herbesthal, war Grenzstation, als die Trennlinie zwischen Belgien und Preußen über die Straße von Eupen zur Lütticher Landstraße verlief.

i *Gemeinde Lontzen*
*Kirchstraße 46*
*4710 Lontzen*
*Telefon: 087 / 88 15 00*
*Fax: 087 / 88 39 79*
*www.lontzen.be*

*Tourist-Info:*
*St. Hubertus-Halle*
*Tel.: 087 / 65 79 45*

*CENTEA Bank*
*Neutralstraße 32-34*
*Tel.: 087 / 89 89 89*

# MALMEDY

## STECKBRIEF:

| | |
|---|---|
| Einwohner: | 11145 |
| Fläche: | 100,57 km² |
| Einwohner pro km²: | 110,8 |

Zur Stadt Malmedy gehören 35 Dörfer, darunter Arimont, Bagatelle, Bellevaux, Boussire, Chôdes, Cligneval, Longfaye, Mont, Xhoffraix.

## ALLGEMEINES

Malmedy liegt an der Warche und bildet die westliche Bastion der Ostkantone. Die Stadt bildet zusammen mit Weismes (Waimes) den Übergang zur französischsprachigen Wallonie. Die Bewohner schätzen die zentrale Lage: Knapp 30 Kilometer trennen sie von Eupen und Verviers, und nur doppelt so weit ist es bis Aachen oder Lüttich. Zur Stadt Malmedy gehören 35 Ortschaften, unter anderem Bellevaux-Ligneuville und Bévercé. Die lebhafte kleine Stadt lädt mit ihren zahlreichen Läden, Boutiquen und gemütlichen Restaurants zum Bummeln ein. Wer ein Mitbringsel sucht - mit Sahne gefüllte Baisers aus Malmedy sind berühmt! Übrigens: Manche Bäckereien und Metzgereien sowie einige Einzelhandelsgeschäfte öffnen in Malmedy auch sonntags.

## GESCHICHTE

Im Jahr 648 gründete der Benediktinermönch Remaklus im Auftrag des Frankenkönigs Siegbert III. Malmedy, zwei Jahre bevor er auch für Stavelot und die dortige Abtei den Grundstein legte. Obwohl beide Orte fortan eine Einheit bildeten und als autonome „Principauté Ecclésiastique de Stavelot-Malmedy“ in einem Atemzug genannt wurden, zählte Malmedy zur Erzdiözese Köln, während Stavelot zur Diözese Tongern gehörte.

In Malmedy lebten mehr Menschen rund um das Kloster „Malmundarium“, aber in Stavelot wohnten mehr Mönche. Außerdem wurden dort Reliquien des Heiligen Remaklus verwahrt, woraus die Abtei eine gewisse Vorherrschaft ableitete. Trotz aller Rivalität der Klöster war den geistlichen Fürsten von Stavelot-Malmedy eine relativ stabile Herrschaft beschert: 11 Jahrhunderte lang regierten sie die Region. Die Wirtschaft florierte insbesondere im 18. Jahrhundert. Die Gerbereien von Malmedy erwarben einen guten Ruf – die letzte, die Gerberei Utammo, schloss erst 1998 ihre Tore. Aber auch die Textilindustrie lebte auf, und Papierfabriken entstanden, die erste wurde 1726 an der Warchenne errichtet.

Erst der Einzug der napoleonischen Truppen machte 1792 der Herrschaft der Äbte ein Ende. Malmedy wurde Unterpräfektur des Departements Ourthe, behielt aber mit seinem Gerichtshof Bedeutung. Erst der Wiener Kongress riss Malmedy und Stavelot 1815 auseinander: Malmedy kam unter das Regime der Preußen, Stavelot wurde niederländisch.

Doch auch den Preußen gelang es nicht, die wallonische Bevölkerung zu germanisieren. Sprache und Brauchtum blieben erhalten, und im Kulturkampf, den Bismarck gegen den Katholizismus führte, fanden viele hier Zuflucht. 1940 geriet die Stadt unter die

*St. Peter und Paul ist die Kathedrale geweiht.*

*Ein Obelisk erhebt sich über die Place Albert I.*

Herrschaft der Nazis. In der Ardennenoffensive verloren einige hundert Menschen ihr Leben, und bei alliierten Bombenangriffen wurden zwei Drittel der Stadt zerstört. Nur das Gebiet um die Kathedrale blieb weitgehend verschont.

Heute besitzt Malmedy Bedeutung als kultureller Mittelpunkt sowie als Verwaltungs- und Schulzentrum. Seit 1920 hat das beigeordnete Bezirkskommissariat, das zuständig für die elf Gemeinden der Ostkantone ist, seinen Sitz in einem prachtvollen ehemaligen Herrenhaus an der Rue de la Gare.

Am wallonischen Brauchtum können Besucher insbesondere an Feiertagen teilnehmen. „Lu Heye des Rwas“ (die Kollekte der Könige) am 6. Januar, „lu Cwarmê“ (der Karneval), „lu Nut du May“ (die Mainacht), „les Rondes do l’Sint-tch-han“ (der St. Johannes-Reigen am 24. Juni) und „l’Eveuye du Sint Martin“ (das Martinsfeuer) bieten solche Anlässe.

## RUNDGANG

Naturfreunde werden sich besonders für den *Rocher de Falize*, den Felsen von Falize begeistern, der hoch über das Warchetal aufragt. Doch auch kaum ein anderer Besucher kann sich dem Reiz der Lage entziehen. In beinahe zärtlichen Tönen schildert der französische Dichter Anatole France (1844-1924), wie sich Malmedy ihm präsentierte. *„Von einer Anhöhe aus entdecken wir dieses friedlich in der Mulde eines Tälchens liegende Städtchen. Es war bezaubernd, und ich betrachtete es mit einer Art Entzücken.“* Seitdem hat sich manches verändert. Doch immer noch dominieren die massigen Doppeltürme und die Renaissancefassade der *Kathedrale St. Peter und Paul.* 1775 wurde mit dem Bau begonnen, 1784 fand seine Weihe statt.

Der Lütticher Künstler Dukers legte die Stuckarbeiten im Inneren an. Der Heilige Quirinus, dessen Reliquien in der Kathedrale aufgehoben werden, soll die Stadt vor einem Drachen gerettet haben. Doch nicht der Heilige, sondern der Drache wurde ins Wappen aufgenommen. Im Jahr 1786 erhielt die Kathedrale ein 35-teiliges Glockenspiel.

Ebenfalls aus dem 18. Jahrhundert stammen die Reste des *Klosters* (1708), die *Auferstehungskapelle* (1755-1757 erbaut) an der Place du Pont-Neuf, die *Halle de Grétedar* (1727) sowie der *Kreuzweg* (1728). Die *Krankenkapelle* besitzt einen Kern aus dem 12. Jahrhundert, geht im Wesentlichen aber auf das Jahr 1554 zurück. Von der Stadtmauer aus dem 17. Jahrhundert blieb nur noch ein Stadttor, die Halle Grétedar, die zeitweise als Gemeindehaus und Gefängnis diente, und heute als Ausstellungsraum genutzt wird.

Ein imposantes Denkmal neben der Kathedrale erinnert an die Kriegsgefallenen. Auch wenn der Krieg Lücken ins Stadtbild gefressen hat, besitzen viele Straßenzüge noch typische Züge des alten Malmedy. Die Häuser sind mit Holz oder Schiefer verkleidet und verziert. Wo die alte Bausubstanz vernichtet wurde, sind attraktive moderne Zonen entstanden.

Die lebendige Mitte Malmedys bildet die *Place Albert I.*, auch Marktplatz genannt, mit ihrem *Obelisken* aus dem 18. Jahrhundert. Ins beste Licht setzt sich der Platz, wenn die Sonne scheint und die Straßencafés einladen. Das Glockenspiel der Kathedrale, die in Sichtweite liegt, dringt herüber. Nahe der Kathedrale, dem Gerichtsgebäude gegenüber, betritt man das *Rathaus* und wird dort vom Namenspatron des Platzes begrüßt: Eine Büste von Albert I. steht im Eingangsbereich.Ein paar Straßen weiter erreicht man die *Place de*

*Eine verspielte Fassade weist das Rathaus von Malmedy auf.*

*Rome* mit ihrem Musikpavillon. Hoheitsvoll erhebt sich dahinter das *Maison Cavens*. Der kinderlose Gerbereibesitzer Jean Hubert Cavens hatte das Gebäude ursprünglich als Waisenhaus errichten lassen. Heute sind darin zwei bedeutende Museen untergebracht: das Nationale Papiermuseum und das Karnevalsmuseum. (vgl. S. 153)

Das *Nationale Papiermuseum* erläutert die Geschichte der Papierherstellung und besitzt schöne alte Ausstellungsstücke. Auch die Herstellung von handgeschöpftem Papier wird in einem kleinen Atelier demonstriert. In Malmedy hatte es schon 1740 eine Papeterie gegeben.

i *Nationales Papiermuseum*
*Place de Rome 11*
*Tel.: 080 / 33 70 58*
*Geöffnet: täglich außer montags von 14 – 17 Uhr sowie auf Anfrage.*

Das *Karnevalsmuseum* (Musée du Cwarmê), im selben Haus untergebracht, erläutert Geschichte, Figuren und Ablauf der wallonischen Fastnacht. Auch Wagenmodelle werden gezeigt.

i *Karnevalsmuseum*
*Place de Rome 11*
*Tel.: 080 / 33 70 58 und 33 09 93*
*Geöffnet: täglich außer montags*
*von 14 – 17 Uhr sowie auf Anfrage.*

Mit rund 1000 Sitzplätzen ist das *Kulturzentrum* von Malmedy, das im Jahr 2000 eröffnet wurde, eine der größten Kulturstätten in der gesamten Provinz Lüttich. Es verbirgt sich hinter der etwas unscheinbaren, denkmalgeschützten Schiefer-Fassade der *„Fraternité“* in der Rue de la Tannerie. Im Mittelalter stand an diesem Ort ein Hospiz, das Reisenden und Pilgern Obdach bot. 1899 vermachte die Familie Geron das Gebäude der Kirchenfabrik Malmedy. Unter anderem diente das Haus als Kino. Nur noch die Fassade blieb übrig, als man sich für einen Neubau des Kulturzentrums entschloss. Blickpunkt des großen Saals ist die 14 Meter breite und acht Meter tiefe Bühne. Die moderne Ausstattung mit Bühnentechnik, Garderoben, Kulissentrakt und Laderampe macht das Zentrum zu einem angenehmen Spielort für Tourneetheater und Showtruppen. Einheimische Vereine schätzen die Probenräume sowie die Gaststätte. Auch das zentrumsnahe Gelände der ehemaligen Gerberei Utammo ist für vielfältige Zwecke bestimmt: Es dient unter anderem für Messen und Ausstellungen sowie als Festplatz.

Besuchern Ostbelgiens wird im *Haus des Tourismus* an der Place Albert I. Lust auf viele Dinge gemacht, die man in ganz Ostbelgien entdecken kann. Auch bei der Wahl eines Quartiers werden Interessenten beraten. Mit dem Begriff „Haus des Tourismus/Maison du Tourisme“ sind zwei verschiedene Dinge gemeint: einerseits das Gebäude, andererseits die Gemeinschaft der Ostkantone. In der Fremdenverkehrsszene wird zur Erklärung der komplizierten Konstruktion scherzhaft ein Vergleich aus dem geistlichen Bereich hinzugezogen: Auch der Begriff „Kirche“ sei doppeldeutig und umfasse sowohl das Gebäude als auch die Gemeinschaft der Gläubigen. Dem Haus ist eine ansprechende Galerie angegliedert, in der auch einheimische Künstler ausstellen.

Der *ehemalige Güterbahnhof* von Malmedy ist zur Empfangshalle für Gäste der Stadt ausgebaut worden. Leider hat der Bahnverkehr an Bedeutung verloren. Nur noch einige Güter- und Militärzüge verkehren auf den Schienen. Im Jahr 2000 wurde das Gebäude deshalb seiner neuen Aufgabe übergeben. Vorausgegangen war ein gründlicher Umbau, der jedoch den alten Charakter des Bahnhofsgebäudes respektierte. Aus der Geschichte der Eisenbahn in Malmedy, die bis auf das Jahr 1885 zurück geht, berichtet eine Ausstellung im Inneren.

*Malmedy ist reich an architektonischen Zeugen einer bedeutenden Vergangenheit.*

i *Maison du Tourisme*
*Place Albert I.*
*4960 Malmedy*
*Tel. : 080 / 79 96 52*
*Fax: 080 / 77 05 88*

## AKTIVITÄTEN

Tradition hat am Maria Himmelfahrtstag im August das Backen eines *Riesen-Omeletts*. Die „Confrérerie Mondiale de l'Omelette Géante", die Bruderschaft des Riesen-Omeletts, bereitet dann auf der Place de Rome einen gigantischen Kuchen aus 10000 Eiern. Fast jeder Besucher kann kostenlos ein Stück davon probieren. Rund 100 „Köche" stehen an einer Pfanne von vier Metern Durchmesser. Außerdem reisen Omelett-Bruderschaften aus aller Welt an. Freunde der Eierkuchen gibt es unter anderem in Frankreich (Fréjus), Lousiana (Abbeville), Neu-Kaledonien und Quebec. Ein buntes Animationsprogramm begleitet das große Brutzeln.

1996 gewann Malmedy beim „Europäischen Wettbewerb der schönsten blumengeschmückten Städte und Dörfer" die hohe Auszeichnung, „schönste Blumenstadt Europas" zu sein. Jedes Jahr im Juni blüht die Stadt auf beim großen *Blumen- und Gartenfest* im Park der alten Abtei und davor auf der Place du Châtelet. Musik und Folklore rahmen das Ereignis ein. Der Orchid's Club Malmedy veranstaltet eigene Ausstellungen und lädt dazu Partnerorganisationen aus der ganzen Welt ein. Blumenfreunde finden außerdem von Juni bis Oktober im Rosengarten von Daniel Schmitz in Bellevaux-Ligneuville ein kleines

### SCHLAUER ALS DER TEUFEL

Zum Glück ist der Teufel ein Dummkopf, sonst hätte es übel ausgesehen für die Abtei von Malmedy. Dass die Brüder des Heiligen Remaklus das Land um Malmedy schleunigst zum Christentum bekehrt hatten, nachdem der heilige Remaklus dort ein Kloster gegründet hatte, blieb dem Antichristen nicht lange verborgen, und er sann auf Rache. Mit einem Felsbrocken wollte er das Kloster der Benediktiner zerschmettern.

Die Mönche zitterten vor der Rache Satans. Nur einer, ein junger mutiger Mann, wollte sich nicht mit dem Untergang des Klosters abfinden und sann auf eine List. Er sammelte von allen Brüdern die alten, abgetretenen Schuhe ein und stopfte sie in einen Sack. Dann machte er sich auf den Weg, dem Höllenfürsten entgegen. Die Begegnung mit dem Bösen ließ nicht lange auf sich warten. Keuchend unter seiner Last - Teufel sind zwar stark, aber eben nicht allmächtig - begegnete dieser ihm, kaum dass das Kloster außer Sicht geraten war. Als der Teufel sich bei dem Wanderer erkundigte, wie weit es denn noch bis zum Kloster sei, zeigte der seinen Sack mit dem alten Schuhwerk vor und sagte, es sei so weit, wie man gehen müsse, um die Sohlen all dieser Schuhe durchzulaufen.

Da gab der Teufel auf. Er schleuderte seinen Felsbrocken zwar weit von sich, vermochte damit aber keinen Schaden anzurichten. Und der junge Mönch hatte sein Kloster gerettet - mit einer Notlüge.

Eine ähnliche Geschichte wird in Aachen erzählt. Dort soll eine Bäuerin den Dom vor einem Anschlag des Teufels gerettet haben, indem sie ihm weismachte, der Weg sei noch weit. Der Teufel ließ darauf in Aachen seinen Sandsack fallen und damit entstanden dort Lousberg und Salvatorberg.

Paradies vor. Der Gartenbauunternehmer zeigt unter anderem eine Sammlung mit rund 1300 englischen Rosen sowie alte Sorten aus Frankreich und Deutschland.

i *Tel.: 080/ 33 75 34, Fax: 080/ 77 05 33*

Das französische Flair Malmedys wird noch verstärkt, wenn im Juni ein *provenzalisches Dorf* auf der Place de Rome aufgebaut wird. Kräuter und Aromen, Pastis und Käse verbreiten die Düfte des Midi, während südfranzösische Handwerkskunst angeboten und Pétanque gespielt wird. Der heimischen Folklore wendet sich die Stadt zu, wenn im Juni Kirmes gefeiert wird. Außerdem lädt die Jugend zum „St. Johannis-Reigen". Dabei tanzen die Mädchen mit Margeriten im Haar, die Jungen schmücken sich mit bunten Krepp-Bändern. Zuletzt wächst der Reigen auf ein paar hundert Teilnehmer. Im Juli und August bietet die Stadt Malmedy ihren Gästen Unterhaltung von Disco bis Zirkus bei der *Été-Show*, der Sommer-Show.

Aktiv werden kann man auch mitten im Winter in der Stadt an der Warche. Von Mitte Dezember bis Mitte Januar wird auf dem Albertplatz eine rund 500 Quadratmeter große Eispiste eingerichtet, auf der man nicht nur Pirouetten drehen kann, sondern auch zum Beispiel bei Eis-Discos ins Schwitzen kommt.

i *Stadt Malmedy*
*Rue Jules Steinbach 1*
*4960 Malmedy*
*Tel.: 080 / 79 96 66*
*Fax: 080 / 33 92 32*
*www.malmedy.be*

*Office du Tourisme*
*Place du Châtelet 10*
*4960 Malmedy*
*Tel. : 080 / 33 02 50*
*Fax : 080 / 77 05 88*

*Ein Pavillon auf der Place de Rome vor dem Haus Cavens.*

## UMGEBUNG

Kriegsveteranen und ihre Angehörigen zieht es häufig zum amerikanischen Denkmal in **Baugnez**, wo 1944 80 amerikanische Soldaten erschossen wurden. Die 1949 errichtete Gedenkstätte liegt etwa vier Kilometer von Malmedy entfernt.

In **Bellevaux** findet das malerische Maraite-Haus Beachtung. Das Fachwerkgebäude trägt die Jahreszahl 1592 über der Eingangstür.

Die Kapelle von **Bévercé** erinnert mit ihrer Klause an die Zeit, als dort ein Einsiedler zu Hause war. Die Ferme Libert in **Bernister** gehörte einmal der Familie der berühmten Botanikerin Marie-Anne Libert. Später wurde sie zum Restaurant.

# RAEREN

## STECKBRIEF:

| | |
|---|---|
| Einwohner: | 9558 |
| Fläche: | 74,2 Quadratkilometer |
| Einwohner pro km2: | 128,8 |

Zur Gemeinde Raeren gehören die Ortschaften Belven, Eynatten, Hauset, Lichtenbusch, Neudorf und Petergensfeld sowie der ehemalige Reinartzhof.

## ALLGEMEINES

Raeren liegt am Fuß des Hohen Venns und am Rand des Hertogenwaldes im Quellgebiet von Inde, Göhl und Iter. Der malerische Ort besticht durch seine idyllische Einbettung in Wiesen und Wälder. Das zieht auch Dauergäste aus Aachen und Umgebung an: Fast die Hälfte der Bewohner von Raeren besitzt einen deutschen Pass.

Steinmetze nutzten den Blaustein der Region schon in früher Zeit. Im Ort und in der Umgebung zeugen noch viele Häuser, aber auch Burgen und Kapellen von ihrer Arbeit. Wer sich eine Pause gönnt, um an Bächen entlang oder über Wiesenwege zu wandern oder mit dem Rad zu fahren, wird viele Beispiele entdecken.

Als Fotomotive bieten sich in der Nähe außerdem der Eisenbahnviadukt und der Heimatbahnhof der historischen Vennbahn an (siehe 124). Einen Schaufenster- und Einkaufsbummel sind die Möbelgeschäfte des Ortes wert, die zu günstigen Preisen eine repräsentative Auswahl an belgischen Eichenmöbeln präsentieren.

## GESCHICHTE

Seit dem 14. Jahrhundert gilt Raeren als Zentrum der Töpferei. Im 16. und 17. Jahrhundert erreichte die Handwerkskunst ihre Blütezeit. Produkte aus Raeren wurden in alle Länder Europas exportiert. Der Dreißigjährige Krieg setzte eine Zäsur in diese Entwicklung. Auch durch die massenhafte Verbreitung von Porzellan ging die Nachfrage nach Gebrauchsgütern aus Keramik zurück. Doch noch heute trägt der Ort den Beinamen „Töpferdorf“: Künstler und Kunsthandwerker haben der Herstellung von Töpferwaren eine neue Bedeutung gegeben.

*Über eine Brücke führt der Eingang zur Burg.*

*Trutzig und doch einladend: Die Burg von Raeren steht heute den Gästen offen.*

Die große Geschichte der Töpferei hat aber auch eine Schattenseite. Bis heute versuchen Raubgräber, illegal von den alten Schätzen zu profitieren, die noch im Raerener Boden verborgen sind. Die Fundstücke stehen dann auf Regalen in Raeren und Umgebung oder werden auf den Trödelmärkten im Dreiländereck zu Geld gemacht. Selbst organisierte Banden von außerhalb haben sich schon in leerstehende Häuser eingemietet, um dort in Grund und Boden nach den begehrten Tonobjekten oder nach Scherben zu buddeln. Damit machen sie jedoch jede wissenschaftliche Auswertung von Funden und Fundorten zunichte. Weil ein großer Teil des Dorfes von der Wallonischen Region offiziell als „site archéologique", als geschütztes archäologisches Gebiet, ausgewiesen ist, dürfen in Raeren nur Archäologen Grabungen vornehmen, nicht einmal die Grundstücksbesitzer.

## RUNDGANG

Im ältesten Ortsteil von Raeren liegt die Burg, die das berühmte Töpfereimuseum beherbergt (siehe S. 122). Beim Bummel durch den Ort fallen eine Reihe schöner alter Häuser und Höfe auf. Die St. Anna-Kapelle (Kapellenstraße) stammt aus dem 18. Jahrhundert. Eine Attraktion in der St. Nikolauskirche ist unter anderem die Orgel, die die Hellenthaler Orgelbaufirma Weimbs dort 1995 einbaute. Als Solo- und Begleitinstrument wurde sie auch schon bei CD-Aufnahmen gespielt.

Im Ortsteil Neudorf (Neudorfer Straße) steht die Knoppenburg unter Denkmalschutz. Ihre Grundmauern sind älter als die der Wasserburg Raeren.

## AKTIVITÄTEN

Im September zieht der Euregio Keramikmarkt Künstler und Handwerker aus verschiedenen Ländern an. Gezeigt werden Gebrauchsartikel und Kunstobjekte in allen Spielarten der Töpferei. Man kann hochwertige Einzelstücke erwerben oder Gegenstände aus künstlerischen Kleinserien.

Im Dezember lockt Adventsstimmung rund um die illuminierte Burg. Dem Publikum werden fast ausschließlich regionale Produkte geboten, was den Reiz des Weihnachtsmarktes enorm erhöht. Romantische Stimmung verbreiten die Turmbläser, die hinter den Zinnen der Burg Adventslieder anstimmen.

## UMGEBUNG

Urkundlich erwähnt wird **Eynatten** zum ersten Mal 1213. Schon im 12. Jahrhundert soll dort eine Kapelle gestanden haben, die vermutlich zu einem fürstlichen Gutshof gehörte. Eine größere Pfarrkirche wurde von 1707 bis 1710 erbaut und *Johannes dem Täufer* gewidmet. Der mächtige Turm entstand von 1733 bis 1736. 1950 wurde diese Kirche bei einem Brand zerstört, nur der Turm blieb erhalten. Doch schon 1954 konnte ein neues Gotteshaus geweiht werden, mit dem alten Turm als Kern. Nahe der Kirche liegen eindrucksvolle alte Häuser und Höfe, die dem Ort ein harmonisches Bild verleihen. Das *Vlattenhaus*, eine Wasserburg mit Ursprüngen aus dem 15 Jahrhundert, strahlt einen Hauch von Romantik aus. In der Nähe liegt das von Wasser umgebene *Amstenrather Haus*, im Kern ebenfalls aus dem 15. Jahrhundert. Das *Rattenhaus* aus dem 17. Jahrhundert gehört zu den sehenswerten Gebäuden ebenso wie das *Haus Lambertus*, ein Bruchsteingebäude aus dem Jahr 1734, oder das „*Spukes*" (Spukhaus), in dem der Legende nach Geister wohnen. Im Ort werden auch Antiquitätensammler fündig.

*Burg Raaf*, nahe der Straße von Berlotte nach Steinkaul, wurde 1380 erstmals erwähnt. Weithin sichtbar ist der Burgfried der Ruine aus dem 18. Jahrhundert. Die *Gnadenkapelle* in Berlotte stammt aus dem Jahr 1711 und ist der heiligen Familie gewidmet. Ein Unikum hat der Eynattener Ortsteil Berlotte auch noch zu bieten: In einem ehemaligen Elektrohäuschen ist ein *Möhrenmuseum* untergebracht. In einem Schaukasten an der Außenwand sind Objekte im Möhrendesign zu sehen. Auch der Windanzeiger auf dem Dach ist möhrenförmig. Eine Tafel erinnert an den

*Stattlich: Das Amstenrather Haus in Eynatten.*

## DIE ODILIEN-OKTAV

Seit 1752 hütet die Pfarrkirche St Nikolaus einen kostbaren Schatz: Reliquien der heiligen Odilia.

Die keltische Fürstentochter starb im 13. Jahrhundert bei einer Wallfahrt nach Rom. Sie war zusammen mit der heiligen Ursula und anderen Frauen unterwegs, als ihr Schiff im Mündungsgebiet des Rheins strandete. Auf dem Landweg setzten die Frauen ihre Reise fort. Doch ihre Pilgerfahrt endete gewaltsam, als sie in der Nähe der Stadt Köln überfallen und getötet wurden. Im Jahr 1287 wurde ihr Leichnam ausgegraben und den Kreuzherren übergeben. Einige Reliquien gelangten im 18. Jahrhundert auch ins Kloster Brandenburg in der Nähe von Raeren. Nach der Aufhebung des Klosters im Jahr 1784 wurden die Reliquien der Raerener Pfarrgemeinde übergeben.

Das Fest der heiligen Odilia wird am Sonntag nach dem 17. Juli gefeiert. In der Woche davor ist die Oktav. Insbesondere von der Augensegnung erhofft man Schutz und Hilfe bei Augenleiden. Dabei berührt ein Geistlicher die Augenlider des Gläubigen mit der Reliquie, die in ein einem augenförmigen Behälter bewahrt wird.

*Die Kirche dominiert den Ortskern von Hauset. Sie ist dem Pestheiligen St. Rochus geweiht.*

*Auch die moderne Landwirtschaft hat noch idyllische Motive zu bieten.*

Ursprung des Häuschens: 1923 wurden die ersten sechs elektrischen Lichtquellen in den Ortsteil gebracht.

i *Mö(h)renmuseum*
*Berlotter Kirchweg*
*4731 Raeren-Berlotte*
*Tel.: 087 / 85 34 31*
*oder 087 / 85 17 22)*

Die *St. Rochus-Kirche* (19. Jahrhundert) dominiert das Ortszentrum von **Hauset**. sehenswert ist aber auch die *St. Rochus-Kapelle* aus dem 18. Jahrhundert. Östlich von Hauset liegen im Wald versteckt *Zyklopensteine*, ein Millionen Jahre altes Naturdenkmal. Im *JacobsHof*, dem Hof der Familie Jacobs im Ortsteil Stöck, können Wanderer und Radfahrer bei gutem Wetter an jedem ersten Sonntag im Monat einkehren. Es gibt kleine regionale Gerichte, überwiegend aus biologischem Anbau. Als Vorbild für die gastliche Stätte diente eine alpenländische Straußenwirtschaft. Einmal im Monat wird dort ein Open Air Konzert organisiert.

i *HausetHof, Hauset-Stöck,*
*4730 Raeren, Tel.: 087 / 63 20 25)*

Am Pfingstmontag ist **Reinartzhof** ein Ziel von Pilgern (siehe S. 121).

i *Gemeinde Raeren*
*Hauptstraße 26*
*4730 Raeren*
*Telefon: 087 / 86 69 50*
*Fax: 087 / 85 11 69*
*www.raeren.be*

*Burg Raeren*
*(Töpfereimuseum)*
*Burgstraße 102*
*4730 Raeren*
*Tel.: 087 / 85 09 03*
*Fax: 087 / 85 09 32*

## EIN EINSAMER JOB: GLÖCKNER VON REINARTZHOF

Jedes Jahr ziehen Pilger zu Fuß oder mit dem Fahrrad am Pfingstmontag nach Reinartzhof. Die Strecke von Schwerzfeld oder von Vennkreuz legen sie dabei schweigend zurück. Die Stille vertieft bei dieser Wallfahrt den Eindruck der Weltentrücktheit im Venn. In der Besinnlichkeit fühlt sich jeder dem Himmel ein Stückchen näher - und man kann sich besser vorstellen, wie sich vor Jahrhunderten die Eremiten auf der Reinhart-Höhe gefühlt haben.

Über den Reinart zwischen Eschbach und Steinbach verlief schon im Mittelalter der Weg von Trier nach Aachen. Auch Wallfahrer, die nach Aachen zur Heiligtumsfahrt oder nach Trier zum heiligen Rock unterwegs waren, nahmen diese Route. In Pilgerherbergen fanden sie Unterkunft. Auch in eine der ältesten Venn-Siedlungen kehrten sie ein: in das Hospiz St. Reinhart, aus dem sich später der Reinartzhof entwickelte.

Schon im 14. Jahrhundert lebte ein Eremit auf dem einsamen Reinartzhof. Zu den Aufgaben des „Glöckners vom Reinhart" gehörte es unter anderem, die Brücke über die Weser instand zu halten. Noch wichtiger aber war, dass er regelmäßig eine kleine Glocke läutete, um den Reisenden die Orientierung auf dem heiklen Weg durch das Moor zu erleichtern oder bei Nebel ein Feuer anzuzünden. Aus dem Hospiz für Pilger entwickelte sich mit der Zeit ein Gasthaus, in dem alle Reisenden einkehrten.

Als aber immer mehr Waren transportiert wurden – Kupfer aus Stolberg, Eisen aus dem Schleidener Tal, Leder aus Malmedy, Tuch aus Monschau – baute man die „Kupferstraße", die nicht mehr durchs sumpfige Brackvenn, sondern über trockenere, sichere Pfade führte. Die Eremitage wurde im Dreißigjährigen Krieg zerstört. Um 1650 wurden statt dessen auf dem Reinhart zwei Höfe gebaut, die Siedlung Reinartzhof.

Weil der Weiler Reinartzhof im Trinkwasser-Einzugsgebiet der Wesertalsperre lag, musste er 1961 geräumt werden. Unterhalb der Höfe erinnert ein Kreuz an seine ehemaligen Bewohner. Die Glocke aus dem frühen 16. Jahrhundert, die einmal den Wanderern im Venn den Weg wies, hängt heute in der Pfarrkirche am Berg in Monschau. Sie gilt als älteste Glocke des Monschauer Landes.

Zur Erinnerung an die alte Wohn- und Pilgerstätte bauten die Pfadfinder aus dem Gebiet Obere Weser an der alten Stätte der Frömmigkeit eine kleine Muttergotteskapelle, teilweise mit Steinen der alten Gebäude. Am 11. Juni 1973 wurde sie geweiht. Nach der Wallfahrt im Juni findet an der Kapelle eine Andacht mit Rosenkranzgebet statt. Anschließend laden Pfadfinder zu Kaffee und Kuchen ein.

## WO DIE SCHÖNSTEN PÖTTE GEBACKEN WERDEN: DAS TÖPFEREIMUSEUM

Berühmt in aller Welt ist Raeren für sein renommiertes Töpfereimuseum. Es wird beherbergt von einer romantischen Wasserburg aus dem 14. Jahrhundert. Seit dieser Zeit übten die Töpfer ihr Handwerk rund um die Burg aus.

Die Burg wurde aus Blaustein auf den Halden einer ehemaligen Eisenschmelze errichtet und liegt am Zusammenfluß von Iter und Periolbach. Der älteste Teil, ein fast quadratischer Wohnturm, ist noch im Urzustand erhalten.

Der Ort gehörte schon vom 15. bis zum 18. Jahrhundert zu den bekanntesten Töpferdörfern im Rheinland. Zunächst entstanden unter den Händen der Töpfer Dinge des Alltags, vom Öllämpchen bis zum Nachttopf. Typisch für Raerener Steinzeug wurden die Dreihenkelkrüge. In Raeren wurde um 1570 auch das berühmte grau-blaue Steinzeuggeschirr entwickelt. Von hier aus nahmen wandernde Töpfer diese Fertigkeit mit in den Westerwald, wo es mittlerweile als besonders charakteristisch gilt.

Seine Blütezeit erreichte das Raerener Töpferhandwerk im 16. und 17. Jahrhundert. Krüge und Pinten, Humpen und Sturzbecher, Teller und Aquamanile aus Raeren fanden sich auf den gescheuerten Holztischen der Bauern aus dem Göhltal ebenso wie auf den edel gedeckten Tafeln der Fürsten in ganz Europa.

Bei 1200 Grad Celsius gebrannt und mit einer Salzglasur versehen, eigneten sich die Raerener Töpfe hervorragend als Trinkgefäße und Vorratsbehälter, denn sie waren wasserundurchlässig und außerdem geruchs- und geschmacksneutral. Auch die flämischen Maler Jan und Pieter Brueghel hielten auf ihren Bildern Geschirr aus Raeren fest.

Meister wie Jan Emens Menniken, Jan Baldems, Baldem Menniken, Willem Kalff, Engel Kran und Emont Emonts gewannen so hohes Ansehen, dass ihre Werke bis heute begehrt und ihre Namen bekannt

*Das Töpfereimuseum in der Burg ist international renommiert.*

sind. Sie entwickelten zum Beispiel kostbare Krüge, auf deren zylindrischem Bauch Friese mit biblischen Szenen abgebildet wurden. Auch Bartmann- oder Gesichtskrüge entstanden in Raeren.

Vom 18. Jahrhundert an verdrängte Porzellan das Steingut, das in Raeren noch bis 1850 hergestellt wurde. Es blieb jedoch in Museen und Arsenalen erhalten. Eine der vollständigsten und wertvollsten Sammlungen besitzt das Amsterdamer Rijksmuseum. Bis das Töpfermuseum in die Raerener Burg einzog, vergingen viele Jahre. Erst 1960 erwarb die Gemeinde die Burg. Bei der Restaurierung bemühte man sich, die charakteristischen Züge der alten Burg – Blausteinfußböden, schwere Eichenbalken, kostbare Decken – gut zur Geltung kommen zu lassen.

Der Eingangsbereich wurde im mittelalterlichen Stil neu gepflastert. 1963 wurde das Museum eröffnet. Mitte der 1970-er Jahre wurden bei Ausgrabungen erneut Zeugnisse Raerener Töpferkunst gefunden. 1983 wurde das Burg-Museum erneut erweitert. Im Jahr 2000 begannen ein großzügiger Umbau und eine komplette Renovierung bis zum Sommer 2001.

Das Töpfereimuseum gilt nicht nur als einzigartiges Spezialmuseum in Belgien, sondern auch als hochwertige Sammlung von Rheinischem Steinzeug von den Anfängen bis zum 17. Jahrhundert. Gezeigt werden rund 800 Exponate von Raerener und Rheinischem Steinzeug, vorwiegend aus dem 15. bis 19. Jahrhundert, außerdem römische Keramik und Arbeitsgeräte. Besonders interessant sind Exponate aus der Blütezeit der Raerener Töpferkunst im 16. und 17. Jahrhundert. Es gibt eine keramische Lehrschau sowie moderne Keramik aus der Euregio Maas-Rhein. Man kann auch Töpfern bei der Arbeit zuschauen und Souvenirs erwerben oder den Nachbau einer alten Töpferwerkstatt samt Brennofen besichtigen. Informationen über die Tonförderung sowie die sozio-kulturellen Hintergründe der Zeit ergänzen das Angebot. Nach seiner erneuten Renovierung im Jahr 2000, bei der auch der Gewölbekeller besser zugänglich gemacht wurde, präsentiert sich das Töpfereimuseum jetzt als modernes Zentrum für historische und zeitgenössische Keramik.

Als fester Punkt im Veranstaltungsprogramm hat sich der Euregio-Keramik-Markt im September etabliert. Unter den zahlreichen internationalen Teilnehmern werden Preise vergeben. Die besten Werke erwirbt das Museum, das auch dadurch seinen Bestand an moderner Keramik ständig vergrößert. Besonders reizvoll präsentiert sich die Burg Raeren am ersten Adventswochenende, wenn Händler aus dem Dorf vor den Burgmauern ihre Stände aufbauen. Dort wird nicht nur Handwerkskunst angeboten: Auch regionale Spezialitäten, inklusive Spirituosen, locken unwiderstehlich. Von den Zinnen der Burg spielen Turmbläser Adventslieder, und der Nikolaus beschenkt die Kinder.

i

*Töpfereimuseum Raeren*
*Burgstr. 103*
*4730 Raeren*
*Tel.: 087 / 85 09 03*
*Fax: 087 / 85 09 32*
*Geöffnet täglich außer montags von 10 Uhr bis 17 Uhr,*
*Führungen und Animation im Töpferatelier auf Anfrage.*

**TIPP**

***In Zusammenarbeit mit dem Landwirt Peter Reul werden kombinierte Führungen angeboten: Im Museum erfährt der Besucher etwas über die Verwendung keramischer Artikel in der Milchwirtschaft, auf dem Hof erhält er Einblick in moderne Aspekte der Landwirtschaft.***

## MIT VOLLDAMPF ÜBER BERG UND TAL: DIE VENNBAHN

Um die Erzgruben Luxemburgs und Lothringens mit dem Aachener Revier zu verbinden, gab die preußische Regierung 1882 eine Schienenverbindung über Trier und Luxemburg in Auftrag. Mit den Arbeiten wurde 1883 begonnen, fertig gestellt wurde die Linie 1889. Ein Teil dieser überregionalen Verbindung erschloss das Mittelgebirge Ostbelgiens, das bis dahin durch seine Randlage wirtschaftlich im Nachteil war. Die Viadukte, die beim Bau der Vennbahn entstanden, waren technische Meisterleistungen.

Als die Streckenführung 1885 ihren höchsten Punkt in Sourbrodt erreichte, brachte die Vennbahn ökonomischen Schwung in den Ort, der von der Einrichtung des Militärlagers Elsenborn in den Jahren 1893/94 noch unterstützt wurde. Im Ersten Weltkrieg diente die Vennbahn hauptsächlich militärischen Zwecken. Im Versailler Vertrag wurde sie einschließlich der Teilstücke, die auf deutschem Gebiet lagen, unter belgische Hoheit gestellt.

In der Mitte des 20. Jahrhunderts begann der Niedergang der Vennbahn. Reisende stiegen auf Pkw um, Güter wurden mit Lkw transportiert. In den 1950er Jahren wurde der Personenverkehr eingestellt, 1989 auch der Güterverkehr. Erst die Entdeckung der malerischen Strecke durch den Tourismus und das ehrenamtliche Engagement der Mitglieder der Vereine Vennbahn V.o.E. und Fördervein Vennbahn verhinderten ihre Verschrottung. 1990 ging sie als Museumsbahn wieder in Betrieb, Raeren wurde zum Heimatbahnhof der historischen Fahrzeuge, die teils auf belgischem, teils auf deutschem Territorium unterwegs waren. Oft kamen die Passagiere nur deshalb, weil sie ein Reisegefühl wie in alten Zeiten erleben wollten. Gemächlich zockelten die Loks und Waggons durch eine Landschaft, die sich auf langen Abschnitten ebenfalls den Charme des Gestrigen erhalten hatte.

Insbesondere für Fahrgäste mit etwas Zeit stellte die Vennbahn eine angenehme Möglichkeit dar, Ausflugsziele in der Umgebung zu erreichen wie beispielsweise Sourbrodt, Robertville, Bütgenbach, Malmedy, Trois-Pont oder Monschau (D) und Stolberg (D). Außer nach ihrem normalen Fahrplan konnte man mit der Vennbahn bei besonderen Aktionen unterwegs sein. Der Fahrzeugbestand der Vennbahn wuchs beachtlich, und die Dampfloks waren die Stars auf der Strecke. Beliebt wurde auch die Anreise mit der Vennbahn zu Wander- und Fahrradtouren.

Im Jahr 2000 schien erneut das Ende der Vennbahn in Sicht zu kommen. Die Vennbahn erfüllte zwar die Bedingungen des sanften, grenzüberschreitenden Tourismus, doch die Erhaltung der Anlagen belastete die Gemeinden stark. Gleichzeitig wurden aber auch Überlegungen laut, die Strecken weiter zu vernetzen und besser auszustatten, um sie für den Güterverkehr und den öffentlichen Nahverkehr interessant zu machen. Die Zukunft wird zeigen, ob langfristig nur Teilstrecken erhalten bleiben, oder ob man das Stück Eisenbahnromantik, das mit dem Begriff Vennbahn unzertrennlich verbunden ist, in Zukunft nur noch auf dem Abstellgleis bewundern kann.

i *Vennbahn V.o.E.*
*Bahnhofstraße 70*
*4730 Raeren*
*Tel.: 087 / 85 82 85 und 85 24 87*
*Fax: 087 / 85 82 89*
*www.vennbahn.de*
*www.vennbahn.com*
*e-Mail : info@vennbahn.de*
*Bürozeit: Mo-Fr von 9-12 Uhr,*
*Sa von 10-12 Uhr*
*Auch die Verkehrsämter halten den Fahrplan der Vennbahn bereit.*

# St. Vith

## Steckbrief:

| | |
|---|---|
| Einwohner: | 8941 |
| Fläche: | 146,9 $km^2$ |
| Einwohner pro $km^2$: | 60,8 |

Zu St. Vith gehören viele Dörfer und Weiler, darunter Alfersteg, Amelscheid, Andler, Atzerath, Breitfeld, Crombach, Eiterbach, Heuem, Galhausen, Hinderhausen, Lommersweiler, Mackenbach, Neidingen, Neubrück, Neundorf, Niederemmels, Oberemmels, Recht, Rodt, Schlierbach, Schönberg, Wallerode und Wiesenbach.

## Allgemeines

St. Vith versteht sich als Eifelmetropole und Tor zu den Ardennen. Es ist mit seinen Schulen, den Verwaltungseinrichtungen und dem Krankenhaus das wirtschaftliche Zentrum der Eifel, das mehr als 3000 Arbeitsplätze aufweist. Die moderne St. Josef-Klinik in der Klosterstraße, die auf eine Gründung als Ordenskrankenhaus der Augustinerinnen im Jahr 1880 zurück geht, ist der größte Arbeitgeber in der ganzen Eifel. Dem Krankenhaus angegliedert ist eine psychiatrische Tagesklinik in Eupen. Dass der Ort St. Vith heute ein einheitlich modernes Ortsbild aufweist, ist eine Folge der politischen Wirren des 20. Jahrhunderts: Weihnachten 1944 versank die Stadt bei Luftangriffen der alliierten Streitkräfte in Schutt und Asche.

## Geschichte

Auch wenn man es nicht schlüssig nachweisen kann, geht der Name „St. Vith" wohl zurück auf die Überführung der Gebeine des heiligen Vitus (Veit) von Paris über Aachen nach Corvey. Beflügelt wurde die Entwicklung des Ortes durch die günstige Lage am Schnittpunkt von zwei überregionalen Verkehrswegen: der Römerstraße Reims-Köln und der Verbindung zwischen den Klöstern Prüm und Stablo-Malmedy, die schon im 7. Jahrhundert gegründet wurden. Schon im 12. Jahrhundert, notiert die Chronik des Pfarramtes St. Vitus, musste die kleine Gemeinde der Abtei Stablo-Malmedy Abgaben zahlen. 1157 wird „sanctum Vitum in foro" (St. Vitus im Markt) als Grenzort im Wildbann des Erzbischofs von Köln erwähnt. Fest steht jedenfalls, dass St. Vitus als einer der vierzehn Nothelfer in der mittelalterlichen Eifel ein beliebter Heiliger war. Noch heute zieht die Vitus-Oktav im Juni viele Pilger an.

*Der Altarraum von St. Vitus.*

Ein amüsantes Relikt aus der Geschichte ist für die St. Vither die Tatsache, dass die niederländische Königin Beatrix den Titel „Freiherrin von St. Vith" trägt – ein Hinweis auf die Herrschaft des Hauses Oranien-Nassau im 16. und 17. Jahrhundert. Die Besatzer wechselten im Laufe der Jahrhunderte, Kriege zogen über das Land, und mehrmals wurde die Stadt niedergebrannt, beispielweise 1689 von französischen Truppen. Schmerzliche Wunden hinterließen auch die beiden Weltkriege im 20. Jahrhundert.

## Rundgang

Aus den Ruinen ist eine blühende Stadt gewachsen. Zum Shopping laden heute Hauptstraße und Malmedyer Straße als das Geschäftszentrum von St. Vith ein.

Nach der Sanierung des Stadtkerns, die im Jahr 2000 abgeschlossen wurde, macht ein Bummel durch das lebendige Zentrum Spaß. Bei einer Pause in einem der Lokale oder Straßencafés kann man den weiteren

### WO ES FRÜHER HALB ZWÖLF SCHLUG: DIE KIRCHE IN LOMMERSWEILER

In ihrer heutigen Form wurde die Kirche von Lommersweiler am 10. September 1924 geweiht. Ursprünglich geht die religiöse Verehrung jedoch auf eine Kapelle zurück, die angeblich der heilige Willibrord errichtete, als er 915 in den Ort kam. Der Heilige soll bei dieser Gelegenheit auch den ständigen Wassermangel behoben haben, indem er den nie versiegenden Willibrordusbrunnen schuf, der im unteren Dorf liegt.

*Die Lourdes-Grotte an der Kirche von Lommersweiler zieht zahlreiche Pilger an.*

Im Mittelalter genoss die Pfarre Lommersweiler hohes Ansehen. Kirchenschätze aus früheren Jahrhunderten dokumentieren das. Aus dem 16. Jahrhundert stammt eine Holzplastik, die den heiligen Willibrordus darstellt. Aus dem 17. Jahrhundert blieben eine wertvolle Pieta und ein Schutzengel mit Kind erhalten. Kunsthistorische Bedeutung besitzt auch der Altar mit seinem Säulenschmuck. Das Altarbild zeigt eine Kreuzigungsszene. Eine Aufschrift datiert es auf das Jahr 1682. Aus dem Jahr 1628 stammt der Taufstein auf einer gedrehten Säule. 1932 ließ Pfarrer Wilhelm Busch eine Felsenhöhle für die Muttergottes anlegen, der später die päpstliche Anerkennung als Lourdes-Grotte zuerkannt wurde. Bis heute zieht sie Pilger an.

Eine Kuriosität, die die Kirche von Lommersweiler viele Jahre lang von allen anderen Kirchen unterschied, gibt es seit dem Sommer 2000 nicht mehr. Bis dahin läutete die Kirchturmglocke nicht wie heute um 12 Uhr, sondern um 11.30 Uhr. Der alte Brauch war auf die Überlegung zurück zu führen, dass die Bauern auf dem Feld rechtzeitig gemahnt werden sollten, mittags pünktlich zu Hause zu sein ...

Rundgang planen. Etwas mehr Muße benötigt man für einen Besuch im „Hotel zur Post“, das durch seinen Michelin-Stern den Gourmets Appetit auf St. Vith macht. Vor dem Tourist Info St. Vith an der Mühlenbachstraße 2 – schräg gegenüber dem Rathaus - wurde im Zuge der Innenstadtsanierung der alte Stadtbrunnen freigelegt. Um das Jahr 1200 erreichte er eine Tiefe von 36 Metern.

Eindrücke, die man kaum vergisst, bietet ein Besuch in der *St. Vitus-Kirche* (siehe S. 128). Aber auch die kleine *Katharinenkirche* hat eine interessante Geschichte. 1369 wurde an dieser Stelle ein Hospital mit Kapelle geweiht. Mit dem Bau war rund 20 Jahre vorher nach einer Pestepidemie begonnen worden. 1679 errichtete man einen Neubau, der bei einem Brand des Jahres 1689 beschädigt wurde. 1735, nach dem Wiederaufbau, wurde das Haus der heiligen Katharina geweiht, deren Namensfest am 25. November gefeiert wird. Der Patronin zu Ehren ist auch der Katharinenmarkt um diese Zeit benannt. Auch St. Katharina wurde Weihnachten 1944 von Bomben zerstört. Ab 1948 gab man sich an den Wiederaufbau, 1984 erfolgte eine Instandsetzung, und ab 1993 dient die Kapelle wieder als Gottesdienstraum.

Wer wissen will, was Standhaftigkeit ist, der kann sich am *Büchelturm* (14. Jhd.) ein Beispiel nehmen. Er wurde als Wehrturm in der mittelalterlichen Stadtmauer gebaut und überstand sämtliche Kriege und Stadtbrände. 1961 wurde er komplett restauriert. Der alte Turm verleiht St. Vith auch den Beinamen „Büchelstadt“.

Schautafeln mit alten Fotos erlauben einen *„Historischen Rundgang“* durch St. Vith, wie es vor der Kriegszerstörung aussah. Das Projekt ist Teil der „Holzstraße“, die das Bewusstsein für den Rohstoff Holz schärfen soll. Aus diesem Grund wurden die Schautafeln aus dem Naturstoff hergestellt. Die Holzstraße umfasst die Kommunen Libin (Forstpavillon), Vielsalm (Seepavillon), St. Vith und Bütgenbach (Grillhütte). Eine Broschüre mit Stadtplan gibt Erläuterungen zum Historischen Rundgang. Darin werden auch andere Denkmäler beschrieben wie beispielsweise der Stadtbrunnen in der Mühlenbachstraße.

In St. Vith denkt man allerdings auch weit über die Stadtgrenzen hinaus: Ein weiterer Rundgang greift ein Motiv auf, das bereits in der Deckengestaltung der St. Vitus-Kirche anklingt: das Universum. Im Jahr 2000 wurde der *Planetenweg* eröffnet, der ursprünglich auf eine Schülerarbeit zurückgeht. Der Sonne sowie ihren Planeten Merkur, Pluto, Saturn, Venus, Mars, Jupiter, Uranus, Neptun und Erde sind die

*Das Ehrenmal erinnert an die verheerende Zerstörung der Stadt an Weihnachten 1944.*

## EIN MAHNMAL GEGEN DEN KRIEG: DIE KIRCHE ST. VITUS

Was von der katholischen Pfarrkirche St. Vitus übrig geblieben war, nachdem die Bomber der Allierten Weihnachten 1944 wieder abgedreht hatten, ließ sich nicht mehr aufbauen. Die Gemeinde entschloss sich deshalb, die Überreste zu sprengen und eine neue Kirche zu bauen. Den Planungsauftrag erhielt der Brüsseler Architekt Jean Gilson. Am 29. Mai 1954 legte der Bischof der Diözese Lüttich den Grundstein. Am 14. Juni 1959 wurde das Gotteshaus eingeweiht, und am 15. Juni konnte das Patrozinium des heiligen Vitus zum ersten Mal wieder termingerecht im eigenen Haus gefeiert werden.

*St. Vith, Vitus Kirche*

Gläubige der Pfarrgemeinde und Pilger erlebten die Faszination des Gebäudes, das seine Spannung aus dem Kontrast von alten und modernen Elementen bezieht. Äußerlich wirkt der spitze, auf einer Zwiebelhaube aufsitzende Turm über dem kompakten Baukörper unverwechselbar. Im Inneren erinnert die Basilika mit ihren Rundbogenfenstern und ihren durch Rundbögen abgetrennten Seitenschiffen an ein romanisches Kloster.

Wie schattige kleine Klausen schließen sich seitlichen Nischen an das breite, helle Mittelschiff an. Die imposante Orgelempore bildet den Gegenpol zum Altarraum, dessen Weitläufigkeit durch den anschließenden Chorraum noch betont wird. Darüber spannt sich ein ultramarinblaues Firmament. Eine weiße, lineare Zeichnung symbolisiert darin die Allmacht Gottes. Eine Spirale stellt die Unendlichkeit des Universums dar, den Makrokosmos. Hinzugefügt sind ineinander geschachtelte fünfzackige Sterne (Pentagramme), deren Ecken mit Linien verbunden sind: Die bis ins Unendliche fortsetzbare Teilung versinnbildlicht den Mikrokosmos der Natur.

Mit einem Löwen zur Seite steht die Skulptur des Kirchenpatrons St. Vitus in der ersten Nische an der westlichen Langhauswand, links vom Eingang. Die Skulptur, die um das Jahr 1700 datiert wird, stammt vom ehemaligen Hochaltar. Vitus, berichtet die Kirchengeschichte, erlitt im 3. Jahrhundert den Tod durch verschiedene Martermethoden. Unter anderem soll er einem Löwen vorgeworfen worden sein. Er gilt als Schutzpatron der Jugend. Seinen Beistand suchen auch Menschen, die unter Nervenkrankheiten leiden.

Siegmund Dobrzycki, Bildhauer aus Brüssel, schuf das Altarkreuz mit der Christus-Skulptur. Er kreierte auch die 14 Stationen des Kreuzweges. Die ca. 1,50 Meter großen, in leuchtenden Farben glasierten Tonreliefs setzen lebhafte Akzente auf den Seiten der Nischenbögen. Ein frühgotischer Taufstein, der vor dem Mittelgang steht und heute als Weihwasserbecken dient, ist das älteste Stück in der Kirche: Er stammt aus dem 13. Jahrhundert. Die Orgel wurde 1972 von Stephan Schumacher aus Eupen mit 39 Registern und 2841 Pfeifen gebaut.

Im Heimatmuseum „Zwischen Venn und Schneifel" sind noch Kirchenschätze aus der alten St. Vitus-Kirche zu sehen.

Stationen auf einem etwa drei Kilometer langen Spazierweg gewidmet. Sie verdeutlichen die Weite des Sonnensystems und geben eine Vorstellung von den Größenverhältnissen im Weltall. Ein Faltblatt hilft dabei, den Planetenweg zu finden und die Stationen zu deuten.

## Aktivitäten

In St. Vith geht man gern aus und feiert auch zünftig. In der Ferienzeit ist viel los, wenn es heißt: „Summertime in St. Vith". Unter diesem Titel werden sportliche und kulturelle Veranstaltungen sowie Trödel-

### Wie ein Dummkopf eine Tradition begründete: Der Jahnlauf

**Der Tierschutz hat dazu geführt, dass in Schönberg ein alter Brauch etwas anders gefeiert wird als früher.**

**Der Sage nach war Graf Kuno von Schönberg nach erfolgreicher Jagd in Bleialf eingekehrt, um das Erlegen eines kapitalen Hirsches gebührend zu begießen. Anschließend musste er ohne seine Beute nach Hause zurück kehren. Am anderen Morgen schickte der Ritter seinen Diener Jahn nach Schönberg, um den Hirsch zu holen. Jahn war nicht der Allerschlaueste und vielleicht auch nicht ganz nüchtern, und weil sein verkaterter Herr ihm nicht genau gesagt hatte, um welche Beute es sich handelte, kehrte er mit dem erstbesten Tier zurück, dass er in der Nähe der Kneipe erblickt hatte.**

**Und das war ausgerechnet ein lebendiger Frosch. Jahn setzte den quicklebendigen Hüpfer auf seine Karre und steuerte flugs die Heimat an. Das war nicht einfach, denn der Frosch hatte nichts Besseres zu tun, als dauernd von der Karre zu springen, um das Weite zu suchen. Das konnte Jahn nur verhindern, indem er mit Riesensätzen hinterher hechtete. Und wer kann Jahn übel nehmen, dass er sich hier und da von dem Herumgerenne in den Gaststätten am Wegesrand erholte?**

**Das Volk ringsum hatte jedenfalls eine Menge Spaß an dem Schauspiel und veranstaltete bald seinen eigenen „Jahnlauf", der sich auch ein wenig zur Parodie auf die ritterlichen Turniere entwickelte.**

**Der jährliche Jahnlauf wurde zur Tradition in Schönberg. Er verlieh den Bewohnern sogar den Spitznamen „Froschtaler". Weil der Tierschutz jedoch seit Jahren den Einsatz von Fröschen verbietet, wandelte sich der Jahnlauf vom Ulk zum sportlich-witzigen Wettkampf ganz ohne Frösche. Jetzt wird im Juli ein zünftiges mittelalterliches Fest gefeiert mit Rittern, die um die Gunst der Burgfräuleins streiten, Vaganten und Gauklern, Feuerschluckern und Händlern. Höhepunkt ist die Austragung der – sehr ernsthaften - Belgischen Meisterschaft im Ritterkampf. Für das Publikum gibt es rundum Zünftiges zu essen, zum Beispiel Krumme Krapfen und Kräutertorte.**

i ***Touristik und Freizeitzentrum Schönberg***
***Tel.: 080 / 54 85 40***
***Fax: 080 / 54 87 35***

*Eine Fischtreppe an der Our in Schönberg.*

und Antikmärkte insbesondere in den Monaten Juli und August zusammengefasst. Tradition haben beispielsweise Kunstausstellungen im Rathaus, die von der Stadtverwaltung, dem Volksbildungswerk und der Fördergemeinschaft St. Vith veranstaltet werden (Info: Fördergemeinschaft St. Vith, Tel.: 080 / 22 77 58 oder www.sankt-vith.com).

Im Juli organisiert die Konzertgesellschaft Musica Viva Eupen ihre traditionellen Sommerkurse für Musik in St. Vith. Fünf Tage lang wird jeweils sieben Stunden lang mit Profi-Musikern als Dozenten geprobt. Zum Schluss gibt es ein öffentliches Konzert. (Info: 087 / 74 07 78)

Das internationale *Theaterfest der Deutschsprachigen Gemeinschaft* lockt im Oktober eine Woche lang kunstsinniges Publikum nach St. Vith. Im November zieht der Katharinenmarkt Besucher aus der ganzen Umgebung an.

Vom Jahr 2003 an bietet das Kulturzentrum am früheren Bahnhof bis zu 600 Besuchern Platz. Es dient als kreative Stätte für örtliche Kulturträger und Gastspiele sowie als Veranstaltungsort für gesellschaftliche Ereignisse. Mit ihren großzügigen Ausmaßen bietet die Bühne viele Möglichkeiten. Das internationale Sommeratelier „Kunst im Dorf" im Ortsteil Neundorf ist seit 1988 eine der Aktionen der kreativen Werkstätten in der alten Schule, die ansonsten Jahreskurse anbieten. Von Airbrush über Goldschmieden bis zur Fotografie reicht die Palette (Info-Broschüre: Kreatives Atelier/Kreative Werkstätten, Neundorf 30, 4784 St. Vith, Tel. 080 / 22 82 82, www.st.vith.be).

i

*Gemeindeverwaltung St. Vith*
*Hauptstraße 43*
*4780 St. Vith*
*Tel.: 080 / 22 11 37*
*Fax: 080 / 22 80 01*
*www.st.vith.be*

*Fördergemeinschaft St. Vith*
*Tel.: 080 / 22 77 58*
*www.sankt-vith.com*

*Volksbildungswerk*
*175 Medell Hochkreuz*
*4770 Amel*
*Tel.: 080 / 34 92 88*

*Tourist Info St. Vith*
*Mühlenbachstraße 2*
*4780 St. Vith*
*Tel.: 080 / 22 11 37*
*Fax: 080 / 22 16 22*

## UMGEBUNG

St. Vith liegt im Herzen eines ländlich geprägten Umlandes. Im Gebiet der Stadt und der dazu gehörenden Dörfer gibt es noch rund 240 landwirtschaftliche Anwesen.

In der Umgebung von St. Vith ist die *Bartholomäus-Kapelle* von **Wiesenbach**, südöstlich von St. Vith, als die vermutlich älteste christliche Kultstätte der Eifel sehenswert. Sie erhebt sich beschaulich über dem Prümbach inmitten eines kleinen Friedhofs. Ihr weit vorgezogenes Dach ruht auf kräftigen roten Stützpfeilern. Die Kapelle besitzt im Chor, zu dem man vom Eingang aus hinunter geht, für die Region einzigartige Fresken, die auf die Zeit von 1450 bis 1480 datiert wurden. Sie zeigen unter anderem Szenen der Passion Christi.

In den 1980-er Jahren wurden die Malereien freigelegt und restauriert. Der Altar stammt von 1688. Ein Gemälde stellt darin den hl. Bartholomäus mit der hl. Luzia und dem hl. Hubertus dar. Letzterer war der erste Bischof von Lüttich und gilt als Schutzpatron der Ardennen und der Jäger. Luzia wird bei Augenleiden angerufen. Eine Holzstatue der Märtyrerin aus dem 16. Jahrhundert wurde zusätzlich in die Altarkrone eingearbeitet. Sie zeigt die Heilige mit einem Schwert, das ihren Hals durchstößt.

In der Geschichtsschreibung wird Wiesenbach im Jahr 876 erwähnt, als dort die Gebeine des heiligen Quirinus auf dem Weg zur Abtei Stablo-Malmedy Station machten. Das lässt den Schluss zu, dass es dort schon damals eine christliche Kapelle gegeben hat. Der Name zieht jedoch eine Spur noch tiefer in die Vergangenheit hinein: „Wisibronna" (auch „Wisibrona" oder „Wisonbronna") bezieht sich vermutlich auf ein fränkisches Quellheiligtum, das nach der Nymphe Wisona benannt wurde.

Bedeutender als Wiesenbach war in der Vergangenheit **Neundorf**. „Nova villa" war ein einflussreicher karolingischer Königshof. Die spätgotische Pfarrkirche von Neundorf ist der *Gottesmutter Maria* geweiht. Am Fest Maria Himmelfahrt wird sie zum Ziel von Pilgern. Sehenswert in Neundorf ist auch ein imposanter *Eisenbahnviadukt*.

Geradezu berühmt ist der kleine Ort **Schönberg** für sein buntes Spektakel im Juli: den Jahnlauf (siehe S. 129). Auch als Wallfahrtsort genießt Schönberg einen bedeutenden Namen (siehe S. 132).

**Recht**, an der Grenze nach Luxemburg gelegen, hat als Besonderheit blaugrauen Schiefer vorzuweisen. Im Jahr 1725 wurden Familien, die aus Tirol kamen, in Recht ansässig. Sie trieben einen 400 Meter langen *Tunnel* in den Berg, um den Schiefer abzubauen. Ein gemeinnütziger Verein bemüht sich um die touristische Erschließung des Stollens, in dem auch Fledermäuse überwintern.

In **Wallerod**e sind die *St. Wendelinus Kirche* und das Schloss (beides 18. Jhd.) sehenswert. Der Name Wallerode geht auf das Roden der Wälder zurück. Naturfreunde

*Der schlanke spitze Turm ist charakteristisch für die Schönberger Kirche.*

werden die mächtigen *Buchen* von *Rodt* bewundern: Die majestätischen Bäume stehen unter Naturschutz. Aber auch einem anderen Naturprodukt wird hier Respekt gezollt: Ein *Biermuseum* am Tommberg beherbergt rund 4000 Flaschen mit Gerstensaft, so wie er in 62 Ländern rund um den Erdball gebraut wird.

Natürlich setzen die vielfältigen belgischen Produkte einen Schwerpunkt: 115 Brauereien sind vertreten. Zu den Flaschen gehören nicht nur passende Gläser, sondern auch andere – teilweise kuriose - Accessoires, die den Biergenuss schöner machen sollen. Zu den süffigen Sorten, die auch ausgeschenkt werden, gehört auch die spezielle Marke „Biermuseum", erhältlich hell und dunkel.

i

*Skihütte und Biermuseum*
*Rodt-Tommberg*
*4784 Rodt*
*Tel.: 080 / 22 97 34 oder 080 / 22 63 01*
*Fax: 080 / 22 95 62*
*Geöffnet an Wochenenden und Feiertagen von 10-18 Uhr sowie während der Ferien von 11-18 Uhr und auf Anfrage.*

*Familienerholungszentrum*
*„Am Rechter Weiher"*
*Zwischen Burg und Büchel*
*Recht*
*Tel.: 080 / 57 02 59*

*Kaufhaus Meyer*
*Dorf 49*
*4782 Schönberg*
*Tel.: 080 / 54 80 64*

## MARIENWALLFAHRTSORT IM HEILIGEN JAHR: DIE PILGERKIRCHE VON SCHÖNBERG

Fest gemauert steht sie da, die Kirche von Schönberg bei St. Vith. Sie ist Wallfahrtsort in einer Pfarre, die außerdem durch ihre Passionsspiele bekannt ist.

Im Heiligen Jahr 2000 wurde dem kleinen Gotteshaus eine besondere Ehre zuteil: Es wurde zu einer der Pilgerkirchen im Bistum Lüttich ernannt, neben den Wallfahrtsorten Moresnet, Banneux, La Sartre und Vaux-sous-Chèvremont.

Die Gläubigen verehren in Schönberg den heiligen Georg, der Schutzpatron der Wallfahrtskirche ist, und die Gottesmutter Maria. Vor einer Pieta, die aus dem 16. Jahrhundert stammen soll, möglicherweise aber auch noch älter ist, tragen die Pilger ihre Fürbitten vor. Die Skulptur wurde schon in der ehemaligen Burgkapelle verehrt, bevor sie in der Kirche aufgestellt wurde. Wenn am Fest Maria Himmelfahrt Pilger in Scharen nach Schönberg strömen, dann beten sie aber auch vor der Lourdes-Grotte neben der Kirche. Sobald die Dunkelheit hereinbricht, ziehen die Wallfahrer mit Kerzen dorthin. Die Grotte wurde 1939 errichtet. Sie ist verbunden mit dem Friedhof und einem Kreuzweg, der durch einen kleinen Park führt.

*

Am Himmelfahrtstag, dem 15. August, wird auch an anderen Orten die Gottesmutter verehrt. *Neundorf*, ebenfalls bei St. Vith, hat Maria als Pfarrpatronin erwählt. Der Ort gilt als eine der ältesten anerkannten Pilgerstätten der Eifel.

In *Dürler*, im Süden Ostbelgiens, ist die Kapelle am Berg Ziel der Gläubigen. Sie wurde erbaut zum Dank dafür, dass der Ort von den Bomben verschont blieb.

1951 wurde in *Iveldingen/Montenau* die Kapelle „Jungfrau der Armen" in der Nähe des Klosters St. Raphael erbaut. Seitdem ist auch dieser Ort Ziel einer Marienwallfahrt.

# WEISMES/WAIMES

## STECKBRIEF:

| | |
|---|---|
| Einwohner: | 6505 |
| Fläche: | 97,19 km² |
| Einwohner pro km²: | 66,9 |

Zur Gemeinde Weismes gehören weitere Orte, unter anderem Champagne, Faymonville, Ondenval, Ovifat, Remonval, Robertville, Sourbrodt, Steinbach, Thirimont und Walk.

## ALLGEMEINES

Jeder Schüler in Belgien kennt die Gemeinde Weismes, denn auf ihrem Gebiet liegt das Signal de Botrange, das mit 694 Metern Höhe Belgiens höchster Punkt ist. Weismes ist zudem die östlichste französischsprachige Gemeinde Belgiens. Weismes unterteilt die Deutschsprachige Gemeinschaft und grenzt zwischen Mützenich und Kalterherberg an Deutschland. Außer Französisch sprechen viele Einwohner Deutsch, und auch der wallonische Dialekt wird gepflegt.

Gut ein Drittel der Gemeindefläche ist mit Wald bedeckt, den schon Karl der Große als Jagdrevier schätzte. Weitere 13 Prozent nimmt das Venn ein. Nur 15 Prozent der Fläche sind besiedelt. Obwohl die Gemeinde recht ländlich wirkt, ist die Landwirtschaft auf dem Rückzug.

Mittlerweile arbeiten 45 Prozent der Beschäftigten im Dienstleistungssektor. Eine Reihe von Hotels und Pensionen, fünf Campingplätze sowie die ausgedehnten Sport- und Freizeitanlagen an der Warchenne und gemütliche Restaurants formen das gastliche Image. Rund 100 Vereine und Gesellschaften sorgen dafür, dass es auch den Einheimischen nicht langweilig wird.

*Lust auf eine Kahnpartie? Der See von Robertville bietet sich dafür an.*

## GESCHICHTE

Ein Königshof aus der Merowingerzeit (481 bis 751) bildete die Keimzelle für das Dorf Weismes. Bereits im 7. Jahrhundert führte die Via mansuerisca, die Maastricht mit Trier verband, durch die heutige Gemeinde Weismes. Diese Straße wurde mit Steinen auf einem Untergrund aus Holzbohlen angelegt. Erstmals schriftlich erwähnt wurde der Ort 888. Für die Wirtschaft im Ort spielte die „Voye de Tahots" eine Rolle: So nannte man den Weg, über den vom 16. bis zum 18. Jahrhundert Leder, das in Malmedy gegerbt wurde, nach Frankfurt und Leipzig transportiert wurde.

*Ritterrüstung in der Burg Reinhardstein.*

## RUNDGANG

Kunsthistorisch Interessierte werden die *St. Saturnin-Kirche* besuchen, die 1554 auf Fundamenten aus dem 11. Jahrhundert errichtet und im 20. Jahrhundert nach alten Plänen umgebaut wurde. Bemerkenswert ist die Konstruktion: Die zweischiffige Hallenkirche gilt in Belgien als einmalig. Aus dem 16. Jahrhundert blieben zwei Kalvarienfiguren aus Alabaster und ein Weihwasserbecken erhalten.

## AKTIVITÄTEN

In den Bereichen Sport und Freizeit bietet die Gemeinde das ganze Jahr über attraktive Angebote. Aus den kulturellen Offerten ragen heraus: das Seefest von Robertville im Juli, die Show „Licht und Ton" an der Haelen-Brücke im August sowie andere Open Air Veranstaltungen am See.

Mit der Belgischen Meisterschaft der Goldwäscher im September griff Faymonville weit in die Geschichte zurück. Schon im 5. Jahrhundert v. Chr. suchten die Kelten an Amel und Warchenne nach dem kostbaren Metall. Auch der letzte professionelle Goldsucher Ostbelgiens war in dem Dorf zu Hause: Joseph Paquet. Bis heute gibt es einige Idealisten, die hoffen, aus dem Schlamm Glitzerndes zu spülen. Veranstaltungen in Sport oder Kultur – und natürlich ab und zu auch eine zünftige Gaudi - finden in der Oberbayernhalle statt.

## UMGEBUNG

Eine touristische Attraktion gewann **Robertville**, als von 1925 bis 1929 die *Warche-Talsperre* gebaut wurde. Sie versorgt die Stadt Malmedy mit Trinkwasser und speist außerdem ein kleines Elektrizitätswerk in Bévercé. Rund um den See haben sich touristische Einrichtungen und gastliche Lokale angesiedelt. Camper können unter drei Plätzen auswählen. Der Wald reicht an den steilen Ufern dicht bis ans Seeufer. Von der Staumauer aus führt ein 800 Meter langer Weg zur Burg Reinhardstein.

Robertvilles *St. Joseph-Kirche* stammt aus dem Jahr 1839. Rund um das Gotteshaus liegt ein alter Friedhof. Von dem kleinen Dorf aus starten viele Wanderer, um das Hohe Venn zu erkunden oder einen lehrreichen Spaziergang über den ausgeschilderten Pfad im Polleur-Venn zu unternehmen.

Bis zum Naturparkzentrum (siehe S.58) an der Straße von Sourbrodt in Richtung Elsenborn und dem **Signal de Botrange** an der Straße von Eupen nach Robertville ist es nicht weit. Signal de Botrange, Mont Rigi – die alte Herberge an der Kreuzung der Straßen Eupen-Malmedy und Eupen-Sourbrodt - sowie Baraque Michel bilden mit ihren Restaurants drei Ausflugsziele in unmittelbarer Nachbarschaft auf der Höhe des Venns.

**Baraque Michel** wurde 1884 gebaut. Die *Kapelle Fischbach* bei Baraque Michel stammt aus dem Jahr 1831 (siehe S. 52 und 53, Geschichte des Venns).

Heute ist die Baraque Michel ein Ausflugsziel, das bequem über die Straße erreicht werden kann. Aber auch Wanderer, die aus dem Venn kommen, nähern sich über die Holzstege gern dem gastlichen Haus, in dem regionale Küche, hausgemachtes Brot und Pasteten serviert werden.

Die tief eingeschnittenen, malerischen Täler von Warche und Bayehon gehören zu den Sehenswürdigkeiten der Gemeinde und ziehen viele Wanderer an.

Im Tal des Bayehon gibt es noch zwei Sehenswürdigkeiten: den rund 60 Meter hohen *Wasserfall*, der als der höchste von Belgien gilt, und die sorgfältig angelegten Schutzhecken insbesondere in Ovifat und Xhoffraix. Das Warchetal ist als Naturreservat geschützt, ebenso wie das Hohe Venn.

*Sorgfältig gestutzte Hecken verleihen dem Dorf Xhoffraix seinen unverwechselbaren Charme.*

*Burg Reinhardstein gehörte früher einmal Klemens Wenzel von Metternich.*

Von der Staumauer des Sees führt ein Fußweg zur *Burg Reinhardstein*, die in der Nähe von **Ovifat** liegt (siehe S. 137) Die *St. Remaklus-Kirche* von Ovifat wurde 1935 geweiht. Viel älter ist die Cheneux-Kapelle, die ins Jahr 1602 datiert wird.

**Xhoffraix** ist nicht nur Wintersportlern ein Begriff. Das *Kreuz der Verlobten* (siehe S. 69) und die Einsiedelei „*Cabane de Negus*" regen die Fantasie zu romantischen Gedankensprüngen an. In die einsame Behausung, die heute als Schutzhütte dient, hatte sich der Ingenieur Léo Rinquet, der wegen seines schwarzen Bartes „Negus" genannt wurde, um das Jahr 1930 zurückgezogen. Xhoffraix besitzt die schönsten Buchenhecken weit und breit. Sie schützen Vennhöfe gegen den scharfen Wind und machen manches Anwesen zu einer echten Attraktion. Allerdings ist die Pflege der Schutzhecken mit hohem Aufwand verbunden

Malerische Dörfer sind auch **Gueuzaine, Bruyères** und **Champagne**, dessen Häuser aus Natursteinen, über denen die Blätter leise im Wind rauschen, so edel wirken wie der Name des kleinen Ortes.

Im ehemaligen Bahnhof von **Sourbrodt** ist ein *Torfmuseum* im Aufbau, das die Entstehung von Torfmooren und die Arbeit der Torfstecher anschaulich machen soll.

Neben dem Bahnhof lag früher eine Torfmull-Fabrik. Sehenswert sind die *St. Wendelinus-Kirche* von 1935 und die *Wendelinus-Kapelle*, deren ältester Teil, der Chorraum, von 1708 stammt.

Ein 1926 errichtetes Denkmal erinnert an Nicolas Pietkin (1849-1921). Der ehemalige Pfarrer von Sourbrodt engagierte sich dafür, dass im polyphonen Belgien jeder seine Muttersprache pflegen durfte.

## BURG REINHARDSTEIN ODER: DAS MÄRCHEN VOM WIEDERAUFBAU

Es war einmal eine Burg, die malerisch in einer tiefen Schlucht nahe beim höchsten Wasserfall Belgiens lag. Gebaut wurde sie vor vielen Jahren. 1354 hatte Renaud von Weismes, ein Lehnsmann des Grafen von Luxemburg, sie auf einem Schieferkegel errichten lassen, wo schon in der Steinzeit Menschen hausten und wo Kelten und Römer ihre Spuren hinterließen. Ihr letzter Besitzer, Klemens Wenzel von Metternich (1773-1859), war ein mächtiger Politiker. 1815 führte er den Wiener Kongress, bei dem die Macht in Europa neu aufgeteilt wurde. Doch zu diesem Zeitpunkt war aus der stolzen Burg schon ein Trümmerhaufen geworden. 1799 hatten die Revolutionstruppen Napoleons das Land besetzt. Die Metternichs verkauften ihre Burg, und sie wurde als Steinbruch genutzt. Im Laufe der Jahrzehnte verfiel sie immer mehr, und bald war nur noch eine Ruine übrig.

Da kam eines Tages – etwa um das Jahr 1960 - ein Professor des Weges. Er verliebte sich in das traurige alte Gemäuer mit der großen Geschichte und den Kellergewölben aus römischer Zeit. Der Professor studierte alte Schriften und fand viele Zeichnungen, die der Künstler Mathieu Xhrouet aus allen möglichen Perspektiven von der Burg angefertigt hatte. Auch Dichter hatten das hohe Lied der Warcheburg gesungen. So gewann der Professor ein Bild vom verblichenen Glanz der Festung, und sein Wunsch, sie wieder wie früher trutzig und mächtig im Tal aufragen zu sehen, wurde stärker und stärker.

Und da beschloss er, die Burg ein zweites Mal bauen zu lassen, und sie sollte aussehen wie auf den alten Zeichnungen. Er kaufte die Überreste, von 1965 an wurde die Burg neu geplant, und ab 1969 wieder errichtet, Stein um Stein. Der Professor aber verkaufte sein Haus in Brüssel und zog zunächst in ein Nebengebäude seiner Burg. Von dort sah er, wie das Haupthaus hergerichtet wurde, dann folgte der Turm. Kapelle und Rittersaal strahlten bald in neuem Glanz. Im Bergfried mit seinen neun Geschossen wohnte der neue Burgherr schließlich und betrachtete sein Werk fast drei Jahrzehnte lang mit Wohlwollen. Den Schatz der Burg Reinhardstein aber, den in einem verschwiegenen Gewölbe ein alter Drache und der Geist der Warche in Gestalt einer schönen jungen Frau hüten, den tastete der Professor nicht an.

*

Es ist ein Märchen aus moderner Zeit, das der verstorbene Professor Jean Overloop wahr werden ließ. Der Dozent für Geschichte der Diplomatie erwarb die Burgruine in der Nähe von Robertville und steckte Geld und Engagement in den Wiederaufbau. Als Antiquitätensammler trug er Rüstungen und Teppiche, Truhen und andere Ausstattungsteile zusammen.

Die Burg Reinhardstein ist heute die höchstgelegene Burganlage Belgiens. Seit 1977 steht sie unter Denkmalschutz. Man kann die Burg nach Absprache besichtigen oder ihr Flair bei Konzerten oder mittelalterlichen Festspielen genießen. Beliebt ist im Juli und August auch die „Nacht im Kerzenlicht“ mit Musik und Buffet. In der Kapelle finden gelegentlich Hochzeiten statt. Gern besucht wird die Krippe der Burg mit ihren beweglichen Figuren aus dem 18. Jahrhundert, entstanden in Süddeutschland. Oft schreiten heute Märchenerzähler durch die dicken Mauern und berichten Gästen von Sagen und Legenden – und vom sagenhaften Wiederaufbau einer alten Bastion.

i ***Anmeldung***
*Burg Reinhardstein*
*Ovifat/Robertville*
*4950 Weismes*
*Tel.: 080 / 44 68 68 (Burg)*
*Oder: Tel.: 080 / 44 64 75 (Tourist Info)*

In der Nähe der Burg kann der mit fast 60 Metern höchste Wasserfall Belgiens am Bayehon besucht werden. Er liegt in einem Naturschutzgebiet. Im Frühjahr, wenn die Schneeschmelze einsetzt, präsentiert er sich besonders eindrucksvoll. Auf dem Weg von Ovifat zur Burg Reinhardstein lohnt auch an der Kapelle von Chêneux ein kurzer Halt.

**Faymonville** nimmt in der Gemeinde eine Sonderstellung ein, denn seine Bewohner nennt man landläufig „Türken". Für die sonderbare Bezeichnung gibt es zwei Erklärungsversuche, die keineswegs wissenschaftlich abgesichert sind. Die eine wird von siegreichen Schlachten gegen die Muslime (=Türken) abgeleitet. Die zweite Version: Weil Faymonville nicht zur Herrschaft der Fürstbischöfe von Stavelot-Malmedy gehörte, sondern den Grafen von Luxemburg unterstand, mussten den Klöstern auch keine Abgaben geleistet werden. Das könnte die Klosterherren zur abfälligen Einschätzung verleitet haben, die Bevölkerung sei dem Christentum abgeneigt – also türkisch. Die Faymonviller sind jedenfalls stolz auf ihren Ruf und zeigen das auch: Über dem ehemaligen Rathaus hängt ein kleiner Halbmond, ein Restaurant nennt sich „Au vieux Sultan", und der Fußballclub heißt „Turkania".

Nahe dem Truppenübungsplatz Elsenborn steht das *Kreuz im Venn*, das eine besondere Geschichte hat. Das Eisen-Kreuz reckt sich sechs Meter hoch über den Felsen, der Richelsley genannt wird. 1890 wurde es von Pastor Arnoldy aus Kalterherberg errichtet zur Erinnerung an Stefan Horchem, der von 1639 bis 1686 Prior des Klosters Reichenstein war und als „Venn-Apostel" in die Geschichte einging. 1908 erschien unter dem Titel „Das Kreuz im Venn" einer der bekanntesten Romane von Clara Viebig (siehe S. 157). 1939 erlangte das Kreuz eine besondere Nutzung: Während der Mobilmachung stieg ein belgischer Soldat auf den Querbalken, um von der Höhe zu beobachten, was sich am nahen deutschen Westwall abspielte.

*Eine kurze Besinnung bietet das Heiligenhäuschen in Xhoffraix an.*

i

*Gemeinde Weismes*
*Place Baudouin 1 - 4950 Waimes*
*Telefon: 080 / 67 95 69*
*Fax: 080 / 67 84 10*
*www.liegeonline.be/fr/communes/waimes01.html*

*Naturparkzentrum Botrange*
*Route de Botrange 131*
*4950 Robertville*
*Tel. : 080 / 44 57 81*
*Fax: 080 / 44 44 29*
*e-Mail:*
*botrange.centrenature@skynet.be*
*www.HohesVennEifel.Naturpark.de*

*Tourist Info Signal de Botrange*
*Botrange 133 B*
*Tel.: 080 / 44 73 00*
*Fax: 080 / 44 72 74*

*Rita Chavet*
*Rue Abbé Bastin 3 - Faymonville*
*Tel.: 080 / 67 84 58*

*Tourist Info*
*Rue Centrale 53 - Robertville*
*Tel.: 080 / 44 64 75*

*Benoit Servais*
*Ch. des Campanules 2 - Xhoffraix*
*Tel.: 080 / 44 47 34*
*Fax: 080 / 44 78 31*

*Von A bis Z:*

# KULTUR IN OSTBELGIEN

## OSTKANTONE

- Kirchen, Freizeitzentren, Kulturhäuser, Burgen und Theater sind Spielstätten für das *Ostbelgien-Festival*, das seit 1993 von einer treuen Fan-Gemeinde getragen wird. Zum Programm gehören klassische Musik, aber auch Jazz. Große Orchester aus dem In- und Ausland werden verpflichtet, aber auch hochrangige Ensembles, die Kammermusik spielen.

  Ein gutes Dutzend Termine werden vom Frühjahr bis zum Herbst in verschiedenen Orten besetzt. Dabei gibt es zwei Schwerpunkte im Frühjahr und im Herbst. (Info: Verkehrsamt der Ostkantone, Tel.: 080 / 22 76 64, Fax: 080 / 22 65 39

- Als Einrichtung für Erwachsenenbildung der Christlichen Arbeiter- und Arbeiterinnenbewegung stehen bei der *Volkshochschule* der Ostkantone Projekte der Qualifikation von Arbeitnehmerinnen und Arbeitnehmern auf dem Programm.

  Sie leistet damit auch einen Beitrag zur Integration von Arbeitslosen. Zu den politisch-historisch orientierten Angeboten gehört auch die Euregio-Akademie für SeniorInnen.

  *Volkshochschule der Ostkantone*
  *Neustraße 54*
  *4700 Eupen*
  *Tel.: 087 / 56 17 54*
  *Fax: 087 / 55 81 28*
  *e-Mail: vhs.ostkantone@skynet.be*

## DEUTSCHSPRACHIGE GEMEINSCHAFT

- Die *Deutschsprachige Gemeinschaft* besitzt ein eigenes Ministerium für kulturelle Angelegenheiten:

  *Minister für Unterricht, Kultur,*
  *Wissenschaftliche Forschung,*
  *Denkmäler und Landschaften*
  *Klötzerbahn 32*
  *4700 Eupen*
  *Tel.: 087 / 59 64 00*
  *Fax: 087 / 55 67 09*

- Alles über Ostbelgien wird in der *Zentralbibliothek* mit angeschlossenem Dokumentationszentrum festgehalten. Sie ist die Zentrale aller öffentlichen Bibliotheken der Deutschsprachigen Gemeinschaft und umfasst rund 70 000 Titel.

  Dazu gehören auch Werke der niederländischen, französischen und spanischen Literatur.

  *Zentralbibliothek und Dokumentationszentrum der Deutschsprachigen Gemeinschaft Belgiens*
  *Medienzentrum der DG*
  *Hookstraße 64*
  *4700 Eupen*
  *Tel.: 087 / 55 55 51*
  *Fax: 087 / 55 80 70*
  *e-Mail: mediabib@euregio.net*

- Dokumente des öffentlichen Lebens vom 14. Jahrhundert bis zur Gegenwart werden im *Staatsarchiv* aufbewahrt und können dort genutzt werden. Auch amtliche Verlautbarungen seit dem 18. Jahrhundert dürfen in dem ehemaligen Tuchmacherhaus Rehrmann-Fey eingesehen werden.

*Staatsarchiv*
*Kaperberg 2-4*
*4700 Eupen*
*Tel.: 087 / 55 43 77*

- Das *Internationale Kunstzentrum* Ostbelgien (IKOB) widmet sich der zeitgenössischen bildenden Kunst in der Region. Es ist in Eupen ansässig und unterhält eine Filiale in St. Vith.

*IKOB*
*In den Loten 3*
*4700 Eupen*
*Tel.: 087 / 56 01 10*

- Im Oktober findet in St. Vith eine Woche lang das internationale *Theaterfest der Deutschsprachigen Gemeinschaft* statt. Es wird organisiert von der Theatergemeinschaft Agora und dem Volksbildungswerk St. Vith.
  Zum Rahmenprogramm gehört Musik.

i *Volksbildungswerk St. Vith*
*Medell-Hochkreuz 175*
*4770 Amel*
*Tel.: 080 / 34 92 88*
*Fax: 080 / 34 05 80*
*e-Mail: vbw@skynet.be*
*www.users.skynet.be/kultur.vbw*

- Konzerte mit Studenten veranstaltet die *Interkommunale Musikakademie*. Sie besitzt auch eine Notenbibliothek.

*Interkommunale Musikakademie*
*der Deutschsprachigen Gemeinschaft*
*Lascheterweg 23*
*4700 Eupen*
*Tel.: 087 / 74 28 29*

## AMEL

Den Karnevalisten verdankt Amel ein Veranstaltungszentrum. Die Halle „Zum Tünnes“ in Deidenberg wird durchaus nicht nur in der fünften Jahreszeit genutzt, sondern steht jederzeit für gesellschaftliche und kulturelle Veranstaltungen zur Verfügung.

*Gemeinde Amel*
*Wittenhof 10*
*4770 Amel*
*Tel.: 080 / 34 81 10*
*Fax: 080 / 34 81 11*

## BÜLLINGEN

- Bücher, Spiele, Videos und CDs können Interessierte ausleihen bei der:

*Biblio-, Medien- und Ludothek*
*Kirchplatz 124*
*4760 Büllingen*
*Tel.: 080 / 64 27 62*

- Kurse in Malerei, Seidenmalerei, Tiffany, Patchwork und anderen kunsthandwerklichen Richtungen gibt es für Kinder und Erwachsene in der Kreativen Werkstatt:

*Kreative Werkstatt*
*Mürringen 24*
*4760 Büllingen*
*Tel.: 080 / 64 71 70*

- Ein Kinder- und Jugendtheater gründeten 1997 die Filmschauspielerin Erika Domenik und der Regisseur Bernward Müller in Rocherath. Es geht von dort aus auch auf Tourneen.

*Zauberberg Neues Theater*
*Krinkelt 64*
*Rocherath*
*4761 Büllingen*
*Tel.: 080 / 64 21 87*
*Fax: 080 / 64 31 87*

## BURG-REULAND

- Vielfältige Aktivitäten konzentrieren sich auf das Kulturhaus. Um kulturelle Aktivitäten in Burg-Reuland zu unterstützen, wurde 1986 die Fördergemeinschaft für Kultur und Touristik gegründet. Sie fördert unter anderem auch Konzerte und Ausstellungen in der Galerie von Palant.

  Auch Leben und Werk des Schriftstellers und Dichters Paul Gerardy (1870-1933) werden mit Büchern, Fotos und Presseberichten dokumentiert. Auch die Bücherei ist im Kulturhaus untergebracht.

  *Fördergemeinschaft für Kultur*
  *und Touristik*
  *Öffentliche Gemeindebibliothek*
  *und Mediathek*
  *Paul-Gerardy-Museum*
  *Kulturhaus*
  *Hauptstraße 135*
  *4790 Burg-Reuland*
  *Tel. 080 / 32 97 12*

- Seminare in den Bereichen Musik, Literatur, Dramaturgie, Malerei, Bildende Kunst und Ballett bietet das Unterrichtszentrum an. Dort wird auch über Natur- und Landschaftsschutz referiert. Der Einrichtung angeschlossen ist die Lehrstätte für Paläontologie mit ihrer Fossiliensammlung, die bis in die Zeit vor 500 Millionen Jahren zurückreicht.

  *Kultur- und Unterrichtszentrum der*
  *Deutschsprachigen Gemeinschaft Belgiens*
  *Lehrstätte für Paläontologie*
  *Dorf 63*
  *4790 Burg-Reuland*
  *Tel.: 080 / 32 99 66*
  *Fax: 080 / 42 00 39*

- Theateraufführungen mit heimischen Kräften und mit Gastensembles gibt es im

  *Burgtheater Burg-Reuland*
  *Alster 6*
  *4790 Burg-Reuland*
  *Tel.: 080 / 32 95 42*

## BÜTGENBACH

- Laienspieler haben sich zusammen gefunden zum

  *Theaterverein Bütgenbach*
  *Klosterstraße 28*
  *4750 Bütgenbach*
  *Tel.: 080 / 44 43 19*

## EUPEN

- In der Stadtverwaltung ist der Schöffe für Kultur für alle Belange zuständig.

  *Stadtverwaltung*
  *Rathausplatz 12-14*
  *4700 Eupen*
  *Tel.: 087 / 59 58 11 und 87 / 55 33 64.*
  *Fax: 087 / 59 58 00*

- Wer zeitgeschichtliche *Dokumentationen* sucht, wird im Archiv der Stadt Eupen fündig. Dort werden Gemeindedossiers ab 1944 gesammelt.

  *Archiv der Stadt Eupen*
  *Rathausplatz 10*
  *4700 Eupen*
  *Tel.: 087 / 55 39 11*
  *Fax: 087 / 59 58 00*

- Dokumentationen aus den vergangenen 4000 Jahren sind im Historischen Zentrum (Staatsarchiv) untergebracht. Dort kann man auch die seit 1827 in Eupen heraus gegebenen Zeitungen einsehen. Die Ausgaben der Tageszeitung „Grenz-Echo“ werden außerdem im Verlagshaus am Marktplatz 8 aufbewahrt.

*Historisches Zentrum*
*(Staatsarchiv)*
*Kaperberg 2-4*
*4700 Eupen*
*Tel.: 087 / 55 43 77*

- Die musikalische Erziehung im weitesten Sinne, also die Musikschule, Chöre und Vokalensembles, aber auch Theatergruppen, Ballett, Tanz, Pantomine und Kabarett fördert der *Eupener Kulturbeirat.*

Daneben übernimmt er die Organisatoren von Veranstaltungen und unterstützt Folkloregruppen.

*Eupener Kulturbeirat*
*Kirchstraße 15*
*4700 Eupen*
*Tel.: 087 / 74 00 28*

- Die rund 200 Mitglieder des Kulturvereins *„Chudoscnik Sunergia"* (Verschmelzende Künste) versuchen, Schwung und Niveau in die kulturelle Szene rund um Eupen zu bringen. Ihr Ziel ist es, ostbelgische Künstler zu fördern. Der Verein organisiert außerdem kulturelle Veranstaltungen wie z.B. den niveauvollen „Eupen Musik Marathon" (ehemals „Tag der Musik"), im Frühsommer in Eupen, ein multikulturelles Klangfestival für Gruppen aller Musikrichtungen von Klassik bis Rock. Dabei finden in der autofreien Innenstadt auf mehreren Bühnen rund 30 Konzertveranstaltungen statt. Unter anderem hat sich die Gruppe auch dafür eingesetzt, das an der belgisch-deutschen Grenze in Richtung Aachen gelegene Zollhaus *Köpfchen*, das seit 1992 leer stand, als Ausstellungsraum zu nutzen. Dafür wurde eigens eine Initiative mit dem doppelsinnigen Namen „KuKuK - Kunst im Köpfchen" gegründet. Auch den ehemaligen Schlachthof von Eupen nutzt die Kulturvereinigung für außergewöhnliche Events wie beispielsweise Mode-Happenings.

*Chudoscnik Sunergia V.o.E.*
*Klosterstraße 36*
*4700 Eupen*
*Tel. + Fax: 087 / 55 39 51*
*e-Mail: info@sunergia.be*

- Wer Künstler engagieren möchte, ist beim *Kulturellen Komitee* richtig, denn es möchte ähnlich wie eine Künstleragentur wirken. Es übernimmt die Vermittlung von fast 50 Gruppen, die sich ihm angeschlossen haben. Es ist darüber hinaus behilflich bei der Beantragung öffentlicher Mittel. Aber auch eigene Veranstaltungen zieht die Initiative auf: große Volksfeste, die jährliche Jazzkonzertreihe „Jazz Time", Theatervorstellungen und Ausstellungen bildender Künstler. Das Komitee unterhält das Kino „Cinéma" und organisiert Veranstaltungen im Jünglingshaus. Außerdem übernimmt es den Vorverkauf für kulturelle Veranstaltungen.

*Kulturelles Komitee Eupen*
*Cinéma Jünglingshaus*
*Kirchstraße 15*
*4700 Eupen*
*Tel.: 087 / 74 00 28*
Fax: 087 / 55 80 68

- Ausstellungen, Konzerte und Lesungen veranstaltet das *Atelier Kunst und Bühne* G.o.E. Außerdem werden Kurse angeboten, beispielsweise in Töpfern, Papier- und Lederbearbeitung, Schmieden, aber auch in den Bereichen Computer, Fotografie, Video.

*Atelier Kunst & Bühne G.o.E.*
*Kirchstraße 17*
*4700 Eupen*
*Tel.: 087 / 74 43 31*

- Handwerkliche Kurse können im Rahmen der Erwachsenenbildung bei der *Lupe* belegt werden. Außerdem bietet sie eine CD- und Bücherbörse.

*Die Lupe V.o.E.*
*Neustraße 93*
*4700 Eupen*
*Tel.: 087 / 55 27 19*

- Zu den renommiertesten Eupener Ensembles gehört die Ballett-Compagnie *Irene K.* Unter der Leitung von Irene Borguet-Kalbusch arbeiten seit 1978 Tänzer aus Belgien, Frankreich und Deutschland. Sie präsentieren erfolgreich modernes Tanztheater, das Themen der Zeit aufgreift. Für neue Produktionen lässt die Choreographin eigene Musik komponieren. Neben der künstlerischen Tätigkeit engagiert sie sich in der Theaterpädagogik, beispielsweise im jährlich an ostbelgischen Schulen durchgeführten Projekt „Tanz in den Schulen".

  *Compagnie Irene K.*
  *Werthplatz 48*
  *4700 Eupen*
  *Tel.: 087 / 55 55 75*
  *Fax: 087 / 55 41 85*

**Chöre:**

- *Königliches Männerquartett Eupen V.o.E.*
  *Im Peschgen 14*
  *4700 Eupen*
  *Tel.: 087 / 74 49 02*

- *Musica Cantica V.o.E.*
  *Alter Malmedyer Weg 10*
  *4700 Eupen*
  *Tel.: 087 / 55 28 67*

- *Eupener Kinderchor*
  *Haasstraße 21*
  *4700 Eupen*
  *Tel.: 087 / 55 27 45*

**Konzerte:**

- Die Konzertgesellschaft *Musica Viva Eupen* organisiert auch jährliche Sommerkurse für Musik. Seit 1989 werden die Kurse mit professionellen Musikern als Dozenten in St. Vith durchgeführt. Fünf Tage lang wird jeweils sieben Stunden lang geprobt. Das Ergebnis wird bei einem Abschlusskonzert vorgestellt. Auch der Zyklus „Ostbelgischer Orgelsommer" wurde von der Gemeinschaft ins Leben gerufen.

  *Konzertgesellschaft Musica Viva Eupen*
  *Hostert 16*
  *4700 Eupen*
  *Tel.: 087 / 74 07 7*

- *Vereinigung Symphonischer Konzerte*
  *Marktplatz 6*
  *4700 Eupen*
  *Tel.: 087 / 74 25 76*

**Theater:**

- Der Pantomime Celio de Melo gründete 1993 das Sematheater. Er widmet sich der Pantomime und dem Kindertheater. Außerdem führt er Workshops durch.

  *Sematheater G.o.E.*
  *Rotkreuzstraße 31*
  *4700 Eupen*
  *Tel.: 087 / 55 71 01*
  *Fax: 087 / 55 71 01*

- Regionales Theater hat seine eigene Sprache, deshalb wird bei den Theaterfreunden auf der Bühne Dialekt gesprochen.

  *Königliche Gesellschaft Theaterfreunde*
  *Am Berg 44*
  *4700 Eupen*
  *Tel.: 087 / 55 33 81*

**Film:**

- Dem Medium Film hat sich ZAMO verschrieben. Das *Zentrum für angewandte audiovisuelle Medien* besitzt einen Filmsaal, wo eigene Produktionen vorgestellt werden.

  Es organisiert aber auch Kindervorstellungen in den verschiedenen Gemeinden.

*Zentrum für angewandte Audiovisuelle Medien (ZAMO) Ostbelgien*
*Neustraße 103*
*4700 Eupen*
*Tel.: 087 / 55 21 04*
*Fax: 087 / 55 64 49*

**Pädagogische Hochschule:**

- Nach einem christlich geprägten Konzept werden an der Pädagogischen Hochschule Pädagogen für Kindergärten und Primarschulen ausgebildet.

  Seit 1962 absolvierten rund 300 Studenten dort eine Ausbildung.

  *Pädagogische Hochschule Pater Damian*
  *Heidberg 16*
  *4700 Eupen*
  *Tel.: 087 / 74 29 58*

## KELMIS

*Göhltalmuseum: (siehe auch S. 151)*
*Maxstraße 9-11*
*Neu Moresnet*
*4721 Kelmis*
*Tel.: 087 / 65 75 04*
*Fax: 087 / 65 37 44*

- Für gelegentliche Veranstaltungen wird der Saal des ehemaligen Ausflugslokals „Waldburg" in Hergenrath genutzt, das jetzt in Privatbesitz ist. Auch Puppentheater wird dort aufgeführt.

  *Waldburg*
  *Hauseter Str. 3*
  *Hergenrath*
  *Tel.: 087 / 65 91 08*
  *Fax: 087 / 65 35 10*

## LONTZEN

- Dorfgeschichte wird im *Heimatmuseum* wieder lebendig. Auch was es mit der „Freien Herrlichkeit Lontzen" auf sich hatte, wird vermittelt. Zudem erinnern Präsentationen an den Bergbau in der Gemeinde.

  Mit Fotos dokumentiert ist auch die 1983 abgerissene preußische Grenzstation Herbesthal.

  *Dorfgeschichtliche Sammlung*
  *Schloßstraße 31*
  *4710 Lontzen*
  *Tel.: 087 / 65 88 16*

- Ein weiterer Veranstaltungsort ist die Hubertushalle:

  *Hubertushalle*
  *Limburger Straße 280*
  *4710 Lontzen*
  *Tel.: 087 / 65 79 45*
  *Fax: 087 / 65 79 45*

## MALMEDY

- Das *Kulturzentrum* Fraternité hat Platz für 1000 Besucher und ist damit eine der größten Spielstätten in der Provinz Lüttich.

  *La Fraternité*
  *Rue de la Tannerie*
  *4960 Malmedy*
  *Tel.: 080 / 33 71 74*

- Ausstellungsfläche und ein Auditorium bietet auch das Haus des Tourismus:

  *Maison du Tourisme*
  *Place Albert I.*
  *4960 Malmedy*
  *Tel. : 080 / 79 96 52*
  *Fax: 080 / 77 05 88*

**Museen:**

- *Nationales Papiermuseum*
  *Place de Rome 11*
  *4960 Malmedy*
  *Tel.: 080 / 33 70 58*

- *Karnevalsmuseum*
  *Place de Rome 11*
  *4960 Malmedy*
  *Tel.: 080 / 33 70 58 und 33 09 93*

## RAEREN

- Dass Amateurtheater Spaß macht, zeigt das Theater Gaudium schon in seinem Namen:

  *Theater Gaudium*
  *Flög 16*
  *4730 Raeren*
  *Tel.: 087 / 65 89 29*

- Rollen aus Operette und Musical studieren die Mitglieder des *Vokalensembles Lythea* am liebsten ein:

  *Lythea V.o.E.*
  *Periolbachstraße 18*
  *4730 Raeren*
  *Tel.: 087 / 86 61 51*

**Museum:**

*Töpfereimuseum Raeren (siehe S. 122)*
*Burgstr. 103*
*4730 Raeren*
*Tel.: 087 / 85 09 03*
*Fax: 087 / 85 09 32*

**Erwachsenenbildung:**

- *Kreatives Atelier Hauset*
  *Stöck 37*
  *4730 Raeren*
  *Tel.: 087 / 65 61 82*

- *Kreatives Atelier Raeren*
  *Pfaustr. 42*
  *4730 Raeren*
  *Tel.: 087 / 85 23 07*

**Weitere Veranstaltungsorte:**

- *Hauset Mehrzweckhalle*
  *Kirchstraße 97*
  *4730 Raeren*
  *Tel.: 087 / 65 87 81*

- *Hotel Tychon*
  *Aachener Straße 30*
  *Eynatten*
  *4731 Raeren*
  *Tel.:087 / 85 12 36*
  *Fax: 087 / 85 09 18*

## ST. VITH

Die kleine Metropole der Eifel besitzt eine vielfältige kulturelle Szene. Ein anschauliches Beispiel dafür ist das internationale Theaterfest der Deutschsprachigen Gemeinschaft im Oktober.

- Das *Volksbildungswerk* wurde 1957 mit dem Ziel gegründet, kulturelle Veranstaltungen, darunter Theateraufführungen und Ausstellungen in Ostbelgien zu organisieren. Es vermittelt Kontakte zwischen den Aktiven in der kulturellen Szene.

  *Volksbildungswerk St. Vith*
  *Hauptstraße 54*
  *4780 St. Vith*
  *Tel.: 080 / 28 00 18*
  *Fax: 080 / 22 83 26*
  *e-Mail: vbw@skynet.be*
  *www.users.skynet.be/kultur.vbw*

**Bühne:**

- 1980 wurde das unabhängige, professionelle Theater Agora unter der Leitung von Marcel Cremer gegründet.

  *Agora*
  *Rodter Straße 8*
  *4780 St. Vith*
  *Tel.: 080 / 22 61 61*
  *Fax: 080 / 22 95 04*

**Museum:**

- Die Geschichte des St. Vither Landes stellt das Heimatmuseum vor. Hier wurden Mobiliar und Kleidung aus dem 19. Jahrhundert zusammengetragen. Auch Werkzeuge und Landmaschinen sind zu

## GEHEGT UND GEPFLEGT: DER KRAUTGARTEN

Er ist eine Besonderheit im gesamten deutschsprachigen Raum. Seit 1982 belebt die halbjährlich erscheinende Literaturzeitschrift „Krautgarten – Forum für junge Literatur" die zeitgenössische Szene der Schriftsteller und Autoren. Krautgarten ist international ausgerichtet und präsentiert Literatur, Kunst und Diskurs.

Weil im Krautgarten neben der schönen Kunst im politischen Sinne freie Sprache und offene Worte kultiviert werden, bietet die Zeitschrift Reibungspunkte, die immer wieder fruchtbare Diskussionen über Literatur und Zeitgeschichte in Gang setzen. Der Wert solcher Denkanstöße wird auch über die Grenzen hinweg geschätzt. Nicht zuletzt aus diesem Grund verlieh die Stadt Aachen dem Krautgarten deshalb den Walter-Hasenclever-Preis.

Herausgeber des Krautgarten ist der Sonderbeauftragte für Literatur in der Deutschsprachigen Gemeinschaft, Bruno Kartheuser, der selbst auch als Autor tätig ist. Kartheuser, der in St. Vith-Neundorf lebt, studierte Klassische Philologie und Philosophie. Die 1988 initiierte „edition Krautgarten" veröffentlicht vorzugsweise ostbelgische und internationale Lyrik.

i *KRAUTGARTEN*
*Neundorf 33*
*4780 St. Vith*
*Tel.: 080 / 22 73 76*
*Fax: 080 / 22 94 12*
*www.krautgarten.de*

sehen. Sakrale Kunst, Blausteinkreuze und archäologische Funde gehören zum wertvollsten Bestand des Museums.

*Heimatmuseum „Zwischen Venn und Schneifel"*
*Schwarzer Weg 6*
*4780 St. Vith*
*Tel.: 080 / 22 92 09*

**Bibliothek:**

- Mit gut 21 000 Titel gut sortiert ist die:

*Pfarrbibliothek und Mediathek*
*Bleichstraße 6-8*
*4780 St. Vith*
*Tel.: 080 / 22 95 16*
*Fax: 080 / 22 95 16*

**Bildende Kunst:**

- Zwölf Mal im Jahr können einheimische Künstler ihre Werke im St. Vither „Kunstladen" dem Publikum anbieten. Es werden Kunstauktionen veranstaltet, und Kreative können ein Atelier nutzen.

  Der Kunstladen ist das südliche Standbein des Internationalen Kunstzentrums Ostbelgien (IKOB), das seine Zentrale in Eupen unterhält.

*Kunstladen*
*Malmedyer Str. 5*
*4784 St. Vith*
*Tel.: 080 / 34 09 67*

*Geöffnet: täglich außer montags*
*von 9.30-12.30 Uhr sowie an*
*verkaufsoffenen Sonn- und Feiertagen*
*von 9.30-12.30 Uhr und*
*von 14-17 Uhr.*
*Telefonische Vereinbarung möglich.*

**Erwachsenenbildung:**

- *Kulturelle Aktion und Präsenz (KAP)*
  *Pulverstraße 11*
  *4780 St. Vith*
  *Tel.: 080 / 22 73 16*

**Literatur:**

- *Krautgarten (siehe S. 146)*
  *Neundorf 33*
  *4780 St. Vith*
  *Tel.: 080 / 22 73 76*
  *Fax: 080 / 22 94 12*

## Weismes

Wenn zünftig geschwoft werden soll, zieht man in Weismes in die Oberbayernhalle. Aber auch das Naturparkzentrum Botrange hat aktuelle Events zu bieten, ebenso wie die Burg Reinhardstein:

- *Naturparkzentrum Botrange*
  *Route de Botrange 131*
  *4950 Robertville*
  *Tel. : 080 / 44 57 81*
  *Fax: 080 / 44 44 29*
  *e-Mail: botrange.centrenature@skynet.be*
  *www.HohesVennEifel.Naturpark.de*

- *Burg Reinhardstein*
  *Ovifat/Robertville*
  *4950 Weismes*
  *Tel.: 080 / 44 68 68 (Burg)*

- Noch im Aufbau begriffen ist ein *Torfmuseum* im ehemaligen Bahnhof in Sourbrodt.

*Der Kunstladen von St. Vith ist Treffpunkt von Künstlern und Publikum geworden.*

## Museen

In den Ostkantonen gibt es mehr als 20 Museen. Sie bergen Schätze unterschiedlicher Art.

i *Minister für Unterricht, Kultur, Wissenschaftliche Forschung, Denkmäler und Landschaften*
*Klötzerbahn 32*
*4700 Eupen*
*Tel: 087 / 59 64 00*
*Fax: 087 / 55 67 09*

### Amel

- *Wurzelmuseum* (*siehe S. 74*)
  *Heimat- und Wurzelmuseum*
  *Kirchweg 169*
  *4770 Amel*
  *Tel.+ Fax: 080 / 34 06 38*
  *und: 080 / 34 80 50)*
  *Geöffnet: Juli-1. Hälfte September, So von 14- 17 Uhr und nach Vereinbarung. Führungen für Gruppen.*

### Burg-Reuland

- Was die Archäologen in und um die *Burg* fanden, wird im Bereich der Ruine ausgestellt.

  *Burg von Reuland, Burgpavillon*
  *4790 Burg-Reuland*
  *Tel.: 080 / 42 00 46*
  *Geöffnet: Mai, Juni und September täglich von 11-17 Uhr*
  *Juli, August täglich geöffnet von 11-18 Uhr.*

- Das Leben des Dichters wird im *Paul-Gerardy-Museum* in Fotos, Presseberichten und mit Büchern dokumentiert.

  *Paul-Gerardy-Museum*
  *Kulturhaus*
  *Hauptstraße 135*
  *4790 Burg-Reuland*
  *Tel. 080 / 32 97 12*
  *Geöffnet: Mo-Fr 9-12 Uhr und 13-16 Uhr, So 10-12 Uhr*

- In der *Lehrstätte für Paläontologie* ist eine Fossiliensammlung untergebracht. Die Erdgeschichte wird bis in die Zeit vor 500 Millionen Jahren zurück verfolgt.

  *Lehrstätte für Paläontologie*
  *Dorf 63*
  *4790 Burg-Reuland*
  *Tel.: 080 / 32 99 66*
  *Fax: 080 / 42 00 39*

### Bütgenbach

- Die Geschichte des Militärlagers von Elsenborn und seiner Umgebung von 1894 bis heute dokumentiert das *Truschbaummuseum*. Die Sammlung verfügt über zahlreiche militärische und historische Exponate. Der Name ist abgeleitet von einer alten Eiche, dem Truschbaum, an der Straße zum Lager.

  *Lager Elsenborn*
  *4750 Bütgenbach*
  *Tel.: 080 / 44 21 05*
  *Geöffnet nach telefonischer Absprache, Zutritt über das Wachgebäude.*

### Eupen

- Ein Museum in einem Gewerbegebiet? Das gibt es in der *Chocolaterie Jacques*, denn in einer der Seitenstraße der Industriezone an der belebten Herbesthaler Straße liegt das „Königreich der Schokolade“. Das Museum der Chocolaterie ist nicht nur bei jungen Besuchern beliebt. Rund 60 000 Gäste dürfen sich jedes Jahr wie im Schlaraffenland fühlen, wenn sie mit einer Kostprobe aus dem Schokoladenbrunnen empfangen werden, aus dem die süße brauen Masse warm und dickflüssig blubbert. Im Museum wird ein Einblick geboten in die moderne Produktion von Schokolade vom Kakaoanbau bis hin zur Herstellung bestimmter Formen. Von einem Steg, der über die Produktionshalle führt, können Gäste beobachten, wie Schokolade fabriziert wird. Da entstehen Tafeln und Riegel, Osterhasen und Weihnachtsmänner am laufenden Band. Und Legionen von Pralinen nehmen appetitliche Formen an. Vor staunenden Augen wird deutlich, wie auf einem drehbaren Gestell mit vorgefertigten Modellen in einer Art Karussellfahrt Hohlformen aus Schokolade entstehen. Auch die Vielfalt der Verpackungen und die Werbung werden berücksichtigt, beispielsweise durch schöne alte Emaille-Schilder. Außerdem kann man die wichtigsten Stationen aus der 3000-jährigen Kulturgeschichte des Kakaos nachvollziehen.

Die Chocolaterie Jacques wurde 1896 in Verviers gegründet. 1920 zog das Unternehmen nach Eupen. 1936 wurden in Eupen Schokoladenriegel erfunden – vorher gab es den leckeren Stoff nur in Tafeln. Im Museum hängt die Patenturkunde an der Wand. Vor der Aussiedelung ins Industriegebiet an der Herbesthaler Straße lag die Produktionsstätte mitten in der Stadt am Werthplatz.

Die Geschichte des Unternehmens ist eng mit der Stadt verbunden. Viele Eupener erinnern sich noch an Angèle Jacques, die 1997 im Alter von 101 Jahren verstarb. Ein Foto im Museum zeigt sie auf dem Arm ihrer Mutter (siehe auch S. 40).

*Schokoladenmuseum*
*Chocolaterie Jacques*
*Industriestraße 16*
*4700 Eupen*
*Tel.: 087 / 59 29 67*
*Fax: 087 / 59 29 29*
*Geöffnet: Mo-Fr von 9-17 Uhr; Sa von 11-17 Uhr*

Im Shop, dem Schokoladenhaus, kann man sich anschließend eindecken mit Souvenirs aus Kakao und Schokolade.

*Auch alte Automaten zeigt das Schokoladenmuseum.*

- Der Eupener *Geschichts- und Museumsverein* wurde 1966 gegründet. Er besitzt zwei Abteilungen, von denen sich die eine verstärkt der Aufarbeitung der regionalen Geschichte widmet, die andere dagegen der Arbeit im Eupener Stadtmuseum. Zu den Zielen des Vereins gehört außerdem die Organisation von Studienreisen und Lesungen sowie die Förderung des Dialekts. Jedes Jahr gibt der Verein einen neuen Band aus seiner Reihe „Geschichtliches Eupen" heraus.

*Eupener Geschichts- und Museumsverein*
*Bennetsborn 16*
*4700 Eupen*
*Tel.: 087 / 55 40 49*

*Das Stadtmuseum besitzt eine reizvolle Fassade.*

Das *Stadtmuseum* wurde 1980 gegründet. Sein Gebäude ist schon ein Denkmal. Es zeugt von dem Wandel, der sich mit dem Aufblühen der Tuchindustrie in der Stadt vollzog. Herrschten vorher noch Fachwerkbauten vor, so errichteten die Kaufleute mit zunehmendem Wohlstand immer mehr repräsentative Bauten aus Stein. Auch das Haus am Gospert 52 erfuhr eine Aufwertung. Sein Besitzer, der Kaufmann Nicolas Pelzer, ließ vor die Fachwerkfront eine schön gegliederte Giebelfassade setzen.

Innen erinnert der Bau mit seinem mächtigen Kamin im Erdgeschoss an typische Eupener Interieurs. Eine Takenplatte leitet die Wärme in den ersten Stock, wo in der guten Stube wertvolle Zeitmesser aus der alten Welt versammelt sind, von kostbaren Comptoise-Uhren über folkloristische Schwarzwald-Modelle bis zur englischen Laternenuhr. Beim Rundgang durch die übrigen Räume beeindrucken Delfter Kacheln, „Wiener" Barock aus Eupener Werkstätten, Steinzeug aus Raeren und viele Dokumente der Stadtgeschichte. Im Obergeschoss regen Trachten und Kleidungsstücke die Phantasie an: Man kann sich vorstellen, wie die Eupener Damen und Herren im 19. Jahrhundert durch ihre Stadt promenierten.

Noch interessanter wird es in der bis auf das letzte Werkzeug kompletten Werkstatt des Eupener Goldschmieds Friedrich Toussaint, mit der das Stadtmuseum eine Besonderheit besitzt. Von 1853 an arbeitete er dort, sein Sohn Julius und sein Enkel Alfred folgten ihm nach. Schmuck und sakrale Geräte entstanden hier.

*Eupener Stadtmuseum*
*Gospert 52*
*4700 Eupen*
*Tel.:087 / 74 00 05*
*Fax: 087 / 74 00 05*
*Geöffnet: Di-Fr 9.30-12 Uhr*
*und 13-16 Uhr, Sa-So 14-17 Uhr*

• An der Straße, die durch den Hertogenwald in Richtung Monschau führt, liegt wenige Kilometer von Eupen entfernt das Naturzentrum *Haus Ternell* (siehe S. 58)

*Monschauer Straße 2-3*
*4700 Eupen*
*Tel.: 087 / 55 23 13*
*Fax: 087 / 55 81 60*
*Geöffnet: März bis November*
*Di-Fr von 10-12 Uhr und von 14-17 Uhr, Sa., So und feiertags 14.30-16.30 Uhr. Dezember bis Februar: 14-18 Uhr*

**Kelmis**

• Das *Göhltalmuseum* greift Aspekte der außergewöhnlichen politischen und wirtschaftlichen Geschichte von Kelmis und den anderen Gemeinden im Göhltal auf, die über die Region hinaus bedeutsam sind. Im Erdgeschoss bietet ein großes Relief Einblick in die geologische Struktur des Gebietes sowie den Erzabbau, der die Landschaft prägte. In Kombination mit Lichtbildern entsteht ein Überblick über die Besonderheiten, die die Gemeinde charakterisieren. Besucher kön-

*Das Göhltalmuseum dokumentiert die Sozialgeschichte der Region in vielen Details.*

nen einzelne Punkte gezielt aufrufen. Bemerkenswert ist, dass die Göhl von ihrem Quellgebiet bei Lichtenbusch bis zu ihrer Mündung in die Maas bei Itteren (NL) auf ihrem nur 50 Kilometer langen Lauf früher einmal durch vier Länder floß.

Ausgiebig widmet sich das Göhltalmuseum den Zeugnissen des Galmeiabbaus sowie der Erz-Verhüttung. Ein Raum ist der besonderen Flora gewidmet, die sich auf den zinkerzhaltigen Böden entwickelt. Galmei-Veilchen und weiße Galmeitäschel, violette Grasnelken und Galmei-Florarasen können in Ruhe betrachtet werden, während das Naturschutzgebiet wegen seiner Einmaligkeit und Verletzlichkeit nicht zugänglich ist. Fossilienfreunde und Liebhaber schöner Steine werden ihre Freude an besonderen Funden haben.

Ein Highlight der Ausstellung ist das Ölbild von Johann Baptist Joseph Bastiné (geb. 1783 in Löwen, gest. 1844 in Aachen), das die Arbeit in der Grube Vieille Montagne zeigt.

Wichtig ist aber auch die politische Besonderheit. Ein massiver Grenzstein erinnert an die Zeit, als die Straße von Lüttich nach Aachen die Grenze bildete zwischen Preußen und Neutral-Moresnet. Vitrinen bewahren Objekte und Fotos, die an alte Zeiten erinnern: an das alte Ortsbild von Kelmis oder an die bedeutende Filztuchfabrik von Reinhard Bruch & Cie..

Wahre Schätze sind die Briefmarken und Münzen aus der Zeit von Neutral-Moresnet. Zum Teil wurden sie nie in Umlauf gebracht. Symbolischen Charakter hat eine Münze mit Januskopf, die die Silhouetten von König Leopold I. von Belgien und König Friedrich Wilhelm IV. von Preußen vereint. Die Rückseite zeigt den belgischen Löwen und den preußischen Adler. Auch an Dr. Wilhelm Molly wird erinnert, der sich dafür einsetzte, dass Neutral-Moresnet zum Esperantostaat werden sollte. Die Geschichte der Hammerbrücke, die Belgien mit Preußen verband und heute durch einen Neubau ersetzt ist, der Hochgeschwindigkeitszügen Stand hält, wird ebenso geschildert.

Ein weiterer Raum ist den Vereinen vorbehalten. Unter anderem befindet sich darin die Fahne der Karnevalsgesellschaft Ulk von 1879. In der Präsenzbibliothek des Museums sind unter anderem preußische Gesetzbücher von 1810 bis 1910 einsehbar. Auch die Zeitschrift der Vereinigung für Kultur, Heimatkunde und Geschichte des Göhltals wird hier gesammelt.

*Göhltalmuseum*
*Maxstraße 9-11*
*Neu Moresnet*
*4721 Kelmis*
*Tel.: 087 / 65 75 04*
*Fax: 087 / 65 37 44*
*Geöffnet: Mi von 9-12 Uhr;*
*Sa-So von 14-18 Uhr*
*Führungen nach Absprache*

**Lontzen**

- An die glorreiche Zeit der „Freien Herrlichkeit Lontzen" erinnert die *Dorfgeschichtliche Sammlung.* Aufschlussreich sind Angaben über Schloss und Herrenhäuser. Außerdem werden Fotos und Texte vom Bergbau gezeigt.

Auch an die Geschichte der Pfarre erinnern historische Zeugnisse. Interessant ist die Erinnerung an den Grenz- und „Kaiserbahnhof" in Herbesthal, der 1983 abgerissen wurde. Auch das rege Vereinswesen wird in Bildern dargestellt.

*Dorfgeschichtliche Sammlung*
*Schlossstraße 30*
*4710 Lontzen*
*Tel.: 087 / 65 88 16 oder 087 / 65 94 17*
*Geöffnet: März bis Oktober jeden 1. und 3. Sonntag im Monat von 14-16.30 Uhr*
*November bis Februar: Jeden 1. Sonntag*

**Malmedy**

- Das *Karnevalsmuseum* im Haus Cavens, 3. Stock, ist der 500-jährigen Geschichte des wallonischen „Cwarmê“ gewidmet. Man kann die Kostüme der traditionellen Figuren betrachten und Wagenmodelle anschauen. Fotos dokumentieren den Karneval in verschiedenen Jahrzehnten.

  *Karnevalsmuseum*
  *Maison Cavens*
  *Place de Rome 11*
  *4960 Malmedy*
  *Tel.: 080 / 33 70 58 und 33 09 93*
  *Fax: 080 / 33 92 32*
  *Geöffnet: täglich von 14-17 Uhr außer montags. Führungen auf Anfrage.*

- Die Geschichte der Papierherstellung seit dem 2. Jahrhundert n. Chr. lässt sich im *Nationalen Papiermuseum* im 1. Stock des Hauses Cavens nachvollziehen. Es besitzt auch einige Maschinen, beispielsweise zur Herstellung von Endlospapier (19. Jhd.) sowie eine Papiermühle aus dem 18. Jahrhundert.

  *Nationales Papiermuseum*
  *Maison Cavens*
  *Place de Rome 11*
  *4960 Malmedy*
  *Tel.: 080 / 33 70 58*
  *Fax: 080 / 33 92 32*
  *Geöffnet: täglich von 14-17 Uhr außer montags. Führungen auf Anfrage.*

- Die Zeit scheint stehen geblieben zu sein im *Haus Vinette*. Es ist eingerichtet wie zur Zeit der Französischen Revolution – bis auf die frommen Bilder. Leider wird die Sammlung bislang nur im Schaufenster gezeigt, dafür aber rund um die Uhr.

  *Haus Vinette*
  *Route de Chôdes 1*
  *4960 Malmedy*
  *Tel.: 080 / 33 90 42*

**Raeren**

- Das *Töpfereimuseum* von Raeren ist seit 1963 in einer Wasserburg aus dem 14. Jahrhundert untergebracht. Im Jahr 2000 wurde es komplett renoviert. Das Museum besitzt mehr als 700 Ausstellungsstücke.

  Es zeigt die Entwicklung des rheinischen Steinguts vom Beginn über die Blütezeit im 16. und 17. Jahrhundert bis zum 19. Jahrhundert, als die Keramik gegenüber dem Porzellan an Bedeutung verlor.

  Darüber hinaus ist in Raeren moderne Keramik aus der gesamten Euregio Maas-Rhein zu sehen.

  Seit 1994 wird die Burg im September zum Treffpunkt internationaler Künstler und Kunsthandwerker beim Euregio-Keramikmarkt (vgl. S. 122).

  *Töpfereimuseum*
  *Burgstraße 103*
  *4730 Raeren*
  *Tel.: 087 / 85 09 03*
  *Fax: 087 / 85 09 32*
  *Geöffnet täglich außer montags von 10-17 Uhr*
  *Führungen, Programme für Schulklassen und Animation im Töpferatelier auf Anfrage.*

- Rund um die Möhre geht es im *Möhrenmuseum* in Raeren-Berlotte. In einem Elektrohäuschen wurden Gegenstände

*Kurios: Das Möhrenmuseum in Raeren.*

und Informationen zum Thema Möhre untergebracht. Man kann sie von außen betrachten.

*Mö(h)renmuseum*
*Berlotter Kirchweg*
*4731 Raeren-Berlotte*
*Tel.: 087 / 85 34 31 oder: 087 / 85 17 22*

**Sourbrodt**

- Geplant ist, ein Torfmuseum im alten Bahnhof einzurichten.

**St. Vith**

- Das Leben der Vorfahren kann man sich bei einem Besuch im Heimatmuseum *Zwischen Venn und Schneifel* gut vorstellen, denn das Museum präsentiert die Wohnkultur des 19. Jahrhunderts neben Werkzeugen und Landmaschinen.

Hinzu kommen sakrale Kunst, Blausteinkreuze und archäologische Funde.
*Heimatmuseum Zwischen Venn und Schneifel*
*Schwarzer Weg 6*
*4780 St. Vith*
*Tel.: 080 / 22 92 09*
*Geöffnet: Mo-Sa 14 Uhr bis 16 Uhr, So 14 Uhr bis 17 Uhr oder nach Vereinbarung*

- Gut 4000 Flaschen mit Bier aus 62 Ländern und von 115 belgischen Brauereien bilden den Schatz des *Biermuseums in Rodt*, das in der Skihütte untergebracht wurde. Biertrinker dürfen auch kosten!

*Skihütte und Biermuseum Rodt-Tommberg*
*4784 Rodt*
*Tel.: 080 / 22 97 34*
*oder: 080 / 22 63 01*
*Fax: 080 / 22 95 62*
*Geöffnet: an Wochenenden und Feiertagen von 10-18 Uhr sowie während der Ferien von 11-18 Uhr und auf Anfrage.*

**Botrange**

- Die Dauerausstellungen über die fünf Teillandschaften des deutsch-belgischen Naturparks und des Naturschutzgebietes Hohes Venn werden im *Naturparkzentrum Botrange* ergänzt durch Expositionen zu aktuellen Themen rund um die Natur (vgl. auch S. 48 und 58).

*Naturparkzentrum Botrange*
*Haus des Naturparks Hohes Venn-Eifel*
*4950 Weismes-Robertville*
*Tel.: 080 / 44 03 00*
*www.ful.ac.be/Hotes/Cnatbotrange*
*e-Mail: botrange.centrenature@skynet.be*

### Hergersberg

- Im Advent stimmt ein Besuch in der *Krippana* an der Grenze zwischen Belgien und Deutschland zwar unmittelbar auf Weihnachten ein, aber auch in der übrigen Zeit des Jahres kann man sich von der Vielfalt an Krippen-Darstellungen aus allen Kontinenten überraschen lassen (siehe S.80).

  *Krippana*
  *4760 Hergersberg*
  *Tel.: 080 / 54 87 29*
  *Fax: 0049 / 65 57 / 607*
  *Geöffnet: täglich von 10-18 Uhr*

- Neben der Krippana gelegen, zieht die riesige Modelleisenbahn der Euro-Technica Fans der Mini-Loks und -Waggons unwiderstehlich an. Ein paar Dutzend Züge kreisen digital gesteuert durch eine Landschaft, die Ostbelgien gleicht. Außerdem gibt es Dampfmaschinen und historische Baukästen zu sehen.

  *Euro-Technica*
  *4760 Hergersberg*
  *Tel.: 080 / 54 90 06*
  *oder: 0049 / 65 57 / 92 06 40*
  *Fax: 0049 / 6557 / 92 06 45*
  *Geöffnet: täglich von 10-18 Uhr*

### Weismes

- *Burg Reinhardstein* hat eine geradezu märchenhafte Geschichte. Weil sie in Privatbesitz ist, wird der ehemalige Sitz der Metternichs nur auf Anfrage zugänglich gemacht. Berühmt sind die sommerlichen „Nächte im Kerzenlicht“ (jeden Donnerstag bis Ende August) mit Musik und Buffet (siehe S. 137).

  *Burg Reinhardstein*
  *Ovifat/Robertville*
  *4950 Weismes-Robertville*
  *Tel.: 080 / 44 68 68 (Burg)*
  *oder: 080 / 44 64 75 (Tourist Info)*

*„Probieren erwünscht“ heißt es im Biermuseum von Rodt.*

# Medien

## Das Grenz-Echo

Die publizistische Stimme Ostbelgiens heißt Grenz-Echo. Die Geschichte der einzigen deutschsprachigen Tageszeitung Belgiens spiegelt geschichtliche Turbulenzen wider. Die Tageszeitung wurde 1927 gegründet mit dem Untertitel „Christliches Organ zur Förderung der wirtschaftlichen Interessen der neubelgischen Gebiete". „Neubelgisch" bedeutete, dass die bis dahin preußische Region Eupen-Malmedy nach dem Ersten Weltkrieg Belgien zugesprochen wurde. Das Engagement gegen die Nationalsozialisten führte dazu, dass die Einfuhr des Grenz-Echos nach Deutschland am 25. April 1933 verboten wurde.

Seine identitätsstiftende Wirkung hat das Grenz-Echo in Ostbelgien bis heute nicht verloren. Es verbindet die deutschsprachigen Bewohner des Eupener Landes und der belgischen Eifel. Besucher des Grenzlandes finden darin unter anderem auch Veranstaltungstermine und aktuelle Hinweise. Außerdem erfahren sie, was in der Region gerade Diskussionsstoff bietet. Zum Grenz-Echo Verlag gehören heute außer der Tageszeitung ein Buchverlag und eine Druckerei. Als erste belgische Tageszeitung wurde das Grenz Echo im Jahr 2000 mit dem Qualitätszertifikat ISO 9002 versehen.

*Grenz-Echo*
*Marktplatz 8*
*4700 Eupen*
*Tel.: 087 / 59 13 00*
*Fax: 087 / 74 38 20*
*www.grenzecho.be*
*E-Mail: info@grenzecho.be*

## Der Belgische Rundfunk (BRF)

Als der BRF am 1. Oktober 1995 offiziell sein modernes Domizil am Kehrweg 11 in Eupen in Besitz nahm, da freuten sich die Redakteure, aus bescheidenen, mehr oder weniger provisorischen Verhältnissen in eines der modernsten Funkhäuser in Europa umgezogen zu sein. Vorausgegangen waren Jahrzehnte der Aufbauarbeit. 1949 wurde das deutsprachige Programm noch aus Brüssel gesendet und umfasste nur eine halbe Stunde. 1975 erhielten die „Germanophonen" ein eigenes Regionalstudio in Eupen – ein wesentlicher Schritt, um die kulturelle Identität der Minderheit zu festigen. 1977 erfolgte dann die Gründung des „Belgischen Rundfunk- und Fernsehzentrums der Deutschsprachigen Gemeinschaft" als autonomer öffentlich-rechtlicher Sender. Das heutige 24-Stunden-Programm ist immer noch in erster Linie auf die Interessen der deutschsprachigen Ostbelgier zugeschnitten, auch wenn die Reichweite des Senders wesentlich größer ist. Weite Flächen der Euregio Maas-Rhein werden abgedeckt, und der BRF hat sich in diesem grenzüberschreitenden Rahmen zur wichtigen Informationsquelle entwickelt.

Das Haus des BRF hat offene Türen für Besucher. Die Halle dient auch als Veranstaltungs- und Ausstellungsort. Im hinteren Bereich kann man hinter Glas die „Musikorgel" bei der Arbeit beobachten: Computergesteuert werden dort CDs ausgewählt und ins Programm eingespielt.

*BRF-Funkhaus*
*Kehrweg 11*
*4700 Eupen*

*Tel.: 087 / 59 11 11*
*Fax: 087 /59 11 99*
*www.brf.be*
*E-mail: info@brf.euregio.net*

## RADIO CONTACT

Einen Delphin hat sich der private Sender Radio Contact Eupen als Maskottchen gewählt. Der Sender wurde 1981 unter dem Namen „Radio Hermann" in Raeren gegründet, siedelte aber bald um nach Eupen. Er ist weitgehend eigenständig und zählt sich zu den größten Privatradios in Belgien. Radio Contact sendet auf der UKW-Frequenz 107,0.

*Radio Contact Studio*
*Aachener Str. 14*
*4700 Eupen*
*087 / 74 47 55*
*Fax: 087 / 55 74 74*
*www.eupen.radiocontact.be*

## IMMER EIN BISSCHEN GRUSELIG: OSTBELGIEN IN DER LITERATUR

Liegt es an den Nebelschleiern, die das Hohe Venn so gern verhüllen, dass Ostbelgien in der Literatur so oft mit dem Rätselhaften und Geheimnisvollen in Verbindung gebracht wird? In der geheimnisvollen Welt der Sagen spielen Kobolde und Geister eine prominente Rolle. Da gibt es beispielsweise Kobolde wie das Lützevenn-Männchen, das Venn-Wanderer anfällt und lähmt, so dass sie ihren Weg nicht fortsetzen können und jämmerlich sterben. Aber auch die jüngere Literatur hat einen schwarzen Touch. Aus der Vielzahl der Titel sollen hier ein paar herausgehoben werden:

**Nanny Lambrecht** (1868-1942) widmete sich – unter anderen in Malmedy – sozialkritischen Themen. Ihr Roman „Das Haus am Moor" stellte schon früh die Landschaft des Hohen Venns in den Mittelpunkt eines literarischen Werkes.

**Clara Viebig** (1860-1952) schrieb mit ihrem Roman „Das Kreuz im Venn", erschienen 1908, einen Klassiker der Ostbelgien-Literatur. Das Werk gehört zu den wichtigsten im großen Themenkreis, den die Schriftstellerin der Eifel widmete. In der Literaturwissenschaft nimmt Clara Viebig einen Platz als naturalistische Erzählerin ein, geschult am Vorbild von Zola und Gerhart Hauptmann. Ihre großen Stärken – Sozialkritik und impressionistisch angehauchte Landschaftsdarstellung - kommen auch in „Das Kreuz im Venn" meisterhaft zur Geltung. Das wirkliche Kreuz im Venn steht nahe dem Truppenübungsplatz Elsenborn auf der Richelsley. Es wurde 1890 von Pastor Arnoldy aus Kalterherberg errichtet und erinnert an den „Venn-Apostel" Stephan Horrichem, den Prior des Klosters Reichenstein.

**Hubert vom Venns** Krimi „Die Hand im Moor" spielt im Kloster Reichenstein. Das Kloster lag hoch über dem Rurtal zwischen Monschau und Kalterherberg. Im Roman dringen zur Zeit des Dreißigjährigen Krieges Soldaten in die Ruhe des Klosters ein. Es gibt Tote, aber auch viel Mantel- und Degen-Romantik sowie eine gute Portion Witz, denn schließlich ist der Autor Kabarettist. Die wahre Geschichte des Klosters Reichenstein: Der Prämonstratenserorden hatte Burg und Wirtschaftsgebäude 1205 erworben Unter der Aufsicht des Abtes von Steinfeld (D) lebten gut 200 Jahre lang Nonnen in Reichenstein, die auch Pilgern auf ihrem Weg nach Aachen oder Trier Obdach gaben. 1487 zogen Mönche in das Kloster ein. 1543 wurde es zerstört. Der „Venn-Apostel" Stephan von Horrichem trug dazu bei, dass das Kloster wieder aufgebaut wurde. 1714 wurde Reichenstein unabhängig vom Kloster Steinfeld. 1802 säkularisierten napoleonische Truppen das Kloster und verkauften es an den Monschauer Tuchfabrikanten Boecking. Später wurde in den ehrwürdigen Mauern der „Reichensteiner Elz" gebrannt. Eine Gruppe von Freunden und Förderern der Klosterkirche Reichenstein gründete sich 1972, um die Kirche wieder herzurichten.

Unter dem Titel „Der Tod klopft an" erschien auf dem Sektor der **Krimis** (Hg. Ralf Kramp im Grenz-Echo Verlag) im Jahr 2000 eine Sammlung grauslicher Kurzgeschichten aus dem Land zwischen Göhl und Ouren.

# ALTE BRÄUCHE, NEUE SITTEN

Belgier feiern nicht nur gern Karneval. Beliebte Anlässe bieten von Frühjahr bis Herbst die Kirchweih- und Patronatsfeste. Auch wenn bei der Kirmes der kirchliche Anlass weitgehend in den Hintergrund getreten ist, werden alte Sitten, die damit verbunden sind, weiter gepflegt. So gilt der Kaffeeklatsch zur **Kirmes** als eine unentbehrliche Gelegenheit, Familienangehörige zu treffen. Nicht nur aus dem Ort, auch von außerhalb reist man zur Kirmes an.

*Der Osterbrunnen im Eupener Temsepark*

Ein Riesenspaß nicht nur für Kinder ist mancherorts das **Fladenessen** mit Hindernissen. Dabei werden in einen Fladen Geldstücke hineingesteckt. Ohne die Hände zu Hilfe zu nehmen, versucht man, die Münzen mit dem Mund aus dem Fladen heraus zu beißen. Besonders lustig wird es, wenn es sich dabei um einen kräftig schmierenden Waldbeerfladen handelt.

Auf dem Rückzug ist die Sitte des **Ganshauens** oder Hahneköppens, die einmal überall in der Eifel verbreitet war. Dabei wird eine tote Gans oder ein Hahn kopfüber aufgehängt. Mit verbundenen Augen müssen die Teilnehmer versuchen, dem Tier den Kopf abzuschlagen. Wer es schafft, ist Gänse- oder Hahnenkönig. Die sanftere Form des Brauchs besteht in einem zünftigen Geflügelschmaus.

Zu **Ostern** hat es sich – beispielsweise in Eupen - eingebürgert, die Brunnen mit bunten Girlanden zu schmücken. Damit wird an alte Kultriten rund um das Wasser angeknüpft, das von jeher als Quell des Lebens gilt.

Die Nacht zum **1. Mai** fällt in vielen Orten turbulent aus. Zwar haben sich die Maisitten ein wenig verwässert, aber es ist immer noch üblich, dass die jungen Männern ihren Freundinnen bunt geschmückte Birkenbäumchen ans Haus stecken.

In Malmedy werden die **„Rondes de la Saint-Jean“** noch gepflegt. Am Johannestag, dem 24. Juni, ziehen Kinder mit Bändern und Blumenkronen singend durch die Stadt. Gelegentlich führen sie die traditionellen Rundtänze auf. Auf jeden Fall gibt es zum Schluss Reistorte für alle. Ursprünglich wurden an diesem Tag Blumenkronen aus Margeriten auf die Dächer geworfen, um die Häuser vor Blitzeinschlägen zu schützen.

An vielen Orten wurde das Brauchtum zum **Martinsfest** wieder belebt. Am Abend des 10. oder 11. November gibt es Umzüge, und Martinsfeuer werden abgebrannt.

Mit Konzerten, Märkten und Basaren wird im **Advent** auf das Weihnachtsfest vorbereitet.

*Fit in allen Masken*

# KARNEVAL - MAL RHEINISCH, MAL WALLONISCH

Karneval wird im Osten Belgiens intensiv und vielfältig gefeiert. Die Lust am Verkleiden und Parodieren wird in Sitzungen und beim Straßenkarneval ebenso bunt und vielfältig ausgelebt wie der Spaß am Spott und die pure Lebenslust. Man ruft Alaaf, in Schönberg auch Helau und in St. Vith „Fahrm'dar".

Echte Fastnachtsfreunde lassen sich dabei nicht die Gelegenheit entgehen zu persiflieren, was sich in der großen und der kleinen Politik, in der Gesellschaft oder in der Nachbarschaft an Neuem und Kuriosem ereignet hat. Neben dem Brauchtum werden auch die Dialekte gepflegt: Selbstverständlich wird in den Eifeler Sälen und auf den Bühnen Platt gesprochen, und in der Gegend von Malmedy klingt echtes altes Wallonisch an.

Grundsätzlich unterscheidet man zwei Möglichkeiten, Fastnacht zu feiern: die rheinische und die französisch-wallonische. Beide Formen haben ihre eigenen Regeln und Masken. Echte Karnevalisten beider Richtungen freuen sich nicht nur das ganze Jahr auf die fünfte Jahreszeit, sondern bereiten sich auch sorgfältig darauf vor:

Da wird an Büttenreden gefeilt, da werden Kostüme genäht, und die Garden proben regelmäßig, um sich fit zu halten. Zur Belohnung gibt es Orden, und es wird fröhlich geschunkelt. Oft ist der Erlös der lustigen Veranstaltungen für einen guten Zweck bestimmt. Wenn sich die Gelegenheit bietet, zum Beispiel bei einem Jubiläum, wird auch ganz unbekümmert im Sommer eine zünftige Sitzung aufgezogen.

## FEIERN AUF RHEINISCHE ART

Rund um Eupen und St. Vith wird der Eifeler Karneval von rheinischen Einflüssen geprägt. Entsprechend gibt es unter den karnevalistischen Völkern auch einen regen Austausch an Songs und Büttenrednern. Die Karnevalspolizei sorgt dafür, dass alles im Rahmen bleibt und übernimmt organisatorische Aufgaben.

Die Namen der Karnevalsgesellschaften, Tanzgruppen und Interessengemeinschaften lassen schon ahnen, was sich da für ein buntes Volk trifft, auch wenn es unmöglich ist, alle zu nennen. Da gibt es zum Beispiel Lustige Vennochsen in Sourbrodt, Böschesele in Rocherath, Diddeldöppcher in St. Vith, Dragoner in Moresnet, Bären im Ourgrund, Eifeljecken in Heppenbach und jede Menge Rot-Weiße, Grün-Weiße, Blau-Weiße und andere Farbenträger. Die Mitglieder vom Stammtisch Eifeler Karnevalisten (Steika) schwofen ebenso heftig wie die Treeschländer aus Manderfeld und die Froschtaler aus Schönberg. Die KG Grün-Weiß Oudler strebt eifrig die Ehre an, jedes Jahr den ersten Eifel-Prinzen der Session zu proklamieren. Außerdem strebte die „Ulftalrepublik" auch als eine der ersten mit einer karnevalistischen Homepage ins Internet. Die Degdeberjer Tünnesse haben in Deidenberg eine eigene Festhalle „Zum Tünnes" gebaut, wo das ganze Jahr über Veranstaltungen stattfinden.

Oberster Herrscher aller Narren ist natürlich der Prinz mit seinem Gefolge. Närrische Herrscher und jeckes Volk pflegen

„Küsch“ mit Narrenkappe in Kelmis

Der Clown, ein Treffpunkt in Eupen

üblicherweise einen kameradschaftlichen Umgang, schließlich stellt die Proklamation eines Fürsten letztlich immer noch eine Persiflage absolutistischer Monarchie dar.

## Karneval der Knirpse

Auch die kleinen Karnevalisten haben ihre Repräsentanten. In vielen Orten, beispielsweise in Eupen, gibt es eigene Kinderprinzen mit Pagen. Am Sonntagnachmittag beim Kinderzug werden sie durch die Straßen geführt. In Kelmis gehört der Kenehemo-Kinderzug (=Kelmis, Neu-Moresnet, Hergenrath, Moresnet) am Karnevalssamstag zum Programm, und auch in Faymonville spielen die Kinder verrückt.

## Ein ganzes Jahr lang Spaß mit dem Küsch.

Rund um das Küsche-Spektakel - „Küsch“ bedeutet Schwein, abgeleitet vom französischen Wort cochon - haben die Karnevalisten in Kelmis ganzjährigen Spaß entwickelt. Am 11. im 11. ziehen die Kelmiser Vereine in voller Uniform durch den Ort zum lustigen Treffen in der Patronage. Dort bekommt der Bürgermeister feierlich ein Ferkel überreicht. Er muss es bis zu den drei tollen Tagen kraftig masten, denn dann wird es in großer Gemeinschaft verspeist. Das Geld, das dabei eingenommen wird, ist für wohltätige Zwecke bestimmt. Damit möglichst viel einkommt, werden noch ein paar andere Ferkel geschlachtet, und die Metzger des Ortes stiften außerdem noch jede Menge Wurst. Die Übergabe des Geldes erfolgt dann im August.

Ohnehin wird in Kelmis besonders kräftig Karneval gefeiert. Als die KKG Ulk im Jahr 2000 ihr 11 mal 11-jähriges Bestehen feierte, da schneiderten Mitglieder dem Brüsseler Manneken Pis eine Mini-Uniform nach Kelmiser Vorbild. Eine große Abordnung zog am Festtag durch die Hauptstadt, und das Manneken Pis bedankte sich für die Aufwartung, indem es im Ulk-Kostum nicht wie üblich Wasser pieselte, sondern Bier!

*Wenn die Eupener Weiber feiern, kommt das Essen und Trinken nicht zu kurz.*

## Weiberfastnacht

Den Auftakt zum Straßenkarneval aber geben die Frauen. Am Altweiberdonnerstag hauen sie in Ostbelgien nicht weniger kräftig auf die Pauke als ihre Kolleginnen in Köln und Aachen. Insbesondere die Damen im Eupener Land sind berüchtigt dafür, dass sie – als „auw Wiever“ (alte Weiber) verkleidet – den Männern mit der Schere an die Krawatte wollen. Zapp, abgeschnitten ist das gute Stück, wenn Mann nicht aufpasst. Auswärtige Herren erkennt man an diesem Donnerstag vor Karneval oft daran, dass sie unbekümmert teure Designerstücke auf der Brust tragen.

Einheimische dagegen zaubern manchmal verblüffende Kreationen vergangener Jahrzehnte aus ihren Kleiderschränken – so als wollten sie den Möhnen in punkto Altware nicht nachstehen. Auch in Eifeler Gemeinden herrscht natürlich Frauenpower.

Die urigen Bräuche der „alten Weiber“ gehören zu den ältesten karnevalistischen Riten überhaupt. Einige Quellen führen das Fastnachtsbrauchtum sogar ursprünglich insgesamt auf die Frauen zurück, und in einigen Gegenden der Eifel nannte man früher den ganzen Februar den „Weibermonat“.

Bis heute haben die Damen eigene Methoden entwickelt, um auf sich aufmerksam zu machen. Mit geballter Kraft stürmen sie die Rathäuser, wo ihnen meist freiwillig die Macht überlassen wird – zu Karneval zumindest gilt das Wort der Obermöhn. In einigen Orten, beispielsweise in Eupen oder in Kelmis, formieren sich die Wiever auch zu Umzügen.

In Raeren motiviert das Altweiberkomitee seine Anhängerinnen durch Aufrufe in Versform, die in der Zeitung veröffentlicht werden. Das klingt dann zum Beispiel so:

*Lev auw Wiever, es ist so weit.*
*Steht am Donnerstag bereit,*
*Wenn es heißt Altweiberzug.*
*Doch das ist längst noch nicht genug.*
*Bringt Stimmung mit und gute Laune,*
*Raspeln Pauken und Posaunen.*

Eifeler Möhnen beweisen viel Standvermögen, denn vom gemeinsamen Frühstück geht es oft rund bis tief in die Nacht. Bei den zahlreichen abendlichen Möhnenbällen sind Männer natürlich gern gesehen! Zum Geheimtipp hat sich in den vergangenen Jahren die Möhnendisco in Nidrum entwickelt, bei der auch die in Belgien wohnende deutsche TV-Moderatorin Margarete Schreinemakers gern mitmischte. Nicht verschwiegen werden darf, dass sich die Damen an „ihrem“ Tag ebenso gern wie die Herren mit Hochprozentigem in Stimmung bringen und hier und da gern ein „Schnäpsje läbschen“.

*Mit Puppen und Luftballons werden die Häuser in der Session geschmückt.*

## VORSICHT, FETT UND SÜß: KARNEVALISTISCHE LECKEREIEN

Aber nicht nur bei der flüssigen, sondern auch bei der festen Nahrung wird an den tollen Tagen unbekümmert zugelangt. Während es sonst eher genügsam zuging, schöpfte man auch früher schon vor der Fastenzeit noch einmal aus dem Vollen, und was das Essen anging, wurde nicht so sehr gespart wie üblich. Fett und Eier, die in der Fastenzeit in früheren Zeiten tabu waren, wurden noch einmal reichlich verwendet, und Schmalzgebackenes entwickelte sich zum typischen Karnevalsschmaus.

Und so hat Verführerisches aus der Küche auch heute noch Tradition zu Karneval. Am Altweiberdonnerstag – dem „fetten Donnerstag" - und an den tollen Tagen wird Fettgebackenes in Mengen verputzt. Wenn es draußen kalt ist, schmecken frische, noch etwas warme **Hefeballen,** die mit einem Klecks Marmelade gefüllt sind, himmlisch. In Malmedy nennt man sie Boules de Berlin, in den deutschsprachigen Gebieten Berliner oder Pöffele.

**Muzen** sind ein ebenso klassisches Karnevalsgebäck. Sie werden ebenfalls in Fett gebacken und mit Puderzucker bestäubt. In manchen Gegenden heißen die leckeren Kalorienbomben treffend „Vettlömmele". Vermutlich waren es schon die Römer, die diese Sitte in die Eifel trugen. Schon 150 Jahre vor Christi Geburt sollen ihnen krapfenartige Speisen so gut geschmeckt haben, dass sie die schönsten davon sogar ihren Göttern opferten, um sie freundlich zu stimmen.

Der große Katzenjammer nach dem Karneval beginnt spätestens am Aschermittwoch. Aber auch diesem Tag können die Ostbelgier noch etwas abgewinnen, zum Beispiel mit leckeren Heringen. Sie werden mit Sahne eingelegt oder mit Nüssen, Äpfeln oder Roter Bete serviert.

## Nach Karneval brennen die Burgen

Die Schlüsselrückgabe an die zivilen Räte und Bürgermeister beendet die Session. Das „Kerzenausblasen“ ist ebenfalls eine beliebte Sitte beim karnevalistischen Kehraus. Zünftig gefeiert wird auch beim „Burgenbrennen“ in den Eifelgemeinden. Ursprünglich waren es die Junggesellen, die sich dabei am Wochenende nach Aschermittwoch noch einmal vergnügten. Heute laden die jungen Leute dazu alle ihre Freunde und Bekannten ein. Mit großem Hallo werden nach dem Einbruch der Dunkelheit riesige Haufen von trockenem Reisig und Astwerk angezündet. Oft übernimmt der Karnevalsprinz diese Aufgabe.

Der Überlieferung nach sollen mit dem Feuer die Wintergeister endgültig vergrault werden, damit es Frühling werden kann. Nach dem Abfackeln der „Burgen“ geht es umgehend ins Wirtshaus oder zur privaten Fete. Traditionsgemäß werden dann Pfannkuchen gebacken. Dies geht wiederum auf den alten Brauch des Eiersammelns in der Fastenzeit zurück.

i *Verband für Karneval und Folklore der Deutschsprachigen Gemeinschaft*
*Judenstraße 42*
*4700 Eupen*
*Tel: 087 / 55 36 85*

*Karnevalspolizei Eupen G.o.E.*
*Hochstraße 1*
*4700 Eupen*
*Tel.: 087 / 55 38 79*

## Karneval in Malmedy: Cwarmê wallon

In und um Malmedy wird die Jahrhunderte alte wallonische Form des Karnevals kultiviert: der Cwarmê d’Mâm’di. Er wird eingeleitet durch gleich vier fette Donnerstage, die petits haguètes. Typisch für den Cwarmê sind Figuren, die bestimmte Rollen verkörpern. Maskierte ziehen schon an den fetten Donnerstagen durch die Lokale, um die Gäste gehörig auf die bevorstehenden turbulenten Feiern vorzubereiten.

Die wallonischen Karnevalsfiguren sind freche Kerle: Der **Trouv'lê** ist der heimliche Herrscher der Fastnacht, der sein Volk mit dem Brotschieber dirigiert. Auch **Bol’dji,** der dickbäuchige Bäcker, weiß seinen langen Brotschieber als Waffe zu führen.

Die **Haguètes** verkörpern den Protest gegen fremde Herrschaft. Auf napoleonische Hüte pflanzen sie Federbüsche, und zu ihren subversiv vermummten Gesichtern tragen sie den zweiköpfigen schwarzen Adler des Heiligen Römischen Reiches deutscher Nation. Mit langen ausfahrbaren Scheren versuchen sie, die Zuschauer zu kneifen.

Die **Long-Nés** sind naseweise Langnasen, die ihre Opfer so lange durch Nachäffen veräppeln, bis diese weich werden und sie zu einem Gläschen einladen. Vor den **Sotês** müssen sich vor allem die Damen in Acht nehmen: Die respektlosen Gnome, die geradewegs aus den Grotten von Malmedy entsprungen zu sein scheinen, wuscheln mit Vorliebe in ihren Haaren herum!

Mit einem Fuchsschwanz piesackt dagegen Harlekin, **Hârlekinet**, die Zuschauer. Ebenso wie er ist auch **Pièrot** aus der italienischen Comedia dell’arte entliehen, aber Pièrot ist sanfter und verteilt Apfelsinen und Süßigkeiten an die Zuschauer.

*Alle Zeichen stehen auf Karneval am Grenzübergang Wahlerscheid.*

Die **Longuès-Brèsses** oder **Lonkès Bresses** erhielten ihren Namen nach ihren überlangen Armen. Langarmig grabschen sie nach den Mützen und Hüten im Publikum – und das schon seit 1883, wie die Karnevalschroniken nachweisen! Mehr auf ihr unverschämtes Mundwerk müssen sich die **Cwapîs** verlassen: Die Schusterjungen nehmen Maß an mehr oder weniger grazilen Damenfüßen und kommentieren das Ergebnis entsprechend.

Auch **Long Ramon,** der lange Ramon, trägt seinen Namen zu Recht: Mit einem riesigen Besen versucht er, die Zuschauer am Rande des Geschehens zu erreichen, und er langt sogar zu den Balkonen am Zugweg hinauf. Ähnliches versucht auch der **Vèheû**. Er hat eine Schweinsblase aufgepustet und an einem Stock befestigt. Mit diesem Gerät haut er auf die Zuschauer ein, wenn sie ihm keine „Almosen" geben.

Friedlicher geht es da bei den folkloristischen Masken zu. Die **Djoupsènes** sind Ägypter oder Zigeuner und seit der Mitte des 19. Jahrhunderts Stammgäste im Cwarmê von Malmedy. Noch länger dabei sind Gäste aus Amerika und Afrika. Wer sich als **Sâvadje** oder **Sâvadje-Cayèt** ins Getümmel stürzt, muss vorher Farbe auflegen: Diese Figuren stellen Rothäute und Schwarzafrikaner dar.

## Umzüge an den tollen Tagen

Die *Grosse Police* eröffnet am Samstag mit lautem Glockengebimmel die tollen Tage. Offiziell wird der Troûv'lê durch die Stadtväter empfangen und erhält als Zeichen seiner Macht einen zünftigen Brotschieber aus den Händen des Bürgermeisters. Sonntags folgt die Ehrung der „Mesnie do l'Haguète du Mâm'dî", der Haguettengesellschaft, bevor der Straßenkarneval mit dem traditionellen Haguettentanz auf dem Albertplatz beginnt. Am frühen Nachmittag zieht ein karnevalistischer Lindwurm aus Wagen und Gruppen durch die Straßen. Mit dabei sind natürlich die Cwarmê-Figuren. Rund 1500 Karnevalisten tragen im Umzug die traditionellen Kostüme. Bis in den Abend tummeln sich Tausende Einheimische und Auswärtige auf den Straßen. Am Rosenmontag werden ab 11 Uhr die **Rôles** gezeigt: Das sind satirische Rollenspiele, die auf der Straße aufgeführt werden. Das lustige Straßentheater zieht immer mehr Besucher an, auch wenn diese nicht alle Insider-Scherze verstehen. Umzüge gibt es noch einmal am Fetten Dienstag. Dann wird es traurig: Wenn die Dunkelheit sich über Malmedy senkt, wird auf dem Albertplatz die Haguète mit lautem Lamentieren verbrannt. Das hindert die letzten Jecken aber nicht, sich anschließend noch einmal kräftig in den Sälen und Lokalen zu amüsieren.

i *Office du Tourisme*
*Place du Châtelet 10*
*4960 Malmedy*
*Tel.: 080 / 33 02 50*
*Fax: 080 / 77 05 88*

*Karnevalsmuseum*
*Maison Cavens*
*Place de Rome 11*
*4960 Malmedy*
*Tel.: 080 / 33 70 58 und 33 09 93*
*Fax: 080 / 33 92 32*

## Laetare: Die Fastenpause

Fiel den Vorfahren der heutigen Ostbelgier das strenge Fasten so schwer, dass sie zwischendurch eine kleine Pause einlegen mussten? Das Brauchtum zu Laetare – zum Mittfastenfest – ist jedenfalls reichhaltig. So windet sich zum Beispiel in Welkenraedt-Herbesthal am Mittfasten-Sonntag ein Zug aus rund hundert Wagen, Fußgruppen und Musikzügen durch die Straßen. Prinzenpaare aus dem gesamten Bereich des Dreiländerecks sind zu Gast, und am Abend steigt ein zünftiger Ball.

## Das bunte Fest der weißen Mönche

Eines der ältesten und größten Folklorefeste der Region hat sich jedoch in Stavelot entwickelt. Die Ursprünge des Laetare-Festes gehen dort auf das Jahr 1502 zurück. Einmal im Jahr erlaubten die Mönche sich damals heidnische Späße und weltliche Genüsse. Auch die Mönche der Benediktiner-Abtei des Fürstbistums Malmedy-Stavelot ließen sich diese Gelegenheit nicht entgehen, schließlich bedeutet „laetus" auf Lateinisch „fröhlich". Nur Fürstbischof Wilhelm von Manderscheid erwies sich als Spaßverderber und sprach ein striktes Verbot aus. Bis heute wird er dafür verulkt, denn die Bürger von Stavelot zogen sich weiße Kutten und rote Maskennasen an und persiflierten den Zank im Kloster ganz schön derb. Überlieferungen berichten, dass sie mit Schweinsblasen, Birkenbesen und an Stöcken befestigten alten Fischen auf Zuschauer einschlugen. Auch eine Art Konfetti sollen sie schon verstreut haben. Davon wird auch heute noch reichlich verteilt: Rund zwei Kilo Konfettimunition schleppt jeder weiße Mönch auf die Straße, zusätzlich zu seinen Schweinsblasen und den fünf Tonnen von bunten Papierschnipseln, die aus den Rohren der Konfetti-Kanonen ins Volk gepustet werden.

Die Bruderschaft der Blancs Moussis wurde 1947 in Stavelot gegründet. Sie ist eine der ältesten Bruderschaften dieser Art in Belgien. Wer ein echter weißer Mönch mit langer roter Nase werden will, muss in Stavelot geboren sein oder seit mindestens zwei Jahren dort wohnen. Es gibt aber noch eine zweite Möglichkeit: Zu den Ritualen der Mönche gehört neben der Teilnahme am Umzug am Laetare-Sonntag und dem Tanz auf dem Remaklus-Platz seit 1950 auch die Erhebung von prominenten Bürgern in den Stand von Ehrenrittern, die zwar nicht in Stavelot wohnen, sich aber um die Stadt verdient gemacht haben. Im Kapitelsaal der alten Abtei erhalten sie standesgemäß ihren Ritterschlag.

Das von Samstag bis Montag andauernde Laetare-Fest ist eine Attraktion für die gesamte Umgebung. Die Blancs Moussis feiern drei Tage lang, von Samstag bis Montag, mit viel Publikum ihren eigentümlichen Straßenkarneval mit Musik und Tanz. Höhepunkt ist der große Umzug, zu dem am Sonntagnachmittag rund 30 000 Zuschauer anreisen. 2000 Teilnehmer - weiße Mönche, bunte Gruppen und Musikkapellen - marschieren mit. Anschließend tanzen die weißen Mönche auf dem Remaklus-Platz ihr Rondeau. Die dem wallonischen Brauchtum zugehörigen weißen Mönche kann man unter folkloristischen Gesichtspunkten einreihen in eine schillernde Gesellschaft. Sie sind karnevalistisch verwandt mit den Gilles aus Binche, den Haguettes aus Malmedy und den Chinels aus Fosse-la-Ville.

i *Syndicat d'Initiative et Musées*
*Ancienne Abbaye*
*Avenue F. Nicolay 3*
*4970 Stavelot*
*Tel : 080 / 86 27 06*

*Essen und Trinken*

# IM GENIEẞERLAND OSTBELGIEN

Das haben die Küchenchefs von Maman gelernt: Der französische Einfluss auf die belgische Haute Cuisine ist unverkennbar. In Ostbelgien hat sich daraus eine raffinierte Mischung zwischen bodenständigen Gerichten und Feinschmecker-Angeboten entwickelt.

## WILD IM HERBST, FORELLEN IM FRÜHJAHR

Schon seit Jahren zieht es nicht nur Jäger, sondern auch Gourmets aus dem In- und Ausland im Herbst nach Ostbelgien. Wenn dort am 15. September die Wildsaison beginnt, haben so viele Restaurants Spezialitäten auf den Speisezetteln, dass es sich lohnt, ganze Schlemmer-Wochenenden zu buchen. Wer einmal nach einer Wanderung durch das herbstbunte Hohe Venn in einem einladenden Gasthaus eingekehrt ist, wird nie vergessen, wie gut dann ein herzhaftes Wildgericht schmeckt.

Auch wenn im März die Angelsaison beginnt, muss man nicht gleich selbst mit Köder und Gummistiefeln losziehen. Die Restaurants bieten saisongemäß Köstlichkeiten aus dem klaren Wasser der Eifel. Insbesondere die **Bach-Forellen** aus dem Ameltal und aus Ligneuville (siehe S. 171) haben sich einen Ruf als Delikatesse erworben. Die Gastronomen verstehen den Schlemmer-Frühling mit regionalen Köstlichkeiten wie Forellen, Ardenner Schinken und Käse als Pendant zu den Wildwochen im Herbst. Begleitend dazu werden Programme angeboten, die so verlockende Namen tragen wie: Festival der Forelle, Forellen angeln in Ostbelgien, das Geheimnis des „echten“ Ardenner Schinkens kennen lernen, die bekanntesten Käsesorten der Region kosten. Manche Unternehmung nennt sich auch schlicht, aber vielversprechend „Schlemmerfahrt durch die Ostkantone“.

i *Verkehrsamt der Ostkantone*
*Tel.: 080 /22 76 64*
*Fax: 080 /22 65 39*

Ein Mitbringsel, das garantiert nicht lange hält, ist der **Ardenner Schinken**. Er wird nach alten Methoden geräuchert und erhält durch Gewürze sein unverwechselbares Aroma. Einen besonders guten Ruf genießt der Schinken aus der Montenauer Schinkenräucherei. Dort wird ein Produkt mit kontrollierter Herkunft, der „Jambon d'Ardenne Appelation d'origine“, hergestellt. Herstellung und Reifeprozess eines originalen Ardenner Schinkens dauern rund vier Monate. Er wird wie in alten Zeiten gesalzen und mit Buchenholz und Wacholderbeeren geräuchert. Allein das Trocknen und Räuchern dauert vier Wochen. Seine Fans finden: Was lange währt, wird wirklich gut.

i *Montenauer Schinkenräucherei*
*Montenau 19*
*4770 Amel*
*Tel.: 080 / 34 95 86*
*Fax: 080 / 34 00 28*

**Käsesorten** aus eigener Herstellung gibt es an verschiedenen Stellen. Bekannt für guten Käse ist unter anderem die Abtei Val Dieu in Aubel, nordwestlich von Eupen. Die Zisterzienser stellen verschiedene Sor-

*Feinschmecker lieben Genuss für das Auge und für die feine Zunge.*

ten her, die sie in der Brasserie und im Laden verkaufen. Einen Ausflug ist die Abtei schon wegen ihrer Gastronomie allemal wert, denn dort wird nicht nur herzhafter Käse serviert. Es gibt auch köstliche Pasteten, Wurst und Salate. Zu all dem kann man das von Mönchen gebraute Bier wahlweise hell oder dunkel schlürfen.

i *Abtei Val Dieu*
*Route de Val Dieu*
*4880 Aubel*
*Tel.: 087 / 68 76 20*

## Was die Natur hergibt

Was im Sommer gesammelt und angesetzt wird, erfreut im Winter den Gaumen: Waldbeeren und Preiselbeeren aus dem Hohen Venn genießen den Ruf von Spezialitäten. Sie werden als süßer Kontrapunkt beispielsweise zu Wildgerichten gereicht oder zu Desserts mit Pfiff verarbeitet.

Aus saftigen Beeren setzen die Ostbelgier aber auch gern einen kräftigen **Likör** an. Die guten Tropfen haben je nach Region unterschiedliche Namen. Rund um Eupen nennt sich ein Aufgesetzter zum Beispiel „Bimmelepick". Pick bedeutet Schnaps nach dem wallonischen Wort „Pékêt", und Bimmele sind schwarze Johannisbeeren. Neben diesen sind auch Schlehen nach dem ersten Frost als Rohstoff für einen Aufgesetzten beliebt.

Wer dem hochprozentigen Obst gebranntes Korn vorzieht, wird bei zahlreichen **Schnäpsen** fündig, denen nicht nur eine garantiert berauschende Wirkung, sondern teilweise sogar Heilkraft nachgesagt wird. Manche edlen Tropfen lagern in Eichenfässern. Eine der ältesten Brennereien Belgiens ist die Destillerie Radermacher in Raeren. Seit mehr als 160 Jahren werden dort Kornschnäpse nach alten Familienrezepten gebrannt.

i *Brennerei Radermacher*
*Spitalstraße 50*
*4730 Raeren*
*Tel.: 087 / 85 12 23*
*Fax: 087 / 85 26 56*

Natürlich lieben die Ostbelgier den Wein, doch auch der **Apfelwein** ist köstlich. Er wird „importiert" aus dem benachbarten Herver Butterländchen. Dort wachsen auch die Äpfel, von denen ein ganzes Kilo in eine

### Rezept Bimmelepick

***Man fülle eine Flasche zu gut einem Drittel mit schwarzen Johannisbeeren und füge je nach Geschmack Zucker oder Kandis hinzu. Aufgefüllt wird die Flasche mit einem guten klaren Korn. Fest verschlossen setzt man das Gebräu dann zwei Wochen der Sonne aus, bevor es zur weiteren Reife in den Keller wandert. Dem süß-herben Bimmelepick wird nachgesagt, dass er heilsam wirkt bei Erkältungen und Verdauungsbeschwerden.***

*Abwechslungsreich und herzhaft sieht das Angebot in den Bäckereien aus.*

*„L'Ange Gourmand" war schon einmal „Fritüre des Jahres".*

Flasche hinein gepresst wird. Insbesondere im Sommer ist das perlende Getränk mit 4,5 Prozent Alkohol erfrischend und belebend. Ein besonders traditionelles Unternehmen ist die Cidrerie Ruwet in Thimister-Clermont, direkt an der Kirche gelegen. Dort kann man verschiedene Sorten, darunter auch Rosé und alkoholfreien Cidre, erwerben. (Tel.: 087 / 44 04 40, Führungen auf Anfrage).

Aus Äpfeln und Birnen wird aber noch anderes hergestellt, süßer **Sirup** zum Beispiel. Es klingt nach Ferien auf dem Bauernhof: Eine Grundmasse aus vier Fünftel Birnen und einem Fünftel Äpfel, die nicht gespritzt sind, wird stundenlang eingekocht zu einem dicken Saft, der zähflüssig vom Löffel läuft. Die Süße des Sirups stammt aus dem Fruchtzucker, Zusätze braucht er nicht. Auf einem frischen Brot – auch zusammen mit Quark – schmeckt das Naturprodukt köstlich.

## Kräftiges aus der Küche

Bei allem modernen Sinn fürs Raffinierte kommt das Ursprüngliche in der ostbelgischen Küche nicht zu kurz. Ziemlich weit oben auf der Hitliste der regionalen Favoriten stehen herzhafte **Eintöpfe**. Sie werden ordentlich mit Speck oder Wurststücken und geröstetem Weißbrot angereichert und schmecken aus dem großen Topf am besten. Ohnehin munden Hausspezialitäten an **Wurst** und **Wildpasteten** wunderbar.

Die legendären belgischen **Fritten** werden natürlich auch in Ostbelgien meisterhaft zubereitet und können sogar Fast food zum kleinen Vergnügen machen. Ihre unregelmäßigen Formen sind ein unverwechselbares Qualitätsmerkmal, denn sie sollten mit der Hand aus frischen, mehligen Kartoffeln geschnitten werden. Anschließend werden sie gründlich gewässert, damit sie etwas Stärke verlieren, und trockengetupft. 160

Grad soll das Öl heiß sein, in dem sie dann kurz gegart werden. Ursprünglich wurde dafür eine Mischung aus Ochsen- und Pferdeschmalz gewählt. Sobald die Kartoffeln gar sind und weiß werden, hebt man sie aus dem Fett, lässt sie abtropfen und abkühlen. Erst unmittelbar vor dem Verzehr werden die Kartoffel-Stäbchen dann in 190 Grad heißem Öl zu jenen Köstlichkeiten gebrutzelt, die außen knusprig und innen weich sind. 1997 erhielt die Imbissstube „L'Ange Gourmand" („Schlemmerengel") im Zentrum von Malmedy sogar das Zertifikat „Belgiens Fritüre des Jahres" Dazu trug nicht nur die einladende Gestaltung des Lokals bei. Auch die Qualität der Kartoffelstäbchen entsprach den feinen Zungen der Juroren.

## Süßes aus der Backstube

Warm vom Blech schmeckt er am besten: **Eifeler Platz** gehört zu den einfachen, aber köstlichen Genüssen des Grenzlandes. Er besteht aus einem kleinen, flachen Hefestück, das dick mit Zucker, am besten mit grobem Kristallzucker bestreut ist.

**Fladen** sind Spezialitäten aus den Backöfen des Grenzlandes. Ebenso wie in Ostbelgien sind sie auch in Limburg, in Aachen oder in der deutschen Eifel beliebt. Ihre einfachste Form besteht aus einem flachen Teig mit einem Belag aus Zucker und Eiern (Eierfladen). Die Klassiker unter den Fladen werden mit Stachelbeeren oder Waldbeeren gebacken. Aber auch Aprikosen, Pflaumen(mus), Äpfel und Birnen sind beliebt. Die Stars unter den Fladen aber werden einem süßen Mus aus getrockneten Äpfeln zubereitet, der stellenweise „Offt" genannt wird. Weil die Herstellung aufwendig ist, gibt es das Original längst nicht mehr in jeder Bäckerei.

Eine raffiniertere Köstlichkeit aus den ostbelgischen Backstuben stellen die **Reistorten** dar. „Wer nach Belgien fährt, sollte nicht versäumen, dort bei einer guten Tasse Kaffee ein Stück Reiskuchen zu essen und einen Reisfladen mit nach Hause zu nehmen", schreibt Sophie Lange in ihrem Buch „Alt-Eifeler Küche". Dass Belgien als Heimat des Reisfladens gilt, hat historische Gründe. Von hier aus wurde ein schwung-

*Schaufenster mit solchen Torten und Fladen lassen Naschkatzen schwach werden.*

hafter Handel mit Reis aus dem Orient betrieben. Von Ostbelgien wurde die Kunst des Reisfladen-Backens auch exportiert, zum Beispiel nach Aachen, wo man die Torten folglich „Eupener Kuchen“ nennt.

Sie heißen nicht umsonst „Küsse“: **Baisers.** Insbesondere in Malmedy finden Schleckermäuler die süßen Köstlichkeiten, die auf der Zunge zergehen. Wer ihrer Verführung erliegt, wird feststellen, dass sie eine kleine Kaloriensünde wert sind. Auch zum Mitnehmen eignen sie sich, allerdings vorsichtig verpackt.

**Pralinen** sind die süßesten Verführer Ostbelgiens. In zahlreichen Spezialgeschäften, aber auch in Patisserien und Bäckereien werden die edlen keinen Happen in verlockender Vielfalt appetitlich angeboten. Am besten schmecken sie dort, wo fachkundige Meister sie noch frisch mit der Hand formen. Wenn dabei Schokolade nach alter Tradition – also nur mit Kakaobutter - verwendet wird, spricht das für den Anspruch der Hersteller. Eine gute Adresse unter den Pralinen-Herstellern ist die:

*Bäckerei-Konditorei Kockartz*
*Kirchstraße 123*
*4730 Hauset-Raeren*
*Tel.: 087 / 65 90 64*
*Fax: 087 / 65 38 80*

## Süffiges aus den Brauereien

Biertrinker geraten in Belgien ins Schwärmen, denn sie können sich aus einer reichen Vielfalt an Produkten bedienen. Abwechslungsreich ist auch die Farbe des Getränks im Glas, sie reicht von hellgelb bis dunkelbraun. Neben den bekannten nationalen Sorten gibt es Hunderte von regionalen. Aus verschiedenen Unternehmen entstand 1897 die Eupener Bierbrauerei. Gut hundert Jahre später, 1999, musste das Traditionsunternehmen seinen Betrieb einstellen.

## Lütticher Küche

In der Provinzhauptstadt hatte die Kunst des Kochens sogar politische Dimensionen. Als dort im 17. Jahrhundert noch Fürstbischöfe regierten, unterschied man deren Anhänger als „Apfelkuchenesser“ von den demokratisch eingestellten „Wurstessern“. Heute wird die regionale Küche auch in Lüttich in zahlreichen Lokalen angeboten – oft als Tagesgericht. Sie zeichnet sich durch eine geschickte Verwendung von Kräutern, aber auch Bier oder gar Schnaps aus. Die Käseplatte ist reichhaltig, ebenso wie die Palette an süßen Desserts. Ganz oben stehen darauf Lütticher Zuckerwaffeln, für deren Herstellung es 70 verschiedene Rezepte geben soll.

In die Geschichte eingegangen ist der **Café Liègeois**, der diesen Namen nicht nur in Belgien trägt. Ursprünglich handelte es sich dabei um einen Wiener Kaffee ohne Satz mit viel Zucker und Sahne. Als es den Lüttichern aber 1914 gelang, die deutschen Truppen auf ihrem Marsch nach Paris aufzuhalten, erwarben sie sich damit in der französischen Hauptstadt soviel Respekt, dass man den Wiener Kaffee dort umgehend in Café Liègeois umtaufte.

### Rezept Café Liègeois

*Ein echter Lütticher Kaffee ist kein Leichtgewicht. In einem halben Liter heißem Schwarzen, der sehr stark sein sollte, werden 300 Gramm Zucker aufgelöst. Ist er abgekühlt, rührt man vorsichtig drei Viertel Liter Schlagsahne hinzu und füllt die Creme in schöne Gläser. Als Variation kann man auch etwas Speiseeis hinzufügen. Gekrönt wird die Köstlichkeit mit einer Sahnehaube.*

## LIGNEUVILLE UND WEWELER: FORELLEN MIT VORNEHMER HERKUNFT

Das Schlemmerland Ostbelgien lässt nicht nur leckere Produkte auf eigenem Boden wachsen. Auch im Wasser werden Köstlichkeiten für die feine Küche herangezogen.

Die vornehmste Herkunft besitzen Forellen aus **Ligneuville** bei Malmedy (auch „Engelsdorf" genannt). 1930 begannen Hermann und Hubert Gabriel dort mit einer Fischzucht, die heute gelegentlich als „Wiege der Fischzucht in Belgien" bezeichnet wird. Jedenfalls sind die Teiche eine touristische Attraktion, zu der Angler und Feinschmecker pilgern.

1984 erhielt das Unternehmen eine Auszeichnung, die es in der gesamten Welt der Gourmets bekannt machte. Ligneuville wurde von der 1185 gegründeten Confrèrerie des Chevaliers de la Truite, der Bruderschaft der Forellenritter, zur „Hauptstadt der Forelle" ernannt.

Doch auch die Fischzucht, die drei Angler in jüngerer Zeit an der Our aufbauten, hat sich mittlerweile zu einem respektablen wirtschaftlichen Unternehmen gemausert. Nicht nur die Küchenchefs der Umgebung schätzen die Qualität der Bachforellen, Regenbogenforellen und Saiblinge aus **Weweler.**

Untersuchungen ergaben, dass die Our an ihrem Unterlauf vor der Mündung in die Sauer eine hohe Wasserqualität besitzt. Auf luxemburgischer Seite sprechen Muschelbänke für Reinheit und hohen Sauerstoffgehalt. Als Wasserbiotop bietet sie nicht nur einheimischen Fischarten, sondern beispielsweise auch Insekten und Amphibien einen guten Lebensraum.

Diesen Standortfaktor nutzten die Fischzüchter Dietmar Zeyen, Peter Zeyen und Marc Dollendorf. Und sie beriefen sich auf die feinen Zungen der alten Rittersleute von der Burg Reuland. Die nämlich bezogen schon vor langer Zeit ihre Fischmahlzeiten aus Weihern nahe der Weweler Mühle. Die Fischzüchter ließen die alten Weiher wieder ausbaggern und setzten Fische ein, die zwar dort nicht heimisch waren, aber passende Lebensbedingungen fanden und vor allem von den modernen Konsumenten geschätzt werden. Rund 100 000 „Ritterfische" tummeln sich jetzt dort.

Die Verbraucher können ihre Fische frisch oder geräuchert direkt bei den Erzeugern kaufen. Aber auch in den Restaurants der Umgebung werden Ourtal-Fische serviert. Hobbyangler dürfen an den Teichen sogar selbst auf Fischfang gehen. Ein Fischzoo, der die Bewohner der einheimischen Gewässer vorstellt, soll das Angebot langfristig ergänzen.

*Von Angeln bis Wintersport:*

# SPORT- UND FREIZEITANGEBOTE

## ANGELN

Der Wasserreichtum Ostbelgiens lässt Fische hervorragend wachsen und zieht damit Angler an. Idyllisch gestaltet sich beispielsweise die Anlage am Rechter Weiher nahe St. Vith. Rund zwei Hektar groß ist die Freizeitanlage „Zwischen Burg und Büchel", von der auch Wanderungen ausgehen.

Auf dem zirka einen Hektar großen See können auch Bootsfahrten unternommen werden. Auch in den Talsperren von Bütgenbach und Robertville darf geangelt werden. Allerdings müssen Petrijünger einen Angelschein besitzen. Er ist in Postämtern erhältlich. (Info: örtliche Verkehrsvereine)

*Angler schätzen die Ruhe und den Fischreichtum der ostbelgischen Gewässer*

## FLIEGEN

In die Luft gehen können Mutige „Auf'm Hohen Berg" bei Büllingen. Dort unterhält der Aero- und Modellclub „Feuervogel" sein Fluggelände mit Start- und Landebahn sowie einem Hangar für Ultraleichtflugzeuge. Seit 1990 sind die Ultraleichten dort zu Hause. Bereits seit 1980 kreisen die Modellflugzeuge. Die Anlage hat in ganz Belgien einen guten Ruf. Internationale Treffen gibt es beispielsweise für Modell-Helikopter.

i *Aero- und Modellclub „Feuervogel"*
*Tel.: 080 / 64 21 37 oder 64 26 95*

Der Para-Club Elsenborn besteht seit 1990. Berufspiloten bringen die Maschinen mit bis zu 17 Springern in luftige Höhen. Besucher haben die Möglichkeit, bei Tandem-Sprüngen den Traum vom Fliegen zu erleben. Wer mehr möchte, kann sich bei einem der Lehrer zum Fallschirm- oder Gleitschirmspringer ausbilden lassen.

i *Para-Club Elsenborn*
*Tel.: 080 / 44 76 76*
*oder 080 / 44 56 29*
*www.pcelsenborn.de*

## GOLF

In den elf Gemeinden Ostbelgiens liegt zwar kein eigener Golfplatz, doch die Freunde dieser Sportart können ihre Schläger in unmittelbarer Nachbarschaft schwingen. Es gibt Plätze in Henri-Chapelle (Golf Business Club, Rue du Vivier 3, 4841 Henri-Chapelle, Tel.: 087 / 88 19 91) und Gemmenich im Norden sowie in Spa.

i *Royal Golfclub des Fagnes*
*Balmoral, 4900 Spa*
*Tel.: 087 / 77 16 13*

## LAUFEN

Liegt es an der abwechslungsreichen Landschaft? In Ostbelgien wird jedenfalls ausgiebig gejoggt, getrabt und nach Leibeskräften gerannt. Sowohl die Einsteiger als auch gut trainierte Leistungssportler können sich ihre Herausforderung suchen. Selbst für Kinder werden kleine Wettbewerbe organisiert, oft in Zusammenhang mit großen Volksläufen.

Die Saison beginnt in der Osterzeit mit den „Crêtes de Spa". Dieser Halbmarathon führt von der Bäderstadt Spa aus bis hinauf auf das Plateau des Hohen Venns. Wegen des sportlichen Anspruchs gilt der Lauf als einer der härtesten Halbmarathons in ganz Belgien. Er bietet aber auch ein ganz besonderes Erlebnis: Die Läufer kommen auf ihrem Weg durch wunderschöne Natur an acht Thermalquellen vorbei. Wer sich den Halbmarathon nicht zutraut, kann eine Zehn-Kilometer-Strecke in Angriff nehmen.

Im Verlauf des Jahres stehen aber auch andere interessante Volksläufe und Wettbewerbe an. In Kelmis werden „Dreiländerläufe" organisiert, Bütgenbach und Weismes bieten Strecken von 5 bis 10 Kilometern an, man kann auf schnellen Sohlen einen Ausflug in die Ardennen-Landschaft bei Stavelot unternehmen, in Eupen an der Talsperre entlang spurten oder über die Höhen von Elsenborn. Orientierungsläufe ziehen findige Sportler an.

*Begeisterte Läufer trifft man bei Wettbewerben überall in Ostbelgien.*

## MOTORSPORT

Ostbelgier begeistern sich für den Motorsport. Der Auto-Moto-Club St. Vith (AMC) ist mit weit mehr als 3000 Mitgliedern der größte Verein in der Deutschsprachigen Gemeinschaft. Nicht nur Motorsportbegeisterte zieht die Rennstrecke in Spa-Francorchamps an (siehe S. 180). Wer selbst das Steuer in die Hand nehmen möchte, ist auf der Kartbahn in Grüfflingen in der Gemeinde Burg-Reuland am richtigen Ort (siehe S. 85).

## MOUNTAINBIKING/RADWANDERN

Belgier sind begeisterte Radfahrer. Weil sich aber nicht jeder wie ein Eddy Merckx auf sein Rennrad schwingen mag, um über den Asphalt zu sausen, sind viele umgesattelt: auf geländegängige Mountainbikes. Ein Teil der Mountainbiker rollt genüsslich durch die schönen Landschaften, andere

*Die Läufe zählen zu den Belgischen Meisterschaften der Schlittenhunde.*

*Wenn es richtig kalt ist, sind Musher und Hunde gut aufgelegt.*

## Auf der Piste wird herzhaft gekläfft: Schlittenhunderennen

Wer sich beim Wintersport nicht selbst anstrengen will, schaut zu. Ein Schlittenhunderennen findet jedes Jahr am ersten Wochenende im Februar am Tommberg von Rodt statt. Das Teilnehmerfeld ist international besetzt. Rund 100 Teams kämpfen um die besten Plätze. Die verschiedenen Läufe zählen auch zu den Belgischen Meisterschaften der Schlittenhunde. Zugelassen sind nur reinrassige Schlittenhunde wie Huskies, Grönländer und Alaskan. Als Zuschauer sind Vierbeiner allerdings nicht erwünscht.

Die Schlittenhunderennen von Rodt haben nicht nur in der Fachwelt einen guten Namen erworben. Auch für Touristen bieten sie ein beliebtes Ziel. Hundefreunde geraten ins Schwärmen, wenn sie die lebhaften, kraftvollen Tiere sehen, die mit lautem Geheul ins Rennen gehen und großen Spaß an der Rennerei zu haben scheinen. Zwei- bis achtspännig gehen die Gespanne mit einem Leithund auf die Piste. Wer sich um den Tierschutz sorgt, wird von den Veranstaltern beruhigt: Die Musher sind nach dem Rennen meist erheblich mehr von den Strapazen gezeichnet als die Hunde.

Musher und Hunde gehen auch an den Start, wenn einmal nicht genug Schnee liegen sollte. Die temperamentvollen Hunde ziehen dann Schlitten, die statt Kufen Räder aufweisen. Diese Karts werden eigentlich als Trainingsschlitten verwendet, denn Schlittenhunde müssen auch im Sommer trainieren. Es gibt Sprintstrecken und längere Distanzen bis zu 30 Kilometer Länge.

wollen jedoch ernsthaft ihre Kräfte messen. Für die verschiedenen Begabungen gibt es unterschiedliche Anforderungen. Zeitfahren, Orientierungsrennen, Rallyes, Langstreckenrennen und Cross-Country-Wettbewerbe werden ausgerichtet. Oft finden neben den Läufen für Leistungssportler auch gemütliche Familienfahrten statt. Anforderungen stellt die „East Belgian Biker Trophy“, die sich aus verschiedenen Wettbewerben von April bis August zusammensetzt. Auch die Belgische MTB-Meisterschaft ist regelmäßig im sportlichen Osten des Landes zu Gast. In Bütgenbach genießt der Eifel-Biker-Cup mit Wettbewerben für Leistungssportler und Hobbyfahrer hohes Ansehen (Info beim Eifel-Biker-Club: 080 / 44 51 34 oder 080/ 44 40 11).

Das Verkehrsamt der Ostkantone (VAO) gibt eine Karte heraus, auf der 16 Strecken zwischen 10 und 45 Kilometern ausgewiesen sind, ausgehend von Malmedy, Bütgenbach, St. Vith, Ondenval und Burg-Reuland. Auch eine 190-Kilometer-Rundfahrt wird beschrieben. Für das gesamte, rund 680 Kilometer lange Mountainbike-Netz wurde die „MTB-Box“ entwickelt, die 72 Touren empfiehlt.

Das neue ausgewiesene **Radwandernetz** trägt seinen Namen mit voller Berechtigung: Wie in einem Netz können sich Radfahrer darin orientieren, weil die Schnittpunkte von Routen als „Knoten“ markiert und nummeriert sind. So lassen sich individuell Touren zusammenstellen. Das Netz umfasst mehr als 840 Kilometer. Es ist angeschlossen an die Routen des RAVEL-Projektes der Wallonischen Region. Alle Strecken zeichnen sich dadurch aus, dass sie fernab der hektischen Verkehrswege durch reizvolle Natur führen. Auch Themenrouten wie beispielsweise die Trinkwasser-Route zwischen der Eupener Weser-Talsperre und der Gileppe-Talsperre werden ausgearbeitet. Übergänge zu den Radwan-

## MANNEKEN PIS

Auf prominente Begegnungen darf man im Radsportrevier Ostbelgien jederzeit gefasst sein. Ein Rendezvous der ganz besonderen Art schilderte das „Grenz-Echo” in seiner Rubrik „Unten links” am 2. Mai 2000:

Die Tageszeitung berichtete, „Eupens schönster Förster” habe in der Osterwoche gerade seine pflichtbewusste Runde gedreht, als ihm ein junger Radfahrer - offensichtlich ein Anhänger des deutschen Teams Telekom - ins Auge fiel. Ungeniert habe der am Straßenrand ein dringendes Bedürfnis erledigt. Weiter hieß es im Grenz-Echo:

*„Als Radsportfan konnte der Förster sich die Bemerkung nicht verkneifen, dass ein Eric Zabel dies im Fahren erledigen könne. Der verdutzte junge Mann, von seinen Kollegen in Panik gebracht, dass er wegen Erregung öffentlichen Ärgernisses ein Protokoll erhalten könne, drehte sich um und erwiderte: „Das kann ein Jan Ullrich* auch.“ Die Zornesröte des Försters wandelte sich in Schamesröte, als er sah, dass eben dieser Jan Ullrich vor ihm stand.“*

Dem Vernehmen nach, hieß es weiter, habe sich der Förster vorgenommen, „künftig allen Sportlern zu erlauben, auch am Straßenrand dringende Geschäfte zu erledigen“.

*Jan Ullrich: Tour-de-France-Sieger von 1997, Olympia-Goldmedaillengewinner 2000

derwegen von Nordrhein-Westfalen und Rheinland-Pfalz wurden berücksichtigt.

i *Verkehrsamt der Ostkantone*
*Mühlenbachstraße 2*
*4780 St. Vith*
*Tel.: 080 / 22 76 64*
*Fax: 080 / 22 65 39*

TIPP
***Wer sein Velo nicht mitbringen möchte, kann problemlos ein gutes Zweirad mieten. Oft bieten schon die Hotels diesen Service an. Bei Erkundungstouren auf zwei Rädern helfen auch die Freizeitkarten 1:50000 „Nordeifel/Hohes Venn" und „Aachen/Jülicher Börde" des Landesvermessungsamtes NRW.***

## Rallyes für Entdecker

Damit die Besucher Ostbelgien auf unterhaltsame Weise intensiv kennen lernen, bieten die touristischen Organisationen Rallyes durch ihr Gebiet an, beispielsweise die Stadt Eupen. Sie können mit dem Auto, mit dem Motorrad oder dem Fahrrad unternommen werden. Manchmal gibt es dabei auch Preise zu gewinnen. (Info: örtliche Fremdenverkehrsvereine)

## Reiten

Ostbelgien ist ein bewährtes Ziel für Reiter. Es finden sich Möglichkeiten, ein eigenes Pferd unterzustellen, man kann sich aber auch gleich vor Ort seinen vierbeinigen Begleiter auswählen oder Reitstunden nehmen. In jeder Gemeinde finden sich Reitställe und Anlagen. (Info: Fremdenverkehrsvereine)

## Rudern

Ruderboote kann man an den Seen von Robertville und Bütgenbach leihen.

*Pferde für einen Ausritt kann man in einigen Ställen mieten.*

## Schwimmen

Nicht nur die Seen bieten Wasserratten Pläsier. Auch im Winter kann man untertauchen.

*Hallenbäder* gibt es in:

- **Bütgenbach:**
  Ferienzentrum Worriken,
  Tel.: 080 /44 42 44

- **Eupen**:
  Stockberger Weg 5,
  Tel.: 087 / 74 22 22
  (mit 40 Meter langer Rutsche, Whirlpool und Türkischem Dampfbad)

- **Kelmis:**
  Sportzentrum,
  Patronagestr. 53,
  Tel.: 087 / 65 87 06

- **St. Vith:**
  Sportzentrum,
  Rodter Str. 9a,
  Tel.: 080 / 22 73 91

- **Wirtzfeld:**
  CLC Sporthotel,
  Dorfstr. 21,
  Tel.: 080 / 64 75 29

*Freibäder* gibt es in:

- **Bütgenbach**:
  See,
  Tel.: 080 44 63 58

- **Eupen:**
  Wetzlarbad (beheizt),
  Hütte 56,
  Tel.: 087 / 74 25 45

- **Malmedy:**
  „Mon Repos",
  Avenue de la Libération 3,
  Tel.: 080 / 33 01 18

- **Robertville:**
  See,
  Tel.: 080 / 44 64 75

- **Schönberg:**
  Camping Waldecho,
  Tel.: 080 / 54 82 22

- **St. Vith:**
  neben Camping Wiesenbach (beheizt),
  Tel.: 080 / 22 12 34

## SEGELN

Weil die Talsperren Ostbelgiens überwiegend als Wasserreservoire genutzt werden, müssen beim Wassersport Einschränkungen gemacht werden. Dennoch gibt es gute Möglichkeiten:

- **Bütgenbach:**
  Warche-Talsperre, gebührenpflichtig

- **Eupen:**
  Wesertalsperre: nur für Mitglieder des Yacht Clubs

- **Robertville:**
  Warche-Talsperre

## SURFEN

Insbesondere beim Surfen sind die Einschränkungen durch den Wasserschutz gravierend. Uneingeschränkt surfen kann man in:

- **Bütgenbach:**
  Warche-Talsperre
  (auch: Sitsurf möglich)

i *Verband der Windsurfclubs der Deutschsprachigen Gemeinschaft*
*Aachener Str. 18*
*4780 St. Vith*
*Tel.: 080 / 22 87 86*

*Windsurfclub Bütgenbach*
*Burgstr. 24*
*4750 Bütgenbach*
*Tel.: 080 / 44 75 15*

## TENNIS/ SQUASH

Tennis und Squash haben als Freizeitsport viele Anhänger gefunden. Es gibt gute Anlagen, die auch Gästen offen stehen. (Info: Verkehrsämter)

## TRETBOOTFAHREN

Für die gemächliche Form des Wassersports werden in Bütgenbach und Robertville Boote ausgeliehen.

## TRIATHLON/DUATHLON

Ein paar hundert Teilnehmer und noch mehr Zuschauer verzeichnet im Sommer der „Internationale

*Zum Strandbad wird der See von Bütgenbach im Sommer.*

Delphin Triathlon" an der Wesertalsperre in Eupen, der größte Wettbewerb dieser Art in der Wallonie. Schwimmen, Radfahren und Laufen gehören dazu. Beim Jedermann-Triathlon werden den Teilnehmern 600 Meter Schwimmen, 28 km Radfahren und 6,5 km Laufen abverlangt. Für die Schwimmwettkämpfe wird das Badeverbot im Stausee aufgehoben. Leistungssportler gehen auf die Halb-Triathlon-Distanz von 2500 m Schwimmen, 85 km Radfahren und 20 km Laufen. (Info: Schwimmverein Delphin Eupen, 087 / 55 37 58)

Einen guten Ruf in internationalen Kreisen besitzt auch der sommerliche Euregio'Athlon in Bütgenbach, ein Wochenende mit verschiedenen Veranstaltungen. Neben Triathlon und Duathlon gehört auch ein Lauf-Wettbewerb dazu. Er ist in drei Kategorien eingeteilt: Kinderlauf (800 m), Jedermannlauf (4300 m) und – für Leistungssportler – Runde um den See (11,1 km durchs Gelände). Insgesamt schnüren sich knapp tausend Sportler die Laufschuhe. (Info: 080 / 44 55 23)

## TWIRLING

Elemente der rhythmischen Gymnastik und der Akrobatik verbinden die Twirlingtänzer bei ihrem anstrengenden Hobby. Locker vorgeführt wird der Show-Tanzsport, der viel Kondition erfordert, mit einem Twirlingstab. Twirling kann man in Ostbelgien nur im Eupener Club „The Happy Holidays" trainieren.

i *Happy Holidays*
*Tel.: 087 / 74 35 79*

## WALKING

Der Marsch-Club Eupen, der regelmäßig Wanderungen unternimmt, an Volkswanderungen teilnimmt und selbst Veranstaltungen organisiert, besitzt eine eigene Walking-Abteilung, die im Frühsommer einen internationalen Walking-Tag ausrichtet. Gestartet wird nach Geschlecht und Alter in verschiedenen Kategorien. Der Marsch-Club bietet aber auch regelmäßige Walking-Treffs an, bei denen auch Hill- und Power-Walking stattfindet.

i *Tel.: 087 / 74 40 00*
*Fax: 087 / 55 79 84*
*e-Mail: Joschant@euregio.net*

## WANDERN

Ostbelgien ist ein Wanderland. Wer auf eigene Faust loszieht oder das touristische Angebot „Wandern ohne Gepäck" annimmt, fühlt sich leicht wie ein Entdecker. Orientierung bieten: die Topografische Karte von Belgien 1:25000, Blatt 43/5-6 sowie die Wanderkarte „Hohes Venn" 1:25000 des Nationalgeografischen Instituts Brüssel. Rund 2300 Kilometer Wanderwege sind ausgeschildert. Aber auch die geführten Wanderungen bieten Überra-

*Rund 2300 Kilometer Wanderwege sind in Ostbelgien ausgeschildert.*

schungen und vor allem Einblick in verborgene Winkel, die Ortsfremde kaum finden. Der Naturpark Hohes Venn-Eifel gibt einen eigenen Kalender heraus, in dem Termine und Themenschwerpunkte von Wanderungen zu finden sind (Info: 080 / 44 57 81). An Sonn- und Feiertagen starten um 11 Uhr Venn-Wanderungen am Signal de Botrange (Info: 080 / 44 72 73, Hunde sind nicht zugelassen). Auch der Eifel-Ardennen-Verein (EAV) Eupen, der mit dem deutschen „Eifelverein“ kooperiert, zieht regelmäßig mittwochs und sonntags los (Info: Eupener Eifel-Ardennen-Verein, Stendrich 50, 4700 Eupen, Tel.: 087 / 55 20 83.). In Malmedy organisiert der Cercle M.-A. Libert dienstags, donnerstags und sonntags Touren (Info: 080 / 33 02 50) Auch dabei sind Hunde nicht erwünscht. In Bütgenbach wird schon seit Jahrzehnten im Mai „Rund um den See“ gewandert. Dem Volkssport Wandern gehen zahlreiche Belgier auch in Vereinen nach. Die „Wanderfalken“ aus Weywertz beispielweise organisieren schon seit 1976 internationale Märsche und begrüßten dabei mehr als 60 000 Gäste. Bei ihren Wanderungen werden auch behindertengerechte Strecken für Rollstuhlfahrer ausgewiesen. (Info: 080 / 44 51 02 oder 080 / 44 56 52)

*Auch die Belgischen Skilanglauf-Meisterschaften werden ausgetragen.*

## Wintersport

Als „Dach von Belgien“ verwandelt sich der Osten des Landes in ein Wintermärchen, sobald Schnee fällt, und er wird zum attraktiven Revier für den **Langlauf.** Rund 600 Kilometer Loipen werden gespurt unter anderem in Eupen, Baraque Michel, Mont Rigi, Botrange, Ovifat, Mont Spinette, Xhoffraix, Sourbrodt, Büllingen, Bütgenbach, Elsenborn, Hünningen, Losheimergraben, Rocherath (=höchstgelegenes Dorf Belgiens), Weywertz, Wirtzfeld, Baugnez, Rodt und Manderfeld. Wenn die Schneelage es erlaubt, werden auch Wettbewerbe, beispielsweise die Belgischen Skilanglauf-Meisterschaften, ausgetragen. Volksskiläufe organisiert der Ostbelgische Ski- und Wintersportverband (OSWV) unter anderem in Weywertz (Halbmarathon) und in Bütgenbach (Warche-Ski-Tour). Damit die Gäste sich auch spontan entscheiden können, in die Loipe zu steigen, werden an 40 Stellen Langlaufski ausgeliehen.

Aber auch **Abfahrtslauf** ist an drei Stellen möglich. Für die jungen Gäste und ihre Familien werden **Rodelbahnen** präpariert. Wer nicht auf Lärm verzichten möchte, kann sogar mit **Schneescootern** durch die Winteridylle brausen. Zunehmender Beliebtheit erfreut sich das **Schlittschuhlaufen**, beispielsweise auf der Eisbahn in Malmedy.

i *Um einen Beitrag zur Pflege der Laufspuren zu leisten, müssen Freizeitsportler am Rande des Hohen Venns Vignetten für die Loipenbenutzung erwerben.*

**TIPP**

***Über die Schneelage informiert täglich die Snow Line: 080 / 22 74 74***

## SPA-FRANCORCHAMPS: DER TRAUM VOM SCHNELLEN SIEG

Wie es dazu kam, dass nahe dem Dorf Francorchamps eine Rennstrecke entstand, hat in Ostbelgien schon beinahe den Charakter einer Legende. Die Idee soll auf der Terrasse des „Hotel des Bruyères“ entstanden sein. Dort saßen Jules de Thier, Herausgeber der Zeitung „La Meuse“, und Henri Langlois Van Ophem, Präsident des Königlichen Automobilclubs von Belgien, blickten in die Runde und fanden, dass das Dreieck der Verbindungsstraßen zwischen Malmedy, Stavelot und Francorchamps sich geradezu anbieten würde, um darauf um die Wette zu fahren. Und so war es bald vorbei mit der Ruhe im idyllischen Ardennenwinkel nahe der renommierten Badestadt Spa. Motorradfahrer waren die ersten, die 1920 die Motoren heulen ließen. Die Piloten der Rennwagen zögerten zunächst noch; 1921 musste das erste Autorennen abgesagt werden - weil sich nur ein Teilnehmer gemeldet hatte!

Ein Jahr später gingen jedoch auch Rennwagen an den Start, und schon 1924 wurde zum ersten Mal bei den berühmten 24 Stunden von Spa Gas gegeben – ein Jahr nach Le Mans. 1925 verzeichnet die Chronik den ersten Großen Preis von Europa: Sieben Wagen nahmen teil, der Italiener Antonio Ascari siegte auf Alfa Romeo. Doch auch andere Fahrer der internationalen Rennszene lernten den Kurs kennen und schätzen. Bald wurde auch der Große Preis von Belgien auf der Strecke ausgetragen. Die erstreckte sich kurvenreich auf hügeligem Gelände, bot aber mit geraden Teilstücken auch die Möglichkeit, Höchstgeschwindigkeiten zu fahren. Diesen Vorzug gegenüber dem Nürburgring, dem rivalisierenden Kurs in der deutschen Eifel, versuchten die Manager noch zu verstärken, indem sie die Strecke durch einen gezielten Ausbau noch schneller machten. 1939 entstand die berühmte, bergauf gezogene Eau Rouge-Raidillon-Kurve, die benannt ist nach dem „Rotwasser“-Bach.

Der Zweite Weltkrieg unterbrach die Glanzzeit des Motorsports in Francorchamps. 1947 wurden die Rennen jedoch wieder aufgenommen. In den 1950-er Jahren kam der Große Preis von Spa ins Programm. Bis in die 1970-er Jahre war der Formel-1-Zirkus regelmäßig auf der 14 Kilometer langen Strecke zu Gast. Dann aller-

dings riss die Erfolgssträhne ab, Fahrer bemängelten, die Strecke sei zu gefährlich. Neue Sicherheitsanforderungen führten schließlich dazu, dass der Rundkurs auf die Hälfte verkürzt wurde. Die Formel 1 kehrte zurück in die Ardennen und mit ihr kam die übrige Rennsportszene. Für die Region bedeutete dies zugleich, dass sich ein bedeutender Werbe- und Wirtschaftsfaktor stabilisiert hatte. Von den Rennen und anderen Veranstaltungen profitieren Hotels, Restaurants, Einzelhandel, Freizeitanlagen und Souvenirverkäufer im weiten Umkreis. Insgesamt werden die Ausgaben der Besucher auf rund 30 Millionen Euro geschätzt.

Eine Reihe von Veranstaltungen findet heute regelmäßig auf dem Kurs statt. Dazu zählen beispielsweise die „1000 Kilometer von Spa" oder die „24 Stunden von Lüttich". Auch die Boucles de Spa, eine Rallye mit Tourenwagen, gehören zu den traditionsreichen Wettbewerben auf der Strecke. Ferrari Days, Porsche Days und Peugeot Treffen sind Anlässe wahrer Sternfahrten. Aber auch Kult-Mobile wie beispielweise die alten „Enten" rollen an zu den ebenso kuriosen wie spannenden „24 Stunden 2CV", und in ein Open-Air-Museum der Technik verwandelt sich die Rennstrecke bei den Oldtimer-Rennen. Tradition haben auch Rahmenveranstaltungen wie beispielsweise das Rock-Festival während der Motorrad-Langstrecken-Weltmeisterschaft.

Mittlerweile werden in Spa-Francorchamps viele internationale Konkurrenzen ausgetragen wie beispielsweise auch der Motocross-Grand Prix auf einer neuen Strecke gegenüber der Boxengasse. Die Krönung im Jahresverlauf wird aber immer noch erreicht, wenn die Formel-1 zum Grand Prix von Belgien auf der „Ardennen-Achterbahn" anrollt. Unter Rennfahrern gilt Spa-Francorchamps als ultraschnell und schwer zu fahren. Selbst Michael Schumacher bezeichnet den mit fast sieben Kilometern relativ langen Kurs als eine der großen Herausforderungen auf dem Weg zur Weltmeisterschaft und als „extrem anspruchsvoll".

## INFO UND TICKETS:

i *Circuit de Spa-Francorchamps*
*Route du Circuit 55*
*4970 Francorchamps*
*Tel. : 087 / 27 51 38*
*Fax : 087 / 27 52 96*
*www.spa-francorchamps.be*

Wer Auto fahren möchte wie die Profis, kann bei der EPMA (École Peugeot de Maîtrise Automobile) ein Trainingsprogramm buchen.
(www.maitriseautomobile.com)

*Was Gäste wissen sollten:*

# TIPPS FÜR TOURISTEN

*Wie gastlich Ostbelgien ist, lässt sich auch in Zahlen darstellen. So werden für die Gäste in Hotels und Pensionen, Ferienwohnungen und Feriendörfern sowie in Jugendunterkünften und auf Campingplätzen insgesamt weit mehr als 10 000 Betten gemacht. Mehr als hundert Hotels, über 230 Ferienwohnungen, acht Feriendörfer und 28 Campingplätze stehen bereit. Touristische Zentren sind Malmedy und Weismes, Bütgenbach und Büllingen.*

*Hinzu kommen noch die Jugendlager: Sie haben insgesamt 13 729 preisgünstige Betten zu bieten, verteilt auf 155 Einrichtungen. Amel, St. Vith und Büllingen werben verstärkt um die jungen Leute, aber auch Burg-Reuland, Bütgenbach und Malmedy sehen in ihnen treue Gäste von Morgen. Geradezu sensationell günstig sind die Low-Budget-Angebote, die sich an Schüler, Studenten und junge Familien richten. Gruppen finden dort teilweise schon für zwei bis drei Euro pro Nacht und Nase eine Unterkunft!*

*Chalets kann man in Worriken mieten.*

## ☑ KATALOG UND ZEITUNG

Alle zwei Jahre stellt das Verkehrsamt der Ostkantone (VAO) einen hervorragenden Katalog zusammen, in dem Lust auf das „grüne Ferienland“ gemacht wird. Reisende finden nicht nur Tipps und Hinweise auf Sehenswertes und Freizeiteinrichtungen, sondern alle Adressen von Hotels, Pensionen, Ferienwohnungen, Jugendherbergen, Campingplätzen, Ferien auf dem Bauernhof.

Als Service für die Gäste gibt das Verkehrsamt der Ostkantone zudem mehrmals im Jahr eine Zeitung heraus mit praktischen

*Das Verkehrsamt der Ostkantone in St. Vith bietet einen erstklassigen Service.*

Informationen, aktuellen Tipps und Adressen für Urlauber. Im Winter enthält Das Tourist-Journal Informationen über die Schneelage.

## ☑ HOTELS MIT CHARME

Naturnahe Lage, familiäre Atmosphäre und ein günstiges Preis-Leistungsverhältnis zeichnen die Unterkünfte aus, die sich unter dem Namen Charme-Hotels organisiert haben. Sie versprechen, dem Gast ein annähernd gleichbleibendes Niveau und einen guten Standard. Außerdem legen sie Wert auf eine gute Küche. Zu bestimmten Jahreszeiten bieten die Charme-Hotels – wie auch andere – typische regionale Gerichte an. Außerdem werden für die Charme-Hotels Pauschalangebote zusammengestellt, die sportliche, kulturelle und unterhaltsame Angebote einschließen.

Charme-Hotels werden klassifiziert nach ihren besonderen Eigenschaften. Es gibt Familien-Hotels, Hotels im Grünen, Hotels in historischen Mauern, Empfehlungen für Wanderer, Radfahrer, Reiter und Angler sowie Wellness-Angebote.

*Das Haus des Tourismus in Malmedy.*

## ☑ FERIEN AUF DEM BAUERNHOF

Zunehmend sind auf den Bauernhöfen auch große und kleine Gäste gern gesehen. Im Süden Ostbelgiens nimmt schon rund ein Dutzend Höfe auch Mitbewohner auf Zeit auf. Im Norden waren Myriam und Francois Hagelstein auf ihrem Hof in Herbesthal (Tel.: 087 / 88 01 89) die ersten. Einige Betriebe führen Hofbesichtigungen durch, z.B.:

*Ammenhof Ahn*
*Wirtzfelder Str. 41 B*
*4750 Elsenborn*
*Tel. + Fax: 080 / 44 88 88*

*Biohof Theissen*
*Biert 79*
*4760 Maldingen*
*Tel.: 080 / 54 88 13*

In Maldingen können sich Besucher zudem wie in der Prärie fühlen, denn hier grast eine Herde amerikanischer Büffel. Besucher erfahren beim Tag der offenen Tür zum Beispiel, dass die bulligen Tiere feine Zungen haben und nur Gras von nicht gedüngten Weiden mögen. Ihr Fleisch schmeckt würzig und wirkt durch kurze Fasern sehr zart.

*Bisonhof Krings/Scheuren*
*Dorf 63 B*
*4790 Maldingen*
*Tel.: 080 / 22 79 98*
*oder: 080 / 22 92 73*

## ☑ MIT ZELT UND WOHNMOBIL

Freunde des naturnahen Urlaubs haben in Ostbelgien die Qual der Wahl zwischen 28 Campingplätzen für insgesamt mehr als 2500 Besucher. Die größte Kapazität bieten Weismes, Bütgenbach, Burg-Reuland und Malmedy.

## ☑ FREIZEIT-TELEFON/ SCHNEELAGE

Unter der Telefon-Nummer 080 / 22 74 74 gibt es Informationen in Deutsch, Französisch und Niederländisch über aktuelle kulturelle und touristische Events. Im Winter ist über diese Nummer der Schneebericht abzurufen.

## ☑ RESERVIERUNGSZENTRALE

Hotels, Feriendörfer und Ferienwohnungen können über die zentrale Nummer 080 /22 76 64 gebucht werden.

In Zuge der europäischen Einigung gewinnen auch grenzüberschreitende Projekte an Gewicht. Die ostbelgischen Tourismus-Organisationen arbeiten deshalb zusammen mit Partnern in Deutschland (Nordrhein-Westfalen), Holland und Luxemburg.

i *Verkehrsamt der Ostkantone*
*Mühlenbachstraße 2*
*Postfach 66*
*4780 St. Vith*
*Tel.: 080 / 22 76 64*
*Fax: 080 / 22 65 39*
*www.eastbelgium.com*
*e-mail: info@eastbelgium.com*

## SOUVENIRS

- geräucherter Schinken aus Montenau
- Käse aus dem Hohen Venn und der Eifel
- Obstbrand aus Raeren
- Forellen aus Ligneuville und Burg-Reuland
- Fladen und Reistorte aus Eupen
- belgische Pralinen und Schokolade
- Sahne-Baisers aus Malmedy
- Original Ardenner Butter aus Büllingen mit dem Prädikat „Appellation d'Origine Protégée Beurre d'Ardenne"
- massive Eichenmöbel
- Antiquitäten
- Keramik aus Raeren

*Außerdem:*

Unter dem Qualitätsbegriff „Delicatessen Hohes Venn-Eifel" bieten ostbelgische Erzeuger Produkte aus eigener Herstellung an. Dazu gehören unter anderem Brotsorten, Schinken, Senf, Milchprodukte, Bier, Forellen, aber auch Schokolade. Erhältlich sind die Delicatessen unter anderem in der Schlemmer-Boutique in Malmedy (neben dem Maison du Tourisme).

*Wohin geht man in Ostbelgien?*

# LOKALE, KINO UND FESTIVALS

Wer durch Ostbelgien bummelt, sollte sich darauf einlassen, eigene Entdeckungen zu machen. Aus der Vielzahl der guten Adressen einige auszuwählen, muss lückenhaft bleiben. Dennoch einige Hinweise:

## ☑ TREFFPUNKTE FÜR FEINSCHMECKER

Hinter einer schlichten Fassade mitten in St. Vith versteckt sich ein Dorado der feinen Zungen in der Eifel, über dem ein Michelin-Stern funkelt:

- Hotel-Restaurant Zur Post
  4780 St. Vith
  Hauptstraße 39
  Tel: 080 / 22 80 27
  Fax: 080 / 22 93 10

*Um 1700 erbaut: Château Thor.*

Echte Kirchenfenster verleihen den Namen und die besondere Note in der Hostellerie de la Chapelle in Bévercé. Die kostbaren Glaswerke im Restaurant sind Originale aus der ehemaligen Kirche von Xhoffraix, wo in den 1970-er Jahren eine moderne Kirche errichtet wurde. Zur ausgezeichneten Küche kommen eine geschmackvolle Einrichtung und gehobener ländlicher Charme.

- Hostellerie de la Chapelle
  Bévercé village, 30
  4960 Malmedy
  Tel.: 080 / 33 08 65
  Fax: 080 / 33 98 66

Aus dem Jahr 1700 stammt das Hauptgebäude im ehrwürdigen Château Thor. Dem noblen Ambiente gemäß wird drinnen exquisit gekocht.

- Château Thor
  Hotel-Restaurant
  Ferme de beauté
  Nierstraße 5
  4711 Walhorn
  Tel.: 087 / 65 90 37

Kreative französische Küche pflegt man im Hotel Cyrano in Weismes in Restaurant und Brasserie „Chez Gerty“. Piano-Bar, Schwimmbad und Weinkeller machen das Verwöhnangebot komplett.

- Hotel Cyrano
  Rue Chanteraine 11
  4950 Weismes
  Tel. : 080 / 67 99 89
  Fax : 080 / 67 83 85

## ✓ AUSFLUGSLOKALE

Nicht mehr Zuflucht für Verirrte, sondern Ausflugsziel für Unternehmungslustige sind Hotel und Restaurant von Baraque Michel. Die Küche lockt mit Wildspezialitäten, regionalen Angeboten und hausgemachtem Brot.

- Baraque Michel
  Rue de la Fagne 36
  48 45 Jalhay
  Tel.: 080 / 44 48 01

Direkt zur Weser-Talsperre in Eupen kann man vom Rotterwäldchen aus wandern. Im Sommer lockt eine Terrasse.

- Domino im Rotterwäldchen
  Monschauer Straße 102
  4700 Eupen
  Tel.: 087 / 55 67 49
  Fax: 087 / 55 79 33

## ✓ ROCKMUSIK

**Open-Air-Festivals**
Mit dem Open-Air-Festival „alive" zieht Ostbelgien im August Tausende von jungen Musik-Fans an. Ein Wochenende lang wird auf einigen Bühnen in St. Vith abgerockt.

Für moderate Eintrittspreise sind Gruppen aus Belgien, den Niederlanden und Deutschland zu hören. Markt, Partyzelt, Kino und Video-Performance ergänzen das Angebot. Wer von weither anreist, kann sein Zelt mitbringen. (Info: Ticket-Info-Line 080 / 28 00 20 oder www.alive.be)

Tradition hat auch das mehrtägige Festival „Roots Rock" in Bütgenbach-Nidrum, das seit 1989 organisiert wird und im Juli oder August stattfindet. (Info: 080 / 44 63 52 oder www.comnet.be/twilight)

*Besonders einladend wirken Lokale mit Terrassen.*

## ✓ LOKALE

Livemusik gibt es seit 1985 regelmäßig im Saal des Twilight Cafés. Von dort aus wird seit 1989 auch das Roots Rock Festival organisiert.

- Twilight Café
  Zosterbach 20
  4750 Bütgenbach-Nidrum
  Tel.: 080 / 44 63 52
  www.comnet.be/twilight

Livemusik steht auch regelmäßig auf dem Programm im:

- Café Pigalle
  Werthplatz
  4700 Eupen
  Tel.: 087 / 74 08 03

Ein Rockcafé, in dem regelmäßig Konzerte stattfinden, ist das

- Kuck-Kuck
  Malmedyer Straße 68
  4780 St. Vith
  Tel.: 080 / 22 75 14

## KINOS

- Scala
  Honsfelder Straße 206
  4760 Büllingen
  Tel.: 080 / 64 20 41

- Cinéma
  Jünglingshaus
  Neustraße 86
  4700 Eupen
  Tel.: 087 / 74 00 28

- Le Globe
  Cine Café
  Rue Devant l'Etang 4
  4960 Malmedy
  Tel. : 080 / 33 91 84

- Filmtheater Corso
  Bahnhofstraße 14
  4780 St. Vith
  Tel.: 080 / 22 94 86 und 34 92 88

*Motorradfahrer finden Terrassen, wo sie ihr Bike im Auge behalten können.*

## WEITERE VERANSTALTUNGSORTE

- Café Théâtre
  Paveestraße 43
  4700 Eupen
  Tel.: 087 / 55 76 05

- Gesellenhaus G.o.E.
  (Kolpinghaus - Festsaal für 400 Personen)
  Bergstraße 124
  4700 Eupen
  Tel.: 087 / 74 25 44

## HIGHLIGHTS: WAS MAN NICHT VERPASSEN DARF

- das Ostbelgien-Festival, das mit hochkarätiger klassischer Musik in verschiedenen Orten von Frühling bis Herbst Ohrenschmaus bietet
- das alive-Festival, bei dem St. Vith im Sommer drei Tage lang abrockt
- einen Ausflug in die Schatzkammer der Lütticher Kathedrale
- ein kostenloses Stück vom Riesenomelett, das am 15. August in Malmedy zubereitet wird
- eine Entdeckungstour zu den kunsthistorischen Schätzen von Eupen
- Karneval in Malmedy
- das Töpfereimuseum in der Burg Raeren
- Wandern über die Holzstege des Hohen Venns
- einen Sommertag am Badestrand von Bütgenbach
- einen Wintertag in den Loipen auf dem Hochplateau

## Feste und Veranstaltungen

### Januar

- Silvesterfeiern
- Ballsaison

### Februar

- Karnevalistisches Treiben in jeder Form: Sitzungen, Umzüge, Straßenkarneval
- Internationales Schlittenhunderennen am ersten Wochenende in Rodt

### März

- Beginn der Angelsaison am 18. März
- Euregio Touristik-Messe in Kettenis
- am Laetare-Samstag: karnevalistischer Umzug in Stavelot, abends Bälle
- am Laetare-Sonntag: nachmittags Parade und Rondeau der Blancs Moussis in Stavelot, abends Bälle

### April

- Euregio Wein-Messe in Kettenis
- Internationaler Osterlauf in Eupen
- Dreiländer-Euregio-Lauf in Kelmis
- Comisa: Handels- und Landwirtschaftsmesse in St. Vith mit buntem Rahmenprogramm
- Humpenball in Oudler

### Mai

- 1. Mai: In der Nacht zum 1. Mai stecken junge Männer ihren Freundinnen Maibäume. Es gibt jede Menge Dorfbälle.
- Blumenmarkt in Eupen auf dem Werthplatz
- Euregio Antiquitäten-Messe in Kettenis
- Internationales Seifenkistenrennen in Eupen
- Volkswanderung „Rund um den Bütgenbacher See“

### Juni

- Volkswanderung in Mürringen
- Pfingsttrödelmarkt in Eupen
- Pilgertag in Reinartzhof (Raeren) am Pfingstmontag
- Garten- und Blumenfest in Malmedy
- Frühlingsmarkt in Büllingen
- Nikolaus-Kirmes in Eupen, die zweitgrößte in der Provinz Lüttich
- St. Johannis-Reigen in Malmedy, folkloristisches Tanzfest der Jugend
- Kirmes in Malmedy
- St. Vitus-Oktav in St. Vith
- Eupen Musik Marathon in Eupen mit rund 30 Konzerten auf mehreren Bühnen – Stilrichtungen: Klassik bis Techno
- Dorffest in Kelmis: ein Wochenende lang mit Programm von Blasmusik bis Disco

### Juli

- Volkswanderung in Hünningen
- Sommerfest in Bütgenbach
- Burgfest in Burg-Reuland mit Konzerten und Tanz
- Seefest in Robertville
- Urlaubermarkt in Bütgenbach
- Internationale Dreiländerfahrt – touristische Fahrradtour ab St. Vith
- Roots Rock Festival in Nidrum
- Odilien-Oktav in Raeren
- 21. Juli: Zur Erinnerung daran, dass Leopold I. am 21. Juli 1831 seinen Eid als erster König der Belgier ablegte, ist dieses Datum zum belgischen Nationalfeiertag erklärt worden. Er wird gefeiert mit Volksfesten, z.B. in Eupen, Malmedy, St. Vith und Kelmis. Es gibt bunte Märkte, Bälle, Live Musik,

Feuerwerk an vielen Orten, teilweise schon am Vortag, und gelegentlich wird auch die Brabançonne, die belgische Nationalhymne, zu hören sein.
- Sommermarkt in St. Vith
- Jahnlauf in Schönberg (siehe S. 129)
- Pferdegespannwettbewerb in Malmedy
- „Nacht im Kerzenlicht“ auf Burg Reinhardstein in Robertville (jeden Donnerstag bis Ende August) mit Besichtigung, Musik und Buffet (siehe S. 155)
- Spa: Francofolies – fünftägiges Musikfestival mit Stars, aber auch Kinderprogrammen und Show von Nachwuchskräften
- Straßentheaterfestival „HAASte Töne“ mit Gauklern, Akrobaten und Musikanten in Eupen, Haasstraße

## AUGUST

- Flugschau in am Hohen Berg in Büllingen
- „Licht und Ton“ am See von Robertville an der Haelen-Brücke. Die Show gilt als größte dieser Art in Belgien.
- Original österreichische Woche in Eupen – mit Tirolerfest und Spezialitäten. Beim Tirolerfest wird in Eupen nicht nur kräftig gejodelt. Von der Trachtenmodenschau bis zur Sprungschanze reichen die Angebote. Die Ostbelgier, bzw. ihre Gäste aus Tirol, schrecken nicht einmal davor zurück, mitten im Sommer Tonnen von Eis und Schnee aufzufahren.
- In Malmedy wird am Maria Himmelfahrtstag (15.) ein Riesenomelett mit 10 000 Eiern gebacken
- Jahrmarkt in Burg-Reuland mit Kunsthandwerkern, Zauberern und Karussells
- Internationaler Triathlon an der Wesertalsperre in Eupen
- Pilgerprozessionen, u.a. in Schönberg, Neundorf, Dürler und Iveldingen
- Saubrennen in Wirtzfeld – Volksfest mit Musik
- Kirmes und Handwerkermarkt in Lontzen
- 2. Sommermarkt in St. Vith
- große Autoshow im Galmeipark in Kelmis

## SEPTEMBER

- Euregio-Keramikmarkt in Raeren
- Lambertusmarkt in Eupen

## OKTOBER

- Michelsmarkt in Büllingen
- Humpengaudi beim Oktoberfest in Deidenberg
- Internationales Theaterfest der Deutschsprachigen Gemeinschaft in St. Vith
- Internationale Trödel- und Antiquitätenmesse in Eupen-Kettenis

## NOVEMBER

- St. Martinszüge in vielen Dörfern und Städten
- Hubertusmarkt („Hoppertsmaart“) in Amel
- Katharinenmarkt in St. Vith am dritten Dienstag. Spezialität: Erbsensuppe.
- Internationale Antiquitäten-, Puppen- und Spielzeugbörse in Eupen-Kettenis

## DEZEMBER

- Adventsbasare und Weihnachtsmärkte in verschiedenen Orten, z.B. in der Krippana in Hergersberg, im Naturparkzentrum Botrange (Robertville), an der Burg in Raeren, an der Burg von Burg-Reuland, auf der Place du Châtelet in Malmedy, in der Oberbayernhalle von Weismes, in Eupen und St. Vith
- Weihnachtskonzerte in den Kirchen

- Weihnachtsmarkt an den Feiertagen im Naturparkzentrum Botrange mit Kunsthandwerk, Printen und Gebäck

## AUßERDEM:

- Schützenfeste und Kirmes
- Ostbelgienfestival mit Konzert-Terminen rund ums Jahr
- Herbst: Zeit der Wallfahrten, z.B. nach St.-Hubert in den Ardennen

## WOCHENMÄRKTE:

Amel: 1. und 3. Dienstag
Büllingen: 1. Dienstag
Bütgenbach : 2. und 4. Dienstag
Eupen: freitags Werthplatz,
mittwochs Schilsweg
Kelmis: donnerstags Kirchplatz
Malmedy: freitags Place St. Géréon
St.Vith: 3. Dienstag
Weismes: 2. und 4. Dienstag

*Besonders anziehend wirkt der Markt, der jeden Donnerstag vor der Kirche von Kelmis aufgebaut wird.*

*Kostbarkeiten wie dieses Reliquiar werden in der Lütticher Schatzkammer gezeigt.*

## AUSFLÜGE

Der Besuch auf dem Flohmarkt von Tongern, der Einkaufsbummel in Hasselt, der Museumsbesuch in Maastricht und der Katzensprung zum Schwoofen in Heerlen sind im Dreiländereck an der Tagesordnung. Aber auch ein paar andere Trips machen Spaß.

### In Belgien

**Lüttich**

„Ville ardente", glühende Stadt, nennen die Lütticher ihre Metropole nach den Hochöfen, die einmal Wohlstand in den Ort brachten. Sie meinen damit aber auch, dass in der Provinzhauptstadt immer etwas los ist. Lebensfreude wird tatsächlich spürbar in den Straßen und Gassen der Innenstadt oder auf dem Markt, der sonntags auf dem Quai de La Batte an der Maas Hunderte von Trödel-Händlern und Tausende von Schaulustigen anzieht.

Fußgängerzonen und Messen beleben Lüttich, das auch von einem der größten Binnenhäfen Europas und einem Flugplatz profitiert. Gemütliche Cafés und Restaurants sorgen für eine gastliche Atmosphäre.

Das Herz der Stadt schlägt an der Place Saint-Lambert. Dort liegt auch das Fürstbischöfliche Palais, in dem heute die Provinzregierung und das Gericht untergebracht sind. Die alte St. Lambertus-Kathedrale steht nicht mehr. Nach dem Einmarsch napoleonischer Revolutionstruppen und der Säkularisation diente sie nicht mehr als Gotteshaus und war abgerissen worden. Zum Dom wurde deshalb die kleinere Kirche St. Paul erklärt.

Deren in einem benachbarten alten Gebäude modern konzipierte Schatzkammer bietet ein faszinierendes Kunsterlebnis. Doch auch an vielen anderen Stellen sowie durch ein reiches Kulturerbe wird spürbar, dass Lüttich mehr als acht Jahrhunderte lang ein unabhängiges Fürstentum war.

*Blick in den Dom von Lüttich.*

In der Nähe, an der Place du Marché findet man das Rathaus und den Perron, das Lütticher Wahrzeichen. Der Quai de la Batte ist auch in der Woche einen Besuch wert, denn hier liegen gleich zwei Museen. Das Musée de la Wallonie präsentiert Wissenswertes über die Wallonie. Wer Explosives liebt, findet im angeschlossenen Waffenmuseum des Schießpulver- und Salpeterhändlers Jean Curtius eine Fundgrube. Das Museum für Moderne Kunst ist bekannt für spektakuläre Ausstellungen. Besonders beliebt ist das zoologische Museum der Universität Lüttich, wo sich unter anderem kleine Haie im Meerwasserbecken tummeln.

Am 15. August feiert Lüttich in seinem Ortsteil Outremeuse ein Fest, das an Karneval erinnert: mit einem folkloristischen Umzug und Riesen-Figuren, Konfetti-Kanonen, Péket-Bars, Bällen, Feuerwerk. Hunderttausende kommen in die Stadt, die ein paar Tage lang zur Party macht, was ursprünglich einmal an Mariä Himmelfahrt einen religiösen Ursprung hatte.

i *Office du Tourisme*
*Féronstrée 92*
*4000 Lüttich*
*Tel. : 04 / 221 91 21*

**Blégny Mine**

1980 wurde die Zeche von Blégny in der Nähe von Lüttich stillgelegt. 800 Jahre reicht die Tradition des Bergbaus dort zurück. Doch die Arbeit ruht nicht ganz: Aus der Kohlengrube ist ein Schau-Bergwerk geworden, das jährlich 140 000 Besucher anzieht, die im Förderschacht und zu Fuß mit Helm und Blaumann 60 Meter in die Tiefe geführt werden. Unter Tage erleben sie, wie die Kumpels früher schufteten, um das „schwarze Gold" aus der Erde zu holen. Die Zeche kann mit Abbau, Kohlewaschanlage und Sortierung den gesamten Prozess der Kohleförderung präsentieren. Zur Anlage gehören neben der Bewirtung ein Bergwerkmuseum, Kinderspielplätze und ein Tierpark in der Nähe. Auch das Leben der Bergleute wird anschaulich gemacht. Unter anderem wurden die Memoiren eines ehemaligen Zechenvorarbeiters veröffentlicht.

i *Blégny-Mine*
*Rue Lambert Marlet 23*
*4670 Blégny*
*Tel.: 04 / 387 43 33*
*Fax: 04 / 387 58 50*

*Führungen vom 1. März bis zum 30.November an den Wochenenden auch in deutscher Sprache.*

**Durbuy**

Etwa 35 Kilometer westlich von Malmedy (Autobahn E 25, Abfahrt Aywaille) liegt Durbuy. Der Ort ist klein, aber unverwechselbar: Er ist nicht nur als kleinste mittelalterliche Stadt Europas bekannt. In jedem Sommer wird dort außerdem ein Riesenlabyrinth aus Blumen und Mais angepflanzt. Der grün-bunte Irrgarten breitet sich auf einer Fläche von elf Hektar aus. Bis zu zwei Meter hoch werden die Hecken, zwischen denen sich die Besucher ihren Weg suchen müssen. Die Anlage des Irrgartens ist jedes Jahr einem bestimmten Thema gewidmet. Geöffnet: von Mai bis September, 10.30 Uhr bis 19.30 Uhr.

**Bokrijk**

Das Freilichtmuseum Bokrijk liegt in der belgischen Provinz Limburg zwischen Hasselt und Genk. Es zählt zu den größten in ganz Europa. Insgesamt rund 100 Gebäude mit ursprünglicher Einrichtung aus dem 17. bis 19. Jahrhundert formieren sich zu einer kleinen Stadt sowie dem Kempischen Dorf, dem Haspengauer Dorf, einem ost- und einem westflämischen Dorf. Gelegentlich fährt auch die Vennbahn nach Bokrijk. (Info zur Vennbahn: 087 / 85 82 85)

**Stavelot**

Die Geschichte verbindet Malmedy eng mit Stavelot, dessen touristisches und kulturelles Herz die Remaklusabtei ist. Dort befinden sich auch das Museum der Rennstrecke, das Apollinaire-Museum und die Städtische Bibliothek. Im Klostergang wird die Geschichte der Abtei dargestellt. Tradition hat im Sommer das einwöchige Theaterfestival, das „Festival Vacances Théâtre" (VTS) im Keller der Alten Abtei. Auch Kinder finden ihre Programme (Info: 080 / 88 06 09). Nicht nur für kleine Ohren gibt es Großes zu hören beim Märchenfestival im August (Info: 080 / 88 05 20). Auch wer sich über die Wirtschaftsgeschichte des Ortes und der Region informieren möchte, findet Wissenswertes im Museum der Folklore und der Gerbereien in der alten Abtei, 4970 Stavelot, Tel.+Fax: 080 / 86 27 06.

**Spa**

Die Thermalstadt Spa ist über die Grenzen Belgiens hinaus bekannt. Im August macht das traditionelle Theaterfest den Ort zusätzlich attraktiv. Unter anderem im Ballsaal und im Casino gibt es Aufführungen, Lesungen und Diskussionen sowie ein Kinderprogramm. Im Parc des Sept Heures, gegenüber dem Casino, wird Artistisches gezeigt. Rund um die Spielbank – das erste öffentliche Casino der Welt – und andere historische Gebäude, die an die Zeit erinnern, als Monarchen wie Zar Peter der Große in Spa kurten, laden Geschäfte zum Shopping ein.

i *Office du Tourisme*
*Place Royale 41*
*4900 Spa*
*Tel. : 087 / 77 25 19 oder 77 17 00*
*Fax: 087 / 77 07 00*

*Die Grenzstadt Vaals in den Niederlanden.*

## In den Niederlanden

Der holländische Grenzort **Vaals** mit seinen Ortsteilen Vijlen, Lemiers und Holset liegt nördlich vom Dreiländereck und nur vier Kilometer westlich von Aachen.

Zwischen der deutschen Eifel, den belgischen Ardennen und dem südlimburgischen Hügelland bietet der Ort vielfältige Erholungs- und Freizeitangebote sowie Restaurants, Hotels und Campingplätze. Burgen, Schlösser, Kirchen, Abteien und Fachwerkhäuser im Umland sind die jüngeren Zeugen aus einer 2000 Jahre alten Geschichte.

Ein Stück Industriegeschichte dokumentiert das Museum „de Kopermolen“.

i *VVV Drielandenpunt Vaals*
*Maastrichterlaan 73a*
*6291 EL Vaals*
*Tel: 0031 / 43 / 3 06 29 18*
*oder 3 06 25 13*

Die Industrialisierung in den vergangenen 200 Jahren dokumentiert das „Industrion“ im Grenzort **Kerkrade**, nur wenige Kilometer nördlich von Aachen. Es wurde 1998 mit 12 000 Quadratmetern Ausstellungsfläche eröffnet und im Jahr 2000 von einer internationalen Jury als bestes Technikmuseum Europas ausgezeichnet.

Neben den Fortschritten der Technik wird deutlich gemacht, welche Auswirkungen die Entwicklung zur Massenfertigung auf die Gesellschaft hatte.

i *Industrion*
*Museum für Industrie*
*und Gesellschaft*
*Museumsplein 2*
*NL-6461 MA Kerkrade*
*Tel.: 0031 / 45 / 56 70 809*
*Geöffnet: Di-So 10-17 Uhr*

*Weitere Infomationen:*
*VVV Maastricht*
*Kleine Staat 1*
*NL-6211 ED Maastricht*
*Tel.: 0031 / 43 / 25 21 21*

*VVV Heerlen*
*Honigmanstraat 100*
*NL-6411 LM Heerlen*
*Tel.: 0031 / 45 / 71 62 00*

## In Deutschland

### Aachen

Nur 18 Kilometer von Eupen entfernt, ist neben Lüttich die zweite attraktive Großstadt, in die es Ostbelgier regelmäßig zieht. Insbesondere die zahlreichen Veranstaltungen des Aachener Kultursommers legen einen Trip übers Dreiländereck hinweg nahe. Auf dem Katschhof neben dem Dom kann man Stars der internationalen Musik-Szene live erleben.

Daneben bietet Bad Aachen als Pfalz Karls d. Großen den imposanten Dom mit seinen Kunstschätzen, das historische Rathaus, eine Innenstadt zum Verlieben mit Cafés,

*Lebhaft geht es auf dem Platz vor dem Aachener Rathaus zu.*

Läden und Lokalen jeder Richtung und viel Flair, Brunnen und Denkmäler, ein Spielcasino, ein Zeitungsmuseum, einen Tierpark, die renommierte Technische Hochschule samt Studentenkneipen und – unbedingt empfehlenswert – das zeitgenössische Forum Ludwig für internationale Kunst.

Außerdem ist Aachen bekannt für Veranstaltungen mit internationalem Niveau wie beispielsweise die Verleihung des Karlspreises, den Karnevalsorden wider den tierischen Ernst, das internationale Reitturnier CHIO.

i *Verkehrsverein Bad Aachen*
*Tourist Info am Elisenbrunnen*
*D-52062 Aachen*
*Tel.: 0049 / 241 / 1 80 29 60*

TIPP

***Kenntnisse über auf den Bergbau im Grenzland lassen sich auch bei einem Abstecher zum Aachener Lousberg, einem idyllischen Ausflugsziel mitten in Aachen, sammeln. Er gilt als das älteste und größte Bodendenkmal der Region und zugleich als das älteste Denkmal der Technikgeschichte in Nordrhein-Westfalen. Hier gruben schon 3500 Jahre v. Chr. Steinzeitmenschen nach Feuersteinen. Auch ein Besuch des Feuersteinbergwerks von Ryckholt bei Maastricht ist interessant.***

i *Verkehrsverein Bad Aachen e.V.*
*Monheimsallee 52*
*D-52022 Aachen*
*Tel.: 0049 / 241 / 18 0-29 60*

### Deutsche Eifel und Rursee

Wer eine Rundfahrt in die deutsche Eifel plant, wird zunächst die Bekanntschaft mit dem romantisch im Rurtal gelegenen Städtchen Monschau suchen. Von Eupen aus streift man dabei das Grenzdorf **Mützenich.** Von Malmedy her kommend, lohnt ein Rundgang in **Kalterherberg,** dem

Venndorf, über dem sich majestätisch die beiden Türme des 1901 erbauten „Eifeldoms“ erheben. **Monschau,** wie Eupen einstmals Zentrum der Tuchindustrie, besitzt alles, was sich Gäste wünschen: eine idyllische autofreie Altstadt, in deren Winkeln und Gassen sich jede Menge kleine Geschäfte angesiedelt haben, Museen wie beispielsweise das Rote Haus, in dem angeschaut werden kann, wie Fabrikanten lebten, eine Burg und eine Glashütte. Dazu kommen Restaurants, Bistros und Cafés (Info: Monschau Touristik, Stadtstraße 1, D-52156 Monschau, Tel. 0049-(0)2472-3300).

*Das Rheinische Freilichtmuseums Kommern zeigt ländliches Leben.*

Über Höfen, das ebenso wie Kalterherberg gut gepflegte Buchenhecken besitzt, geht es weiter über die B 258 in Richtung Osten. Hinter dem **Windpark Schöneseiffen** führt die Straße bald hinunter ins **Schleidener Tal** und folgt dann dem Flüsschen Olef in den Kurort **Gemünd,** wo neben Kurhaus und Kurpark ein Waldmuseum eingerichtet wurde (Info: Touristik Schleidener Tal e.V., Kurhausstraße 6, D-53937 Gemünd, Tel. 0049-(0)2444-2011).

Von hier aus kann man noch einen Abstecher zum **Rheinischen Freilichtmuseum Kommern** unternehmen, das rund 13 Kilometer weiter in Richtung Euskirchen liegt. Es zeigt in seinen Museumsdörfern beispielhaft, wie die ländliche Bevölkerung im Rheinland seit dem Ende des 15. Jahrhunderts lebte (Info: Rheinisches Freilichtmuseum Kommern, Auf dem Kahlenbusch, D-53894 Mechernich-Kommern, Tel.: 0049 / 24 43 / 99 80-0, Fax: 0049 / 24 43 / 99 80-133).

Man kann sich von Gemünd aus aber auch gleich über die B 266 (Richtung Simmerath und Aachen) dem Rursee zuwenden. Kurz hinter dem Dorf **Herhahn** führt die Straße unmittelbar durch das Gelände des Truppenübungsplatzes Vogelsang. Camp Vogelsang liegt auf deutschem Gebiet, wird aber von belgischem Militär genutzt, das im März 2001 seinen Rückzug ankündigte. Seit Jahren gibt es Bemühungen, das einmalig schöne Gebiet am Urftsee einer zivilen Nutzung zuzuführen. Unter anderem ist an einen deutsch-belgischen Nationalpark gedacht.

Auch der mit dem Rursee verbundene **Urftsee** liegt noch im Sperrgebiet des Truppenübungsplatzes Vogelsang, doch am Wochenende ist der malerische, 12 Kilometer lange Weg von Gemünd zur Urftseestaumauer für Wanderer und Radfahrer freigegeben. An der Staumauer kann man sich im Restaurant stärken. Die Urftseestaumauer ist von Rurberg und Einruhr aus an den Wochenenden auch mit der Rursee-Schifffahrt zu erreichen.

In **Einruhr** erreicht man den südlichen Zipfel des Rursees. Er ist die größte Talsperre der Eifel, und es dauert ungefähr einen halben Tag, ihn mit dem Fahrrad zu umrunden. Man kann dort auch spazieren gehen, wandern, baden, segeln oder surfen. Auf der Wasserfläche sind nur Boote ohne Motor zugelassen. Zu einer Rundfahrt lädt jedoch die „Sternenflotte“ der Rursee-

Schifffahrt. Berühmt sind die Schiffsprozessionen an Fronleichnam. Sie führen über den See von Einruhr und von Woffelsbach aus nach Rurberg. Dort findet eine Festmesse statt. Anschließend führen Schiffsprozessionen wieder zurück über den Rursee nach Woffelsbach und über den Obersee nach Einruhr. Begleitet werden die Passagierschiffe von kleinen privaten Booten, die ihnen folgen oder ein Spalier bilden.

Rund um den Rursee gibt es Lokale nach jedem Geschmack. Ab Einruhr verkehrt eine historische Postkutsche.

i *Verkehrsamt Simmerath*
*Rathaus*
*D-52152 Simmerath*
*Tel.: 0049/ 24 73 / 60 71 39*
*Verkehrsamt Einruhr*
*Franz-Becker-Straße 2*
*D-52152 Einruhr*
*Tel.: 0049 / 24 85 / 371*

Über Simmerath und Monschau führt der Weg zurück nach Ostbelgien.

**TIPP**
***Informationen über die deutsche Eifel vermittelt kompetent der:***

*Die Weiße Flotte kreuzt auf dem Rursee und legt auch in Schwammenauel an.*

*Eifelverein*
*Stürtzstr. 206*
*52349 Düren*
*Tel.: 0049 / 24 21 / 1 31 21*
*www.eifelverein.de*

**Bergbau**
Wer in die über 2000-jährige Geschichte des Bergbaus in der Eifel eindringen möchte, kann im **Besucherbergwerk Grube Wohlfahrt** eine unterhaltsame und informative Zeit verbringen. Über Jahrhunderte hinweg wurde dort Bleierz gefördert. Einige der tiefen Stollen stammen vermutlich aus dem 15. oder 16. Jahrhundert. Der Heimatverein Rescheid richtete das Bergwerk wieder her und organisiert Führungen. Das Bergwerk ist seit 1993 wieder zugänglich. Auf einem Weg von 1400 Metern geht es in Strecken und Schächte. Der Abstieg erfolgt zwar bequem über Treppen, aber festes Schuhwerk wird ebenso empfohlen wie warme Kleidung, denn unter Tage ist es nur acht Grad Celsius.

Auch geologische Einblicke bietet die Grube an den Wänden der Tunnel und Schächte. Fossile Muscheln stammen aus der Zeit vor 400 Millionen Jahren, als sich in der Eifel ein Meer ausdehnte und tropisches Klima herrschte. Eine Ausstellung im neuen Grubenhaus liefert Hintergrundinformationen.

i *Heimatverein Rescheid*
*Giescheid 36*
*D-53940 Hellenthal*
*Tel./Fax: 0049 / 24 48 / 637*
*Oder: 0049 / 24 48 / 91 11 20*

*Besucherbergwerk Grube Wohlfahrt*
*D-53940 Hellenthal*
*Tel.: 0049/ 24 48 / 13 43*

*Ganzjährig Führungen, täglich um 11 Uhr, 14 Uhr und 15.30 Uhr sowie nach Vereinbarung*

Anreise nach Deutschland über den Grenzübergang Losheimergraben, weiter in Richtung Udenbreth und Rescheid.

**TIPP**

***Unmittelbar neben dem Besucherbergwerk liegt das Restaurant „Auf Wohlfahrt" mit gepflegter Küche und Terrasse. Geöffnet ab 11 Uhr, auch abends. Montag ist Ruhetag.***

*Landgasthof*
*Auf Wohlfahrt*
*Aufbereitung II 1*
*D-53940 Hellenthal*
*Tel.: 0049 / 24 48 / 7 12-300*
*Fax: 0049 / 24 48 / 7 12 -301*
*e-Mail: Auf-Wohlfahrt@t-online.de*

### Prüm

Enge Bindungen bestehen traditionell zwischen St. Vith und dem Luftkurort Prüm. Nur 30 Kilometer trennen die beiden Orte. Prüm ist eine kleine Stadt mit großer Geschichte. Vermutlich war Karl der Große anwesend, als Papst Leo III. 799 die Abteikirche weihte. Das Kloster entwickelte sich über Jahrhunderte zu einem der wohlhabendsten und mächtigsten des Reiches. Sehenswert ist auch die Salvatorkirche. Im Juli und August bietet die Veranstaltungsreihe „Prümer Sommer" Abwechselung.

i *Tourist-Information Prümer Land*
*Haus des Gastes*
*Hahnplatz 1*
*54595 Prüm*
*Tel.: 0049 / 65 51 / 505 und 94 32 07*

### Eifel-Zoo Lünebach

Ins Reich der wilden und der zahmen Tiere aus aller Welt führt eine Fahrt in den Eifel-Zoo Lünebach/Pronsfeld. In einem Tiergarten von rund 300 000 Quadratmetern leben rund 400 Tiere. Im Streichelzoo dürfen Kinder heimischen Tieren ins wollige Fell packen. Pumas, Panther, Löwen und Tiger balgen sich in den Gehegen der Raubkatzen bei der Fütterung um saftige Happen. Kamele schreiten gemächlich über Eifel-Wiesen, und Affen hüpfen hurtig auf die Bäume. Die Vogelwelt reicht vom feschen Flamingo bis zum staksenden Strauß. In einem Mini-Dorf wurden regionale Sehenswürdigkeiten versammelt.

i *Tel.: 0049 / 65 56 / 816*
*Anreise über die A 27/A 60 bis Prüm, dann über die B 410 bis Lünebach*
*Geöffnet: 9 Uhr bis 18 Uhr*

## In Luxemburg

Mit den „Champs Elysées" wartet der **Naturpark Our** auf: Es sind Felder, auf denen Hanf, Buchweizen, Mohn, Lein, Raps und Senf blühen und reifen. Insbesondere im Frühsommer leuchten sie bunt und einladend. In der Region werden Speiseöle aus Hanf, Lein und Raps hergesellt. Es gibt eigenes Bier („Wellen Ourdaller"), Nudeln („Ourdaller Nuddelen"), Schnaps und einheimischen Käse. Gute Eindrücke von der typischen Landschaft des Naturparks und den im Ourtal angebauten landwirtschaftlichen Sonderkulturen vermittelt ein Streifzug über einen acht Kilometer langen Rundwanderweg in der Gemeinde Heinerscheid. Auch eine Rundfahrt durch die Gemeinden Weiswampach, Clerf, Lausdorn und Fischbach bietet interessante Eindrücke. Es lohnt sich, die regionalen Produkte in der Gastronomie kennen zu lernen. Gelegentlich werden auch Hofbesichtigungen angeboten.

i *Naturpark Our*
*Syndicat Intercommunal de la Vallée de l'Our (Sivour)*
*7, Veinerstrooss*
*L-9462 Putscheid*
*Tel.: 0035 / 2 / 90 81 88*
*Fax: 0035 / 2 / 90 80 24*
*E-Mail: sivour@pt.lu*

# Literatur/Quellen

Bierganz, Manfred und Robert Heeren: 10. Mai 1940. Zwischen Aachen und Lüttich. Grenz-Echo Verlag ISBN 3-923099-74-6

Guthausen, Karl: Sagen und Legenden aus Eifel und Ardennen. Bd. 1-3, Meyer & Meyer Verlag, Aachen 1994.

Handbuch der Medienarbeit, Regio Aachen e.V. (Hg.), Aachen 1999

Kartheuser, Bruno: Vorfrühling an der Our. Zitiert nach Leo Wintgens: Grundlegung einer Geschichte der Literatur in Ostbelgien. Grenz-Echo Verlag, Eupen 1986

Kever Leo, Artikel-Serie über den Reinartzhof im Grenz-Echo, Eupen 2000.

Kever, Leo und Erich Barth (Hg.): Zwischen Göhl und Iter, Grenz-Echo Verlag, Eupen 1975

Lange, Sophie: Alt-Eifeler Kochbuch, Band 2 – Backen. Helios Verlag, Aachen

Malvoz, Louis: Das neutrale Gebiet von Moresnet (1816-1919). Veröffentlicht als Nr. 144 der dreimonatigen Revue des Gemeindekredits von Belgien.

Metz, Günter: Das Hohe Venn von A-Z, Grenz-Echo Verlag, Eupen 1995

Noel, Stany: Des Hautes Fagnes à la Haute Amblève. À la découverte de la Commune de Waimes. Weismes 2000.

Ostbelgien, das grüne Ferienland. Katalog des Verkehrsamtes der Ostkantone, Ausgabe 2000/2001.

Ramjoie, Peter und Christian Charlier: Schätze im Verborgenen. Stukkaturen und Ambiente aus Häusern des Eupener Landes. Grenz-Echo Verlag, Eupen 1995.

Ruland, Herbert: Zum Segen für uns alle. Obrigkeit, Arbeiterinnen und Arbeiter im deutsch-belgischen Grenzland (1871-1914). Grenz-Echo Verlag 1999.

Sozial- und Wirtschaftsstatistiken für die Ostkantone und die Deutschsprachige Gemeinschaft Belgiens, hg. von der Arbeitsmarktbeobachtungsstelle (ABEO) Ostbelgien, Stand: April 2000

St. Vith: Broschüre, hg. vom kath. Pfarramt St. Vitus, Ausgabe 1999

Toussaint, Heinrich: Verlorene Jahre. Schicksale einer Kriegsgeneration im Grenzland. GEV, Eupen 1988

# Adressen

## Allgemein

www.ostbelgien.com
Veranstaltungen, Touristik Land und Leute, Kultur etc.

www.euregio.net
Veranstaltungen, Gemeinden, Freizeit, Tourismus, Horoskop etc.

## Freizeit:

Tel.: 080 / 22 74 74

## Kirchen

Auf Wunsch der belgischen Bischofskonferenz stellen sich die Pfarreien im Internet vor. Die Seiten sind teilweise sehr reichhaltig und bieten einen guten Einblick nicht nur in das religiöse Leben der Gemeinde. Auch Sehenswürdigkeiten und Ereignisse werden beschrieben. Hinter dem letzten Schrägstrich kann der Name der Gemeinde eingegeben werden. Die Pfarreien der Provinz Lüttich sind zu finden unter:
www.pfarren.luettich.catho.be/

## Natur

Naturparkzentrum Botrange
Route de Botrange 131
4950 Robertville
Tel. : 080 / 44 57 81
Fax: 080 / 44 44 29
e-Mail: botrange.centrenature@skynet.be
www.HohesVennEifel.Naturpark.de

Naturzentrum Haus Ternell
Monschauer Straße 2-3
4700 Eupen
Tel.: 087 / 55 23 13
Fax: 087 / 55 81 60

Forstverwaltung Botrange
rue de Botrange
4950 Robertville
Tel. : 080 / 44 72 73
Übernachtungen: 080 / 44 73 00
Brandgefahr und rote Fahnen:
080 / 44 72 72

## Schneelage

Tel.: 080 / 22 74 74

## Tourismus

**Belgien**
Office du Tourisme
Féronstrée 92
4000 Lüttich
Tel. : 04 / 221 91 21

Fremdenverkehrs- und
Informationsamt Brüssel (TIB)
Rathaus
Grand Place/Grote Markt
1000 Brüssel
Tel.: 02 / 513 89 40
Fax: 02 / 514 45 38

Toerisme Vlaanderen
Office de Promotion du Tourisme
Wallonie-Bruxelles
Grasmarkt/Rue Marché aux Herbes 63
1000 Brüssel
Tel. : 02 / 504 03 90
Fax : 02 / 504 02 70

Tourismus Flandern-Brüssel
Cäcilienstraße 46
50667 Köln
Tel.: 0049 / 221 / 270 97 33
Fax: 0049 / 221 / 270 97 77
www.belgien-tourismus.net
E-mail: infobelgien@t-online.de

**Ostkantone**
Verkehrsamt der Ostkantone
Postfach 66
4780 St. Vith
Tel.: 080 / 22 76 64
Fax: 080 / 22 65 39
www.eastbelgium.com
e-mail: info@eastbelgium.com

**Reservierungszentrale**
Hotels, Feriendörfer und Ferienwohnungen können zentral gebucht werden:
Tel.: 080 /22 76 64

## 4770 Amel

Bäckerei Marquet
Kirchweg 175
Tel.: 080/ 34 92 07

Leopold Heinrichs
Dorf 26
Montenau
Tel.: 080 / 34 93 88

Bäckerei Wiesemes
Dorf 161
Deidenberg
Tel.: 080 / 34 97 67

## 4760 Büllingen

Hepp
Hauptstr. 248
Tel: 080 / 64 74 87

André Nestor
Dorf 77
Manderfeld
Tel.: 080 / 54 87 17

Eifel-Ski-Zentrum
Krinkelt 62
4761 Rocherath
Tel.: 080 / 64 76 63

Otto Schmidt
Dorf 77
Wirtzfeld
Tel.: 080 / 64 74 59
Fax: 080 / 64 78 31

## 4790 Burg-Reuland

Kulturhaus
Dorf 135
Tel.: 080 / 32 91 31

## 4750 Bütgenbach

Worriken 1
Tel.: 080 / 44 63 58
Fax: 080 / 44 70 89

Café-Restaurant-Fritüre
„Zum Treffpunkt“
Bahnhofstr. 2
Weywertz
Tel.: 080 / 44 47 77

## 4700 Eupen

Tourist Info
Marktplatz 7
Tel.: 087 / 55 34 50
Fax: 087 / 55 66 39

## 4720 Kelmis

Göhltalmuseum
Maxstraße
Neu Moresnet
Tel.: 087 / 65 75 04
Fax: 087 / 65 37 44

## 4710 Lontzen

St. Hubertus-Halle
Tel.: 087 / 65 79 45
CENTEA Bank
Neutralstraße 32-34
Tel.: 087 / 89 89 89

## 4960 Malmedy

Haus des Tourismus
Place Albert I. 39A
Tel.: 080 / 33 02 50
Fax: 080 / 77 05 88

KBC-Bank
Grand-rue 47
Ligneuville
Tel.: 080 / 57 03 63
Fax: 080 / 57 10 25

## 4730 Raeren

Burg Raeren
(Töpfereimuseum)
Burgstraße 102
Tel.: 087 / 85 09 03
Fax: 087 / 85 09 32

Snack
Grenzübergang Autobahn
E 40 Belgien-Deutschland
4731 Lichtenbusch
Tel.: 087 / 86 68 92

## 4780 St. Vith

Mühlenbachstr. 2
Tel.: 080 / 22 11 37
Fax: 080 / 22 16 22

Familienerholungszentrum
„Am Rechter Weiher“
Zwischen Burg und Büchel
Recht
Tel.: 080 / 57 02 59

Kaufhaus Meyer
Dorf 49
4782 Schönberg
Tel.: 080 / 54 80 64

## 4950 Weismes

Naturparkzentrum
Botrange 131
Tel.: 080 / 44 03 00
Fax. 080 / 44 44 29

Signal de Botrange
Botrange 133 B
Tel.: 080 / 44 73 00
Fax: 080 / 44 72 74

Rita Chavet
Rue Abbé Bastin 3
Faymonville
Tel.: 080 / 67 84 58

Tourist Info
Rue Centrale 53
Robertville
Tel.: 080 / 44 64 75

Benoit Servais
Ch. des Campanules 2
Xhoffraix
Tel.: 080 / 44 47 34
Fax: 080 / 44 78 31

## Verwaltung

**Deutschsprachige Gemeinschaft**

Rat der Deutschsprachigen Gemeinschaft
Kaperberg 8
4700 Eupen
Tel.: 087 / 55 59 74
Fax: 087 / 55 59 70

Ministerium der Deutschsprachigen
Gemeinschaft
Gospert 1-5
4700 Eupen
Tel.: 087 / 59 63 00
Fax: 087 / 55 28 91

Regierung der Deutschsprachigen
Gemeinschaft
Klötzerbahn 32
4700 Eupen

Tel.: 087 / 59 64 00
Fax: 087 / 74 02 58
www.dglive.be

**Gemeinden der Ostkantone**

Gemeinde Amel
Wittenhof 10
4770 Amel
Tel.: 080 / 34 81 10
Fax: 080 / 34 81 11

Gemeinde Büllingen
Hauptstraße 240
4760 Büllingen
Telefon: 080 / 64 21 47
Fax: 080 / 64 00 00
www.buellingen.be

Gemeinde Burg-Reuland
Thommen 64
4791 Burg-Reuland
Tel.: 080 / 32 90 14
Fax: 080 / 32 99 15
www.burgreuland.be

Gemeinde Bütgenbach
Zum Brand 40
4750 Bütgenbach
Tel.: 080 / 44 00 88
Fax: 080 / 44 00 70
www.buetgenbach.be

Stadtverwaltung Eupen
Rathausplatz 14
4700 Eupen
Telefon: 087/ 59 58 11
Fax: 087 / 59 58 00
www.eupen.be

Gemeinde Kelmis
Kirchstraße 31
4720 Kelmis
Telefon: 087 / 63 98 39
Fax: 087 / 65 74 84
www.kelmis.be

Gemeinde Lontzen
Kirchstraße 46
4710 Lontzen
Telefon: 087 / 88 15 00
Fax: 087 / 88 39 79
www.lontzen.be

Stadt Malmedy
Rue Jules Steinbach 1
4960 Malmedy
Telefon: 080 / 79 96 66
Fax: 080 / 33 92 32
www.malmedy.be

Gemeinde Raeren
Hauptstraße 26
4730 Raeren
Telefon: 087 / 86 69 50
Fax: 087 / 85 11 69
www.raeren.be

Gemeinde St. Vith
Hauptstraße 43
4780 St. Vith
Tel.: 080 / 22 11 37
Fax: 080 / 22 80 01
www.sankt-vith.be

Gemeinde Weismes
Place Baudouin 1
4950 Waimes
Telefon: 080 / 67 95 69
Fax: 080 / 67 84 10
www.liegeonline.be/fr/communes/waimes01.html

**Euregio**

Euregio Maas-Rhein
Bureau Maastricht
Limburglaan 10
Postbus 5700
NL-6202 MA Maastricht
Tel.: 0031 / 43 / 389 74 92
Fax: 0031 / 43 389 72 87
www.euregio-mr.org

**Provinz Lüttich**

Büro der Provinz Lüttich
Bergstraße 16
4700 Eupen
Tel.: 087 / 76 64 70
Fax: 087 / 74 01 22
www.prov-liege.be

Provinz Lüttich
Place Saint Lambert 18a
4000 Lüttich
Tel. : 04 / 23 23 200
Fax: 04 / 22 30 917
www.liegeonline.be

**Wallonische Region**

Informations- und Empfangszentrum der Wallonischen Region
Gospertstraße 2
4700 Eupen
Tel.: 087 / 59 65 20
Fax: 087 / 59 65 30
e-Mail: cia.eupen@mrw.wallonie.be
www.wallonischeregion.be

*Belle Croix, das „schöne Kreuz" im Hohen Venn*

# REGISTER

## FOTONACHWEIS

Alle Fotos von
Bruni Mahlberg-Gräper

außer

Archiv Grenz-Echo: 10, 129, 161, 174, 180, 181

Guido Bertemes: 6, 7, 14, 21, 52, 69, 205

East Belgium Karting Center: 85

Passionsspiele Kelmis: 8, 102

Verkehrsverein der Ostkantone:
80, 81, 136, 137